营销和服务数字化转型

CRM3.0时代的来临 升级版

杨峻 编著

中国科学技术出版社
·北京·

图书在版编目（CIP）数据

营销和服务数字化转型：CRM 3.0 时代的来临：升级版 / 杨峻编著 . —北京：中国科学技术出版社，2022.9（2024.1 重印）

ISBN 978-7-5046-9688-5

Ⅰ．①营… Ⅱ．①杨… Ⅲ．①企业管理—营销管理—数字化 Ⅳ．① F274-39

中国版本图书馆 CIP 数据核字（2022）第 129330 号

策划编辑	申永刚　何英娇
责任编辑	申永刚　何英娇
封面设计	马筱琨
版式设计	锋尚设计
责任校对	张晓莉
责任印制	李晓霖

出　　版	中国科学技术出版社
发　　行	中国科学技术出版社有限公司发行部
地　　址	北京市海淀区中关村南大街 16 号
邮　　编	100081
发行电话	010-62173865
传　　真	010-62173081
网　　址	http://www.cspbooks.com.cn

开　　本	710mm×1000mm　1/16
字　　数	277 千字
印　　张	17.75
版　　次	2022 年 9 月第 1 版
印　　次	2024 年 1 月第 2 次印刷
印　　刷	北京盛通印刷股份有限公司
书　　号	ISBN 978-7-5046-9688-5/F・1026
定　　价	79.00 元

（凡购买本社图书，如有缺页、倒页、脱页者，本社发行部负责调换）

序言

《营销和服务数字化转型——CRM[①]3.0时代的来临》第一版于2020年7月正式出版,两年来,深受读者喜爱。但在与很多读者的沟通中,我也深深感到了第一版书中内容的不足。例如,营销和服务与数字化的融合到底体现在哪里?数字化时代的CRM3.0到底如何体现数字化?它的创新到底包括哪些内容?

因此,在本书里,我将更加系统、全面地介绍数字化时代的CRM3.0,即营销和服务理论体系的创新、数字化工具和产品的创新、价值评估体系的创新和支撑体系的创新。同时本书还介绍了一些行业创新和转型的实践案例。

就像汉武帝和董仲舒的"天人三策"一样,中国企业家也一直在苦苦探寻能使企业永续发展的良方。但良方是什么呢?那就是与时俱进!有百年的企业,但没有百年不变的企业!企业家如何针对形(具体情形)、势(发展趋势)、情(具体问题具体对待)来找到适合自己的发展道路,决定了一家企业能走得多高,走得多远。

21世纪20年代,消费者的购买方式、购买通路、口碑传播方式等都发生了翻天覆地的变化,新型冠状病毒肺炎疫情的全球大流行,又强化了这种趋势。疫情之下,做生意的模式和方法也会发生巨大的变化,物竞天择,适者生存,企业如果想弯道超车,最终凤凰涅槃、破茧成蝶,那就需要积极加入转型的大潮,而不是作为一个旁观者。数字化时代,企业的数字化创新和转型是一个不可逆转的趋势,由一家传统的产品和服务公司升级成为一家数字化驱动的高科技公司,是

---

① 即客户关系管理(Customer Relationship Management,CRM)。——编者注

企业得以保持生命力的必由之路。

本书主要写给当下正忙于数字化或准备做数字化转型的企业的营销、服务人员和数字化领域的相关读者，以及客户关系管理领域的从业者。本书聚焦CRM3.0、营销数字化创新和转型、服务数字化创新和转型、数字化支撑体系的构建这四个主题，从理论体系、业务模式、价值产出、数字化工具等不同角度来阐述数字化时代的营销，以及如何服务数字化创新和转型。

一、营销和服务数字化的三大基石

如图1所示，营销和服务的数字化由体、用、势三者组成。体是指数字化战略和数字化组织，即数字化转型的方向和内驱力；用是指流程、场景和数字化技术，即数字化转型的实现路径；势是指数字化资产和数字化能力，即数字化的传承和积淀。

体、用、势三者之间的关系是：数字化战略引领数字化实现路径，自驱动的数字化组织的建设和岗位的设定在企业内产生了强大的**内驱力**，使组织和员工针对数字化创新和转型迸发出强大的积极性和活力，并不断使用数字化技术优化流程和场景，推进数字化转型；数字化技术在流程和场景的应用会持续为企业积累数字化资产和沉淀数字化能力；积累的数字化资产会为数字化战略提供决策依据，沉淀的数字化能力将为数字化组织建设和岗位设定提供依托。

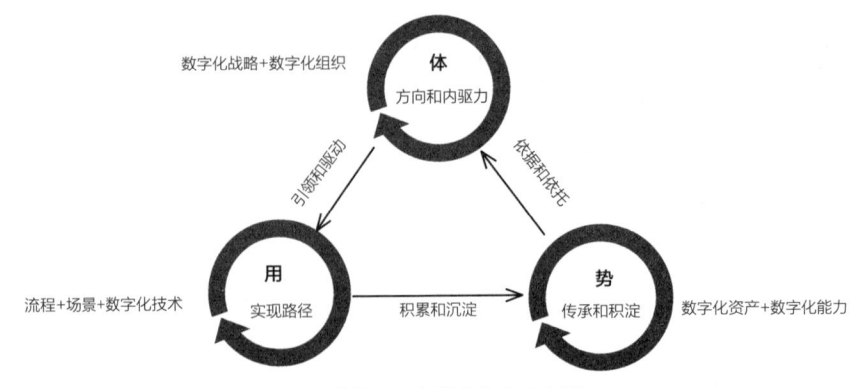

图1 营销和服务数字化的三大基石

综上所述，营销和服务的数字化不仅是数字化技术和一些新科技，它还包含了企业管理和运营的方方面面，例如战略、组织、业务模式、流程、场景和数据资产等。

二、广义的客户关系管理是营销和服务的创新和转型

客户关系管理从广义上来讲，可以认为是企业为了提升核心竞争力，在市场、销售、服务、渠道和客户管理等方面采取的改善、创新或转型措施，可以是战略层面的，可以是业务模式、赢利模式和运营模式等战术层面的，可以是组织架构、考核和流程等管理层面的，也可以是数字化工具和信息系统等技术层面的。所以广义的客户关系管理就是营销和服务的创新和转型，数字化时代的CRM3.0也就是营销和服务的数字化。

三、狭义的客户关系管理是营销和服务的数字化工具

客户关系管理从狭义上来讲，就是管理市场、销售、服务、渠道和客户等的数字化系统和工具。所以狭义的客户关系管理是营销和服务数字化创新和转型的载体，是企业营销和服务数字化创新和转型的数字化工具的实现，也是本书介绍的CRM3.0的产品创新。

四、数字化创新和转型的区别

我认为数字化转型是指通过数字化技术和能力帮助企业实现新的业务模式、赢利模式、运营模式等，即换道，通过不同方式来实现竞争中的绝对优势，这是质的变化。数字化创新是指通过数字化技术和能力来优化和改进原来的模式和流程，即套圈，还在原来的赛道上，但比竞争对手更高效、更敏捷和更智能，从而远远领先竞争对手，这是量的变化。

五、内容导图

在图2中，我把所有相关内容会聚在一起，并勾勒出所有内容之间的关联性。

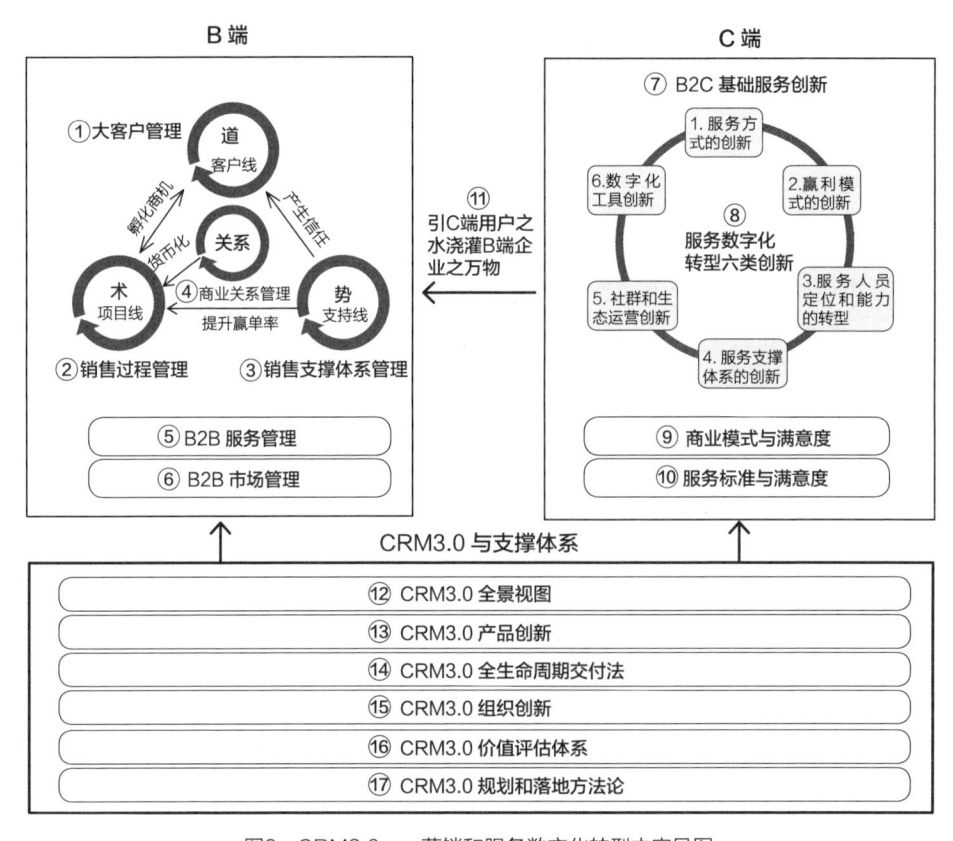

图2 CRM3.0——营销和服务数字化转型内容导图

六、B端数字化转型

数字化时代企业到企业（Business-to-Business，B2B）销售可以归纳为守正、出奇和蓄势三部曲。守正是指大客户管理，大客户管理（也叫客户线管理，ESP）是道，是更注重方向性、战略性，不追求短期目标。出奇是销售过程管理，销售过程管理（也叫项目线管理，TAS）是术，更注重短期效果，以是否赢单作为衡量标准。蓄势是指销售支撑体系管理（Match & Coordination & Integration，MCI），销售支撑体系管理（也叫支持线管理）是势。这三部曲组成了B2B的动态显性部分，往往与流程和场景相融合。B2B还有静态隐性部分，即商业关系管理（Business Relationship Management，BRM），其由企业人脉资源管理（Enterprise Connections Management，ECM）和项目关系管理（Project Relationship Management，PRM）组成。

1. 大客户管理

关于B2B销售数字化转型三部曲之大客户管理，本书优化了大客户管理方法论，使其更有实战意义，取名为ESP+。大客户管理是以"建立自身优势、隔绝竞争对手和孵化商机"三个核心任务为主线。

2. 销售过程管理

关于B2B销售数字化转型三部曲之销售过程管理，本书优化了销售过程管理方法论，使其更接地气、更高效、更有针对性和更容易落地，取名TAS+。销售过程管理分成两大部分、十三个要素，内外协同，动静结合：对竞争对手要"动"，千变万化，克敌制胜；对销售人员要"静"，要高效、公正、透明，使他们安心地冲锋陷阵。

3. 销售支撑体系管理

关于B2B销售数字化转型三部曲之销售支撑体系管理，也就是为企业建立系统性的优势，搭建企业的"护城河"。本书着重介绍了如何解决资源调度、过程协同和资源整合三大问题，提出了销售支撑体系管理方法。

4. 商业关系管理

商业关系管理是客户关系管理的延伸，即企业在销售过程中，可以收集、积累、分析、优化和利用的人、企业和项目之间的关系。它由企业人脉资源管理和项目关系管理组成，会形成数据资产积累和通过数据资产驱动来实现场景和流程赋能。

5. B2B服务管理

数字化时代的B2B服务创新和转型会涉及B2B销售过程服务、B2B交付过程服务和B2B售后过程服务三个主要服务阶段。售后服务创新和转型的五个领域是：①降本增效；②全员销售；③长治久安；④利润中心；⑤转型换道。

6. B2B市场管理

B2B市场管理的五个主要组成部分分别为：①销售计划管理；②市场预算管理；③费用管理；④市场活动管理；⑤市场活动评核管理。

七、C端服务数字化转型

新时代，新服务。我们如何解放思想，通过服务来转型破局，使服务成为企业的核心竞争力，成为销售的开始。

7. B2C基础服务创新

B2C基础服务创新包括了九个领域的内容：①用户体验；②全渠道；③工单管理；④服务网络管理；⑤备件管理；⑥不良品管理；⑦质量管理；⑧技术支持和培训；⑨结算管理。

8. 服务数字化转型六类创新

服务数字化转型包括六类创新：①服务方式的创新；②赢利模式的创新；③服务人员定位和能力的转型；④服务支撑体系的创新；⑤社群和生态运营创新；⑥数字化工具创新。

9. 商业模式与满意度

传统的服务商业模式与用户服务满意度之间存在着矛盾，从而影响了服务体验的提升。提出一种新的服务商业模式，通过网点平台化、服务人员创客化和收入生态化来最终建立更合理的商业模式，以便提升用户满意度。

10. 服务标准与满意度

企业想通过提高服务标准来提升服务满意度是一个误区，服务满意度其实是用户期望的服务与感知到的服务之间的差距。通过五个步骤，我们可以更合理、更有回报地管理用户满意度。这五个步骤分别为：①合理制定服务标准；②适当降低用户期望值；③提升用户忍受阈值和适当为用户创造感动；④理性解决投诉；⑤全面监控突发事件。

八、C端赋能B端

11. 引C端用户之水浇灌B端企业之万物

本书介绍了如何以服务为抓手，通过五个步骤，引C端用户之水浇灌B端之万物。这五个步骤分别是：①去中心化、运营服务人员个体品牌；②整合触点、构建智慧服务平台；③服务代言、引爆社群；④生态并联、共创共赢；⑤服务调频、聚焦小区。

九、CRM3.0与数字化转型支撑体系

本书介绍了国内20年来客户关系管理发展的三个时代：①以产品为中心的CRM1.0时代；②以方案和最佳实践为中心的CRM2.0时代；③以业务价值和数字化转型为中心的CRM3.0时代。本书还介绍了CRM3.0时代里必须具备的五个成功要素：①理论体系搭建；②行业创新；③建立价值评估体系和运营体系；④收费模式创新；⑤数字化工具创新。

12. CRM 3.0全景视图

本书介绍了数字化时代作为一个完整意义的客户关系管理到底包括哪些内容，即数字化时代CRM3.0概念，它是对客户关系管理的一个全景描述，从甲方客户、客户关系管理软件厂商、客户关系管理实施商和客户关系管理咨询商四个层面的诉求阐述了客户关系管理。CRM3.0描述了完整客户关系管理应该包含的九个主要方面：①功能；②业务；③行业；④交付管理；⑤组织适配；⑥运营效率和业务价值监控评估；⑦运营管理；⑧数字化技术；⑨版本迭代演进。

13. CRM3.0产品创新

数字化时代，传统客户关系管理逐渐变成客户关系管理应用中台，CRM3.0还需打造其他四大核心组件：①客户关系管理智慧大脑；②客户关系管理智能终端；③客户关系管理共创共赢平台；④客户关系管理数据资产平台。

14. CRM3.0全生命周期的交付法

本书介绍了如何通过全生命周期交付法，来构建数字化时代成功交付体系。聚焦在通过全生命周期交付法，实现如何由聚焦软件选型到聚焦数字化创新，由聚焦软件功能到聚焦业务产出，由聚焦项目上线到聚焦一个较长周期内的持续投入产出。

15. CRM3.0组织创新

CRM3.0组织创新，即构建驱动数字化转型的自演进组织，介绍了数字化驱动业务模式转型的五个步骤，也介绍了传统信息化部门、数字化赋能的数字化部门和数字化驱动自演进组织的区别，着重介绍了如何在集团层面构建驱动数字化转型的自演进组织，也就是只有"权力够大、层级够高、回报够多"，才有可能在集团层面真正建立起驱动数字化转型的自演进组织。

16．CRM3.0价值评估体系

本书介绍了CRM3.0的价值评估体系，并以B2B销售的价值评估体系为例，介绍了五个维度及每个维度的二级指标。五个维度分别是：①客户的管理能力；②打单过程的管控能力；③资源调度和管理能力；④员工的提升能力；⑤企业方向的匹配能力。

17．CRM3.0规划和落地方法论

在数字化规划、数字化设计和数字化赋能三个阶段，通过RMB-PT和CRM3.0四维规划法（MSTT）等方法来设计和落地数字化创新和转型。

目录

第 1 章
CRM3.0 时代来临 > 1

国内客户关系管理市场二十年随笔 > 2
数字化时代客户关系管理全景视图 > 8
数字化时代客户关系管理产品创新 > 15
数字化时代客户关系管理细分赛道 > 23
数字化时代客户关系管理跨界赛道 > 28

第 2 章
CRM3.0 之 B2B 营销数字化转型 > 33

B2B 销售数字化转型 > 34
B2B 销售之大客户管理 > 38
B2B 销售之销售过程管理 > 55
B2B 销售之销售支撑体系管理 > 64
B2B 销售管理架构（MVPOD）> 70
B2B 销售之商业关系管理 > 74

B2B 销售之企业人脉资源管理 > 78

B2B 销售之项目关系管理 > 85

B2B 销售之经营 C 端用户影响 B 端客户 > 87

B2B 销售之不同市场选择不同销售策略 > 93

B2B 市场管理 > 99

第 3 章

CRM3.0 之服务数字化转型 > 105

B2C 基础服务创新 > 106

转型破局，再造添翼 > 116

支撑服务数字化转型的六类创新 > 123

引 C 端用户之水浇灌 B 端之万物 > 136

B2B 服务数字化创新和转型 > 145

服务商业模式和服务满意度的矛盾 > 157

如何正确认识和管理服务满意度 > 161

客户满意度的价值产出评估 > 165

第 4 章

构建 CRM3.0 支撑体系 > 169

CRM3.0 全生命周期交付法 > 170

CRM3.0 构建驱动数字化转型的自演进组织 > 180

CRM3.0 的价值评估体系 > 188

CRM3.0 企业数字化战略如何落地及常见问题 > 193

CRM3.0 四维规划法（MSTT） > 198

CRM3.0 应用之三轮驱动体系 > 203

第 5 章
最佳实践和案例浅析 > 207

案例浅析：如何从业务价值角度去做 CRM 规划 > 208

案例浅析：B2B 销售诊断和规划 > 213

最佳实践：客户覆盖有效性模型 > 235

最佳实践：B2B 直销客户的覆盖和管理 > 241

最佳实践：大客户销售、方案销售和项目销售的武魂 > 245

最佳实践：中国企业出海之软件平台选择 > 249

最佳实践：CRM 全球推广经验分享 > 252

最佳实践：家电、汽车和房地产行业用户需求驱动型企业转型浅析 > 257

访谈分享：企业决定采购 CRM 前，要先明白这七个问题 > 264

第1章
CRM3.0
时代来临

国内客户关系管理市场二十年随笔

我从1999年3月开始在加拿大Siebel Canada的核心研发团队开发Siebel 7.0，2002年10月份回国后创办客户关系管理公司，一晃做客户关系管理这行二十多年了。这二十多年来经历了客户关系管理市场的沉沉浮浮，希望与失望反复交替，现在就以一个亲身经历者的角度说一下我对国内客户关系管理市场二十多年来的看法。

客户关系管理市场兴起的历史其实并不太长，某种意义上可以说Siebel CRM的崛起代表着客户关系管理市场的兴起。Siebel公司于1993年建立，1995年Siebel CRM开始席卷全球，2000年时Siebel市值达500亿美元，而后就开始走向由盛而衰的道路。如果这么算的话，客户关系管理市场仅仅拥有不到三十年的历史。而国内客户关系管理的兴起，应该是在2000年前后，随着创智、Turbo CRM和MyCRM的崛起而出现的，只有二十多年的历史。

如图1-1所示，国内客户关系管理市场从2000年以来，一共经历了三个阶段。

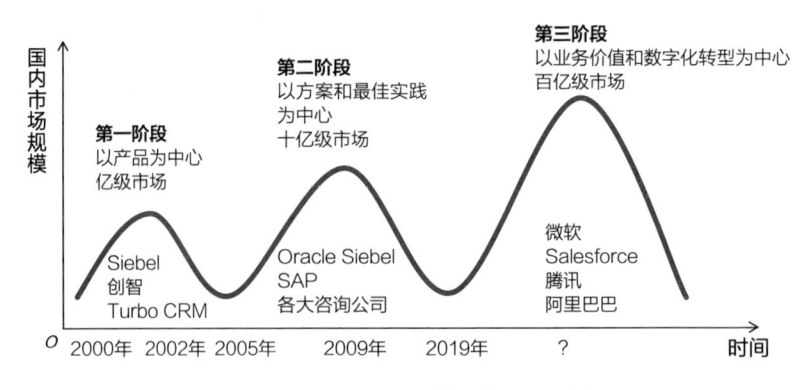

图1-1　国内客户关系管理市场三次浪潮

第一阶段：CRM1.0时代
——以产品为中心的市场

2000—2005年是客户关系管理的第一阶段，当时市场规模并不大，是个亿元级市场。这个阶段的CRM主要是按产品卖，有单机版、企业版等。企业在销售客户关系管理产品时，主要会向客户演示产品界面，介绍产品功能；同时也会向客户介绍两层结构好还是多层结构好，是客户端/服务器（Client/Server，CS）结构好还是浏览器/服务器（Browser/Server，BS）结构好。

当时Siebel在国内使用并不广泛，而是国内厂商创智、Turbo CRM和MyCRM比较领先。不知道现在是否还有人记得创智，但它当时确实在国内客户关系管理领域如日中天。

另外一个不得不提的客户关系管理公司是Turbo CRM。当时Turbo CRM号称国内最大的客户关系管理厂商，2001年我在Siebel Canada工作时就有同事拿着Turbo CRM的资料给我看，当时这家企业就声称年销售额达到千万元级。

在这个市场阶段，国内市场太小，基本没有厂商能赢利。当时我也创办了一家客户关系管理公司，开发和销售客户关系管理产品"融博客户通"单机版、中小企业版和大企业版，在联邦软件的管理类软件销量排名中还进入前五名，但真的卖不了多少套，也不挣钱。

第二阶段：CRM2.0时代
——以方案和最佳实践为中心的市场

2005年之后，受电信、能源、金融和汽车等行业强劲需求的影响，涌现出华为这样的大客户，同时很多公司首次公开募股（Initial Public Offerings，IPO），募资投向之一是客户关系管理，因此国内客户关系管理市场进入了一个快速上升期。

这期间很多项目是国际大咨询公司推动的，例如IBM（国际商业机器公司）、AC（埃森哲公司）、凯捷（凯捷咨询公司）和"四大"（普华永道、德勤、毕马威、安永）会计师事务所等。因为有国际化背景的大咨询公司主导，所以这期间的项目规模也较大，而且客户关系管理顾问收费也较高。记得我2007年负责银行和证券客户关系管理项目时，几乎每一期都是2000万元左右的规模，最普通的顾问收费都是3000元一天，IBM当时报给我的资深顾问收费是每天15000元。而且那时候客户对客户关系管理厂商也非常尊敬，给顾问提供的工作环境也很好。

这期间厂商比拼的基本都是最佳实践和行业解决方案，国内客户关系管理公司由于在这方面缺乏积累，而且也没有国际化咨询公司协助推广，所以基本上与大客户无缘。在此期间，基本上是两家公司的客户关系管理在比拼，即Oracle Siebel和SAP CRM。

所以在2007—2011年这一波客户关系管理热潮中，还是有很多企业收获了红利的。这一阶段的客户关系管理市场可能是几十亿元甚至上百亿元的规模。

第三阶段：CRM3.0时代
——以业务价值和数字化转型为中心的市场

2012年，我在IBM GBS负责Oracle Siebel解决方案时，就非常明显地感觉到客户关系管理市场在逐渐萎缩。首先是订单的规模变得越来越小，原来千万元级的项目萎缩成几百万元级，而且一旦有订单，主流厂商和各大咨询公司会蜂拥而至，客户关系管理市场已变成了一个红海战场。

2019年对客户关系管理市场来说是非常艰难的一年，未来几年也可能更困难。目前从各大咨询公司客户关系管理团队的人员数量就可以看出客户关系管理市场规模萎缩的趋势。但2019年也是客户关系管理市场希望骤起的一年，从国际上来说，在所有软件公司并购中，客户关系管理软件公司数量占比是最大的；从国内来说，BAT对客户关系管理领域投入不断加码，各类资本也不断涌入2B市场，尤其是数字化赋能和转型领域。

我认为不是客户关系管理市场在萎缩，而是传统客户关系管理领域在萎缩，而新的客户关系管理领域在快速涌现和爆发。我认为过去10年，以下原因加速了传统客户关系管理领域的萎缩：

1. 业务价值的缺乏

过去十多年里，客户关系管理咨询是以PPT交付件为标准的，客户关系管理产品是以系统上线为标准的。项目的收费与是否为客户产生业务价值没有直接关系。这种客户关系管理模式现在越来越难被客户接受。"头部"企业基本上都已使用了一轮甚至几轮客户关系管理产品，他们与客户关系管理的蜜月期已过，由憧憬期进入了冷静期。如果CRM厂商不能从业务价值、投入产出等方面打动客户，那客户就不太可能对CRM投入太多。

2. 客户本身能力的提升

大量原来在咨询公司工作的CRM专家现在纷纷加入甲方，你会发现"头部"企业的首席信息官（CIO）、首席技术官（CTO）和首席数字官（CDO）很多是来自IBM、AC和"四大"等咨询公司。所以现在头部企业的客户关系管理咨询能力和自开发能力并不比乙方弱，很多项目都在甲方内部自己解决了。

3. 客户关系管理云化

现在客户关系管理云化逐渐成为主流，因为是租用方式，而且很多企业希望使用开箱即用的原生功能，所以每年软件许可费用和总体二次开发的实施费用都有所下降，那种几千万元或上亿元的客户关系管理项目也越来越少。

4. 经济增速变缓

由于新冠肺炎疫情的影响，总体经济增速变缓，各个行业的经营状况也出现了不同程度的下滑，所以企业在咨询和信息化项目上的预算自然就有所减少。

新的客户关系管理领域聚焦数字化时代，传统客户关系管理通过数字化模式、数字化技术和数字化资产的重构实现脱胎换骨，从而帮助企业在业务模式、业务场景和业务流程上创新和转型，提升业务价值的产出，打造企业的核心竞争力，实现企业的创新和转型。这是客户关系管理竞争的新赛道，我称之为CRM3.0时代。

从市场角度来看，并不是客户关系管理项目少了，而是没有业务价值、没有业务创新、没有数字化技术赋能的客户关系管理项目少了。未来十年，对于国内企业来说，一定是数字化转型和数字化创新风起云涌的十年，定将出现一个万亿元规模的市场。客户关系管理会是这个市场中一个重要组成部分，即如何帮助企业在营销、服务、客户和渠道等领域，通过数字化模式、数字化技术和数字化资产积累，形成企业核心竞争力，并产生可衡量的巨大业务价值。这一块一定是客户关系管理领域未来十年最大的市场，也是一个数百亿元甚至上千亿元级的市场。哪家客户关系管理企业可以满足这一波市场的需要，哪家就可以享受这一波红利。

如图1-2所示，要想赢得这个市场，我认为企业必须具备五个方面的关键能力：

（1）理论体系创新　现行的客户关系管理的理论体系是二十年前形成的，可以认为是信息化时代的产物，而在数字化时代，企业必须有新的客户关系管理理论体系，才有可能构建百亿元甚至千亿元级的市场。

（2）行业创新　客户关系管理企业必须有针对行业的新模式（业务模式、赢利模式和运营模式等），新流程，新组织，新考核，新功能等。

（3）价值评估创新　客户关系管理企业必须有可落地的客户关系管理业务价值评估体系，再以之前的PPT交付件和系统上线为标准，已经很难说服客户了。

图1-2　CRM3.0企业成功必需的五个方面的关键能力

（4）收费模式创新　除了云收费模式外，CRM企业必须积极探索新的收费模式，比如代运营，根据业务价值产出分成；比如构建客户关系管理领域生态平台，通过收取平台费的方式帮助在平台上的企业对接需求和供给等。

（5）数字化创新　新的客户关系管理不但要使用数字化技术，而且要对传统客户关系管理产品架构进行改造，比如打造客户关系管理智慧大脑、客户关系管理智慧终端、客户关系管理共创共赢平台、客户关系管理数据资产平台等。

在CRM3.0时代，到目前为止，我认为还没有一家企业在理论体系创新、行业创新、价值评估体系创新、收费模式创新和数字化创新这五个领域构建出自己"很宽很深的护城河"。数字化时代，客户关系管理市场在呼唤新的王者出现，时势造英雄，相信在不远的将来会出现一家企业，能够成为数字化时代客户关系管理的主导者。

作为客户关系管理的从业者，我也希望之后的十年，是数字化时代客户关系管理再次崛起腾飞的十年，市场一片红红火火。

小结 > 本节内容介绍了国内近二十多年客户关系管理发展的三个时代：①以产品为中心的CRM1.0时代；②以方案和最佳实践为中心的CRM2.0时代；③以业务价值和数字化转型为中心的CRM3.0时代。本节还介绍了CRM3.0时代里企业必须具备的五个关键能力：①理论体系创新；②行业创新；③价值评估创新；④收费模式创新；⑤数字化创新。

数字化时代客户关系管理全景视图

∨

2000年前后，我在Siebel Canada开发Siebel 7.0时，认为客户关系管理就是联系人管理、客户管理、商机管理、活动管理等软件功能；2002年回国后和朋友开了第一家客户关系管理公司、销售客户关系管理产品"融博客户通"时，我认为客户关系管理是软件产品，分成个人版、企业版等；2012年我在IBM负责国内Oracle CRM解决方案及和朋友做金融数字化解决方案公司时，认为客户关系管理是方案、最佳实践、方法论和PPT；当我在海尔集团负责全球服务数字化创新和信息化建设时，认为客户关系管理是业务价值、创新和转型；而如今我在微软负责客户关系管理销售，认为客户关系管理是数字化赋能工具。由此可见，站在不同的角度，对客户关系管理的理解和需求是不一样的，这也是客户关系管理总是难以达到客户期望的一个主要原因：客户对客户关系管理的评判标准是不同的。

客户关系管理目前的基本分类仍然沿用二十年前陈旧的方法，分成操作型客户关系管理、分析型客户关系管理和协作型客户关系管理，后来又增加了社交型客户关系管理；论功能又分成市场管理、销售管理、服务管理、渠道管理、会员管理等。这种客户关系管理定义是平面的，只聚焦在软件功能。它的问题在于：

（1）没有体现出客户关系管理与客户业务模式、流程、场景、组织、岗位、考核等重要因素之间的关系。

（2）没有体现客户对业务价值产出的要求。

（3）没有考虑数字化应用的赋能、创新和转型。

（4）没有考虑行业性等特色。

我设计了数字化时代客户关系管理模型——CRM3.0全景视图（见图1-3）。在介绍之前，我说一下自己对数字化时代客户关系管理的观点：并不是用了数字化技

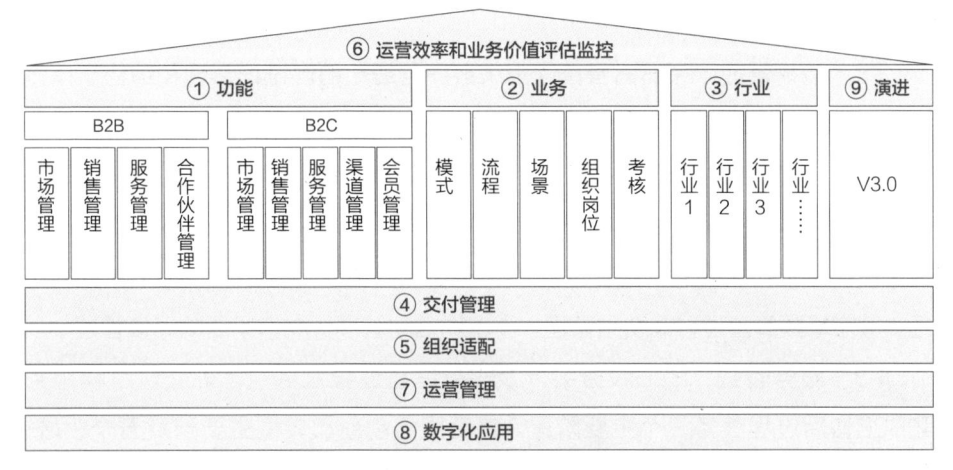

图1-3 CRM3.0全景视图

术的CRM才能被称为数字化时代客户关系管理。而是在数字化时代能满足客户、给客户带来价值的客户关系管理，才是数字化时代的客户关系管理。数字化技术仅仅是工具，而我们应用客户关系管理的目的是在数字化时代给客户带来价值。

图1-3描述的CRM3.0全景视图与CRM3.0成功所需的五个关键能力息息相关：①功能和业务对应理论体系创新；②行业对应行业创新；③运营效率和业务价值评估监控对应价值评估创新；④运营管理对应收费模式创新；⑤数字化应用对应数字化创新。

之所以叫全景视图，是因为它是全方位的，它从甲方客户、客户关系管理软件厂商、客户关系管理咨询商和客户关系管理实施商四个群体的需求角度阐述了客户关系管理，由九部分组成：①功能；②业务；③行业；④交付管理；⑤组织适配；⑥运营效率和业务价值评估监控；⑦运营管理；⑧数字化应用；⑨演进。

下面就对CRM3.0的九个主要组成部分进行介绍：

一、功能

在功能中我们为CRM设计了新的方法论和模型，以实现客户关系管理理论体系创新。

1. B2B模式

（1）销售管理　　B2B销售管理由大客户管理、销售过程管理和销售支撑体系管理三部分组成。此外它也与企业商业关系管理等内容相关。

（2）市场管理　　在B2B模式下，客户关系管理是否包含市场管理一直是争议很大的问题。很多人认为B2B没有市场管理。我认为有，但它不同于传统意义上的市场推广。针对B2B模式，市场管理应该由五部分组成：①销售计划管理；②市场预算管理；③费用管理；④市场活动管理；⑤市场活动评核管理。

（3）服务管理　　B2B服务会涉及B2B销售过程服务、B2B交付过程服务和B2B售后过程服务三个主要阶段。售后服务创新和转型主要涉及五个领域：①服务分级支撑体系；②销服一体化；③企业人脉资源管理；④服务产品化；⑤客户服务增值平台。

（4）合作伙伴管理　　B2B企业往往采用解决方案式销售，渠道往往叫合作伙伴，合作伙伴也经常根据负责的解决方案、行业和地区的不同而采用不同方式管理，例如，有针对行业的合作伙伴，有针对某一解决方案的合作伙伴，有针对某一地区的合作伙伴，有针对某一大客户的合作伙伴。B2B合作伙伴管理的要点是建立最佳合作伙伴的分类和覆盖机制，建立合作伙伴的共享和培训机制，建立合作伙伴的商机报备机制等。

2. B2C模式

（1）服务管理　　服务数字化转型涉及服务的再定位，如何规划设计转型，以及如何在服务方式、赢利模式、服务人员能力、服务支撑体系、社群生态运营和数字化工具六个方面进行创新，以及如何利用C端用户赋能B端业务等。

（2）市场、销售、渠道和会员管理　　B2C的市场、销售、渠道和会员管理往往和新零售相关联，这部分的研究很多很深入了，此处就不做过多介绍。

二、业务

在业务中我们为客户关系管理设计了新的业务模式，以实现客户关系管理理论体系创新。

任何客户关系管理项目光有功能是上不了线的,而一定要涉及业务。业务是由模式、流程、场景、组织岗位和考核这五个方面决定的。

如图1-4所示,我在后文中的CRM3.0之MSTT四维规划法及B2B销售的案例浅析中,会详细介绍如何从模式、流程、场景、组织岗位和考核五个方面进行业务规划。

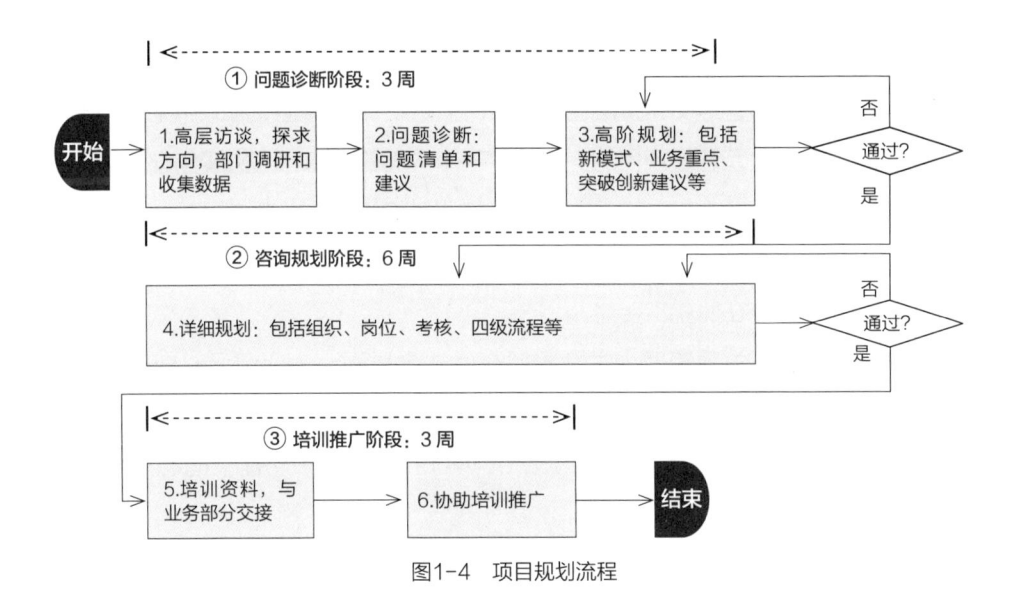

图1-4 项目规划流程

三、行业

在各个行业中我们会设计有行业特色的解决方案,进入客户关系管理细分赛道,以实现客户关系管理行业创新。

每个行业的特点都是不相同的,任何一种客户关系管理方案都不可能满足所有行业的需求,所以在设计客户关系管理方案时,一定要针对行业特点。但另一方面,我们一定要同时考虑借鉴其他行业的经验。有些痛点在本行业中是没有解决方案的,因为本行业标杆企业也无法解决;所以这时候我们必须跨行业去找解决方案,因为这个痛点有可能在其他行业里是有方法轻松解决的。

四、交付管理

目前，各个公司客户关系管理交付方法与我在二十年前在Siebel工作时使用的交付方法大同小异。二十年前，我们可以把客户关系管理看成一个软件，产品上线后只要能共享数据和具有自动化流程就可以；但二十年后的今天，企业普遍把客户关系管理与客户管理、市场推广、销售服务、渠道管理等各个领域的数字化转型、模式变革和流程创新挂钩，企业普遍要求业务价值的产出。所以在数字化时代，客户关系管理交付方法也需要与时俱进。我认为企业应采用全生命周期交付法，使客户关系管理项目的交付发生三个方面的转变：①由聚焦软件选型到聚焦数字化创新；②由聚焦软件功能到聚焦业务价值产出；③由聚焦一次性投入到聚焦以每六年为一个周期持续投入产出。详情见全生命周期客户关系管理交付法相关章节介绍，在此就不赘述。

图1-5是客户关系管理全生命周期交付法全景图。企业切忌对客户关系管理"只生不养"，不要把钱都投到软件上线阶段，而在之后的运营阶段舍不得花钱；不要只关注工作说明书（Scope of Work，SOW）功能，而忽略了业务价值。

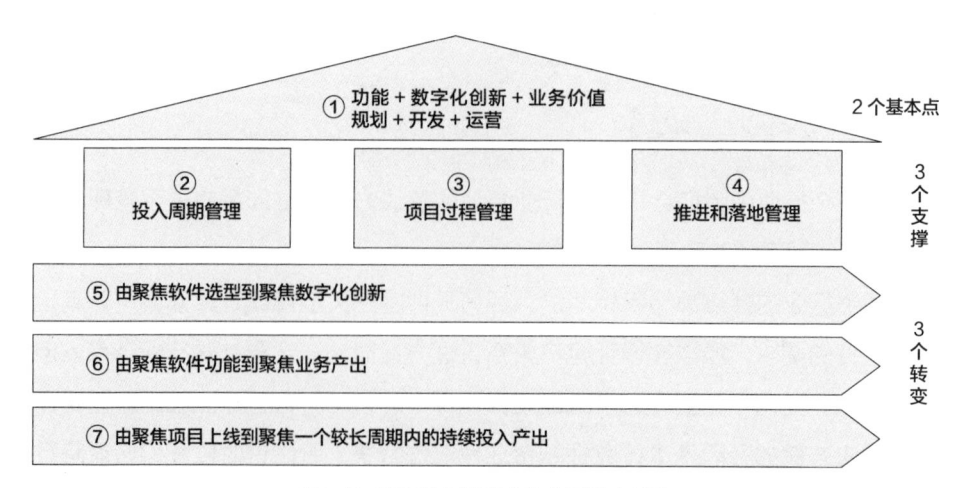

图1-5 客户关系管理全生命周期交付法

五、组织适配

传统的信息技术部门是以软件项目上线和软硬件安全和正常运行为目的建立的，其业务部门融合性较差，由于信息技术部门往往是成本中心，因此他们在业务部门也没有话语权。我们要想做数字化转型，让客户关系管理系统产生业务价值，就得在企业内构建能驱动数字化转型的架构和机制。

六、运营效率和业务价值评估监控

有了运营效率和业务价值监控指标，就可以实现客户关系管理价值评估创新。

客户关系管理上线后，如何评估项目是否成功是非常困难的，也一直没有统一的标准。我们应该构建评估模型，根据运营指标和业务价值指标的各个维度，来评估客户关系管理是否成功，而且模型和指标一定是为行业和该企业量身定制的。在下文的CRM3.0的价值评估里会有相关介绍。

七、运营管理

客户关系管理产品上线后，我们不能"只管生，不管养"，所以除了提供系统运维外，也会涉及业务运营的管理，甚至通过对赌的方式，按业务指标的实现程度决定收入。这也是客户关系管理的一种新的赢利方式，即客户关系管理收费模式的创新。

八、数字化应用

客户关系管理应用了新的产品体系、技术架构和数字化技术，也就是客户关系管理数字化的创新。

涉及客户关系管理的各种技术，是基于云端的还是在本地安装的；采用了什么技术架构；采用了什么数字化技术，如移动、大数据、人工智能（AI）、物联网、社交软件、云、人脸识别、地图、区块链等。这些在下文的CRM3.0之数字化产品创新会有介绍。

九、演进迭代

前面说到，客户关系管理会与时俱进，不断迭代演进，产生新的版本。数字化时代的客户关系管理我们称其为CRM3.0，之后也肯定会迭代演进出新的版本。

小结 > 本节介绍了数字化时代一个完整的客户关系管理包括哪些内容。CRM3.0的概念是对客户关系管理的一个全景描述，它从甲方客户、客户关系管理软件厂商、客户关系管理咨询商和客户关系管理实施商四个层面的诉求阐述了客户关系管理。它描述了完整的客户关系管理应该包含的九个主要方面：①功能；②业务；③行业；④交付管理；⑤组织适配；⑥运营效率和业务价值监控评估；⑦运营管理；⑧数字化应用；⑨演进迭代。

数字化时代客户关系管理产品创新

在数字化时代,客户关系管理产品应该如何演进和创新?我认为,衡量营销和服务数字化转型是否成功的三大标准是:①营销和服务的可获得性;②营销和服务的满足性;③营销和服务的依赖性。所以CRM3.0产品也需要支持这三大特性。

如图1-7所示,衡量营销和服务数字化转型是否成功的标准是:

(1)可获得性 即营销和服务无处不在,客户和用户在任何时间和空间都可以接触、获得营销和服务。

(2)满足性 即营销和服务按客户所需,我们总是在合适的时间、合适的地点,提供合适的营销和服务给客户和用户。

(3)依赖性 即营销和服务潜移默化,营销和服务要像阳光、空气和水一样,使客户和用户产生依赖,天天都在用,养成习惯。

为了达成以上三个标准,实现营销和服务数字化创新和转型的成功,客户关系管理产品也需要与时俱进,变化创新。

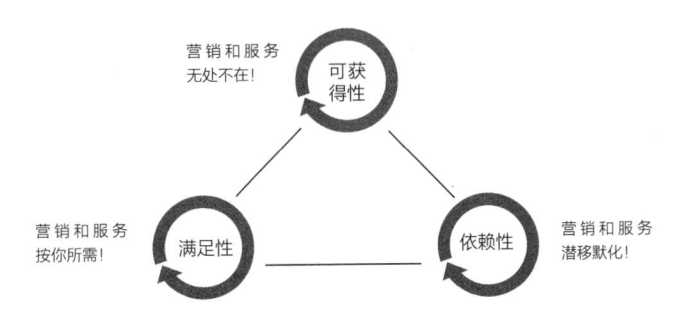

图1-7 数字化时代营销和服务衡量成功三标准

如图1-8所示，数字化时代客户关系管理产品的组成需要进行重构，既需要满足数字化时代客户对客户关系管理的期望与要求，也需要充分应用数字化时代的各种先进技术，实现产品和功能的进化。

数字化时代客户关系管理产品由五大核心组件组成，即传统客户关系管理应用中台、客户关系管理智慧大脑、客户关系管理智能终端、客户关系管理共创共赢平台和客户关系管理数据资产平台。这五大核心组件也反映了数字化时代客户关系管理的五大趋势：支撑平台化、管理智慧化、经营场景化、运营生态化和业务数字化。

（1）客户关系管理应用中台（支撑平台化） 就是指传统的客户关系管理。进入数字化时代，客户关系管理对智慧性、实时性、客户互动性和经验积累性的要求越来越高，传统客户关系管理主要聚焦流程和功能的实现，所以传统客户关系管理逐渐往后移，变成了营销和服务的应用中台，以及对外输出营销和服务的能力。

（2）客户关系管理智慧大脑（管理智慧化） 就是营销和服务中的指挥中心，把过去营销和服务过程中的事后纠正变成事前预防、事中纠偏。

（3）客户关系管理智能终端（经营场景化） 既是营销和服务人员的展业平台，也是他们的创客平台和客户经营平台。通过这个智能终端，每个营销和服务人员都是自己的首席执行官，完成自驱动、自演进和自赢利的过程。

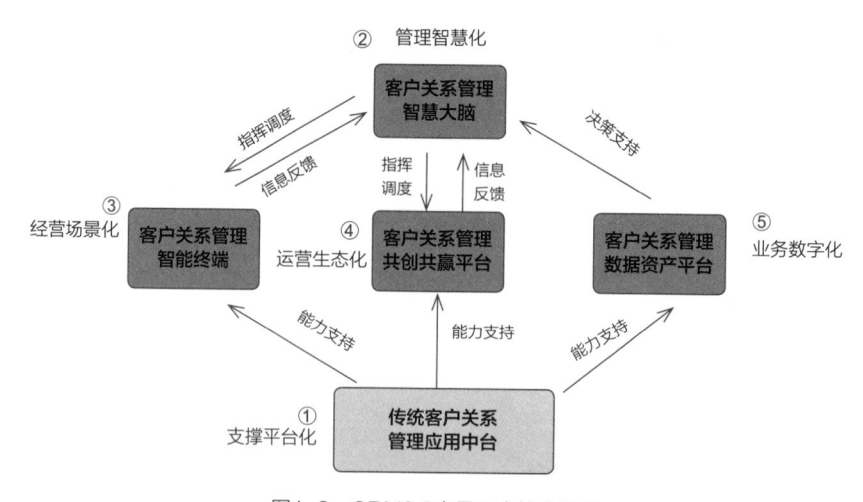

图1-8 CRM3.0产品五大核心组件

（4）客户关系管理共创共赢平台（运营生态化）　是营销和服务所有利益关联方互动增值的平台。通过这个平台我们既能强化和客户、用户的黏度，也能洞察客户、用户的需求，还能提供一对一的管家服务及个性化产品销售。

（5）客户关系管理数据资产平台（业务数字化）　营销和服务中的数据资产和经验积累使客户关系管理成为一个能不断学习进步、不断积累经验、不断自我成长的平台。

下面对数字化时代客户关系管理五大核心组件进行详细介绍：

一、传统客户关系管理应用中台
——支撑平台化

数字化时代，传统客户关系管理逐渐往后移成为中台，也就是成为能力输出中心，所以客户关系管理支撑平台化是一种趋势。由于客户关系管理支撑平台化成为一种趋势，因此该平台技术上云化和微服务化也是大势所趋。

二、客户关系管理智慧大脑之七大指挥中枢
——管理智慧化

在数字化时代，客户关系管理需要插上智慧的翅膀，要有自己的指挥中心，也就是管理智慧化，打造客户关系管理智慧大脑。从而实现把过去营销和服务过程中的事后处罚纠正变成事前预防、事中纠偏。为了实现客户关系管理智慧大脑，客户关系管理产品也会应用一系列新的数字化技术，如人工智能、物联网（IOT）、边缘计算和云计算等。

如图1-9所示，客户关系管理智慧大脑由七大指挥中枢组成：

（1）工作分配中枢　在合适的时间、合适的场景，通过合适的渠道，推送合适的工作，分配给合适的工作执行人。

（2）技能中枢　指导员工在销售和服务过程中使用最合适的方法、工具和技能。

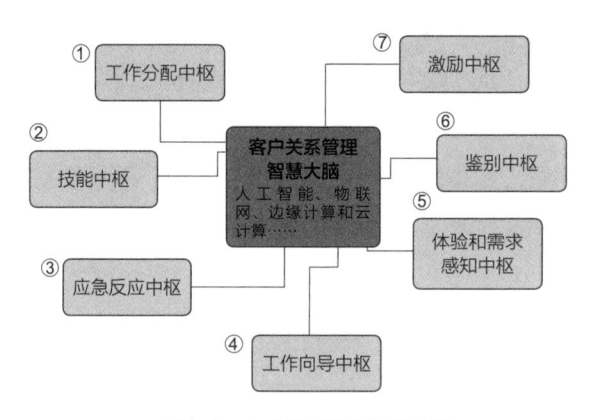

图1-9　客户关系管理智慧大脑

（3）应急反应中枢　在销售和服务过程中，如果发生突发事件，提供第一时间的协助和支持，例如远程专家支持、产品闪送等。

（4）工作向导中枢　在销售和服务过程中，指导员工如何合规，如何按标准化过程去执行。

（5）体验和需求感知中枢　在销售和服务过程中，实时收集和反馈客户的体验和需求，推荐创感动建议。当发现负面事件时，及时进行干预和纠正。

（6）鉴别中枢　实时发现和纠正销售和服务过程中的问题，比如服务中上传照片不规范和提交虚假工单，营销中提交虚假销售线索和联系人等。

（7）激励中枢　员工收益和激励计算器，实时计算员工基础收入、增值收入和社会化收入。

三、客户关系管理智能终端之六大能力
——经营场景化

数字化时代的CRM可以在不同时间和空间，为销售和服务创造出一个个不同场景。要想在这些场景中成功实现营销和服务数字化转型，实现销售和服务无处不在、按你所需和潜移默化，智能移动终端必不可少。（智能移动终端既是营销和服务人员的展业平台，也是他们的创客平台和客户经营平台。通过这个智能

终端，每个营销和服务人员都是自己的首席执行官，能够完成自驱动、自演进和自赢利的过程。）在实现客户关系管理智能终端的过程中，需要应用移动化、社交化、物联网和人工智能等各种数字化技术。

如图1-10所示，客户关系管理智能终端需要实现以下六大能力：

（1）**自我规划能力**　在客户关系管理智慧大脑协助下，员工可以实现自我工作规划，客户、用户运营等工作。

（2）**需求的感知能力**　在客户关系管理智慧大脑协助下，员工可以主动感知客户、用户的体验和需求，并采取措施来提升体验和推广产品。

（3）**过程的管控能力**　在客户关系管理智慧大脑协助下，员工能够进行规范化和标准化销售和服务作业。

（4）**应急反应能力**　在客户关系管理智慧大脑协助下，在问题无法解决、客户用户不满等突发情况下，使员工能平滑、快速地解决问题，提升用户满意度。

（5）**业务支撑能力**　在客户关系管理智慧大脑协助下，员工能获得中后台的各种销售和服务支撑能力，如专家支持，产业支持等。

（6）**生态资源调度能力**　在客户关系管理智慧大脑协助下，可以调度集团内外各个生态合作方资源，协同销售和服务。

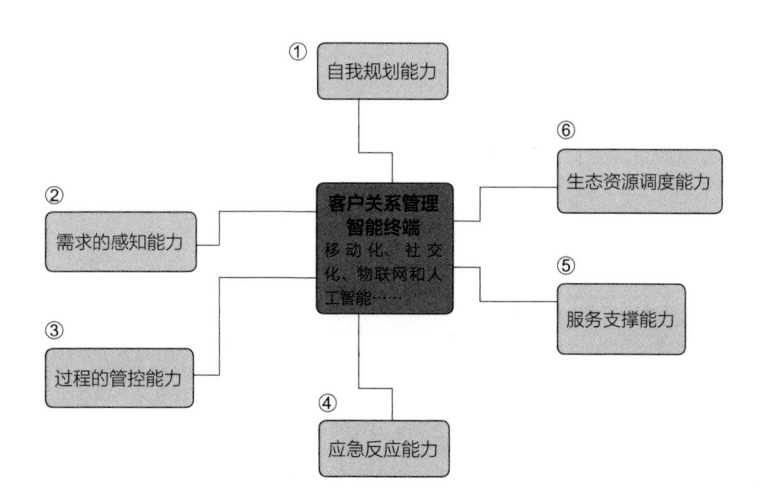

图1-10　客户关系管理智能终端

四、客户关系管理共创共赢平台
——运营生态化

传统的客户关系管理一直都解决不了如何让客户和用户参与客户关系管理、并形成高黏度互动的问题。也就是传统客户关系管理一直是企业内部在自我管理，主要是和企业内部的组织、员工及一些外部渠道商互动。但在数字化时代，消费者到企业（Customer-to-Business，C2B）是一个不可逆转的趋势。也就是在销售、服务、研发和制造等过程中，企业根据用户的需求，为其量身定制产品和服务。为了打通用户和企业之间交互增值的鸿沟，客户关系管理必须构建共创共赢平台。在这个平台上，所有利益关联方都会参与，形成多对多的关系，构建社群和生态，形成互动增值。通过这个平台，我们既能强化和客户、用户的黏度，也能洞察用户的需求，还能提供一对一的管家服务及个性化产品销售。在实现这个平台的过程中，需要应用社交化、多渠道、机器人等各种包含数字化技术的产品。

如图1-11所示，客户关系管理企业可以针对以下四类机构和人，构建客户关系管理共创共赢平台：

（1）**营销和服务机构** 颠覆传统营销和服务模式，由中心化到去中心化；

营销和服务管理机构、营销和服务人员、用户、客户、内外资源方实现共创共赢的平台

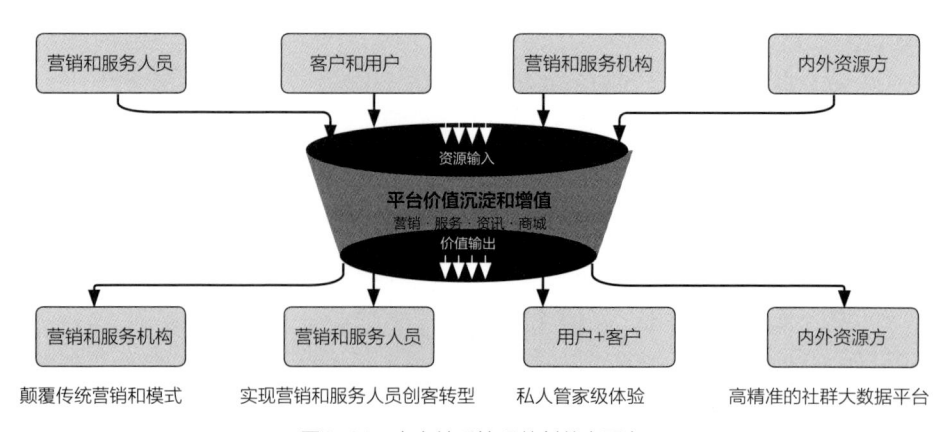

图1-11 客户关系管理共创共赢平台

由营销和服务入口到管家平台和生态社群。

（2）**营销和服务人员**　实现营销和服务人员创客转型，从销售和服务人员到客户用户管家；从被动安排任务到主动创业；从卖货赚提成到维系客户、用户赚佣金。

（3）**客户和用户**　实现私人管家级体验，从基础服务和权益服务到一对一全时管家级服务。

（4）**内外资源方**　构建高精准的社群大数据平台，从广告投放到社群大数据交互；从单项传播到需求挖掘倒逼服务升级。

五、客户关系管理数据资产平台之九大资产
——业务数字化

传统客户关系管理主要聚焦流程优化和改进，我们称之为最佳实践。但营销和服务相关的数据资产的积累和应用一直都是个弱项。数字化时代，技术的赋能和海量场景数据的获取，使客户关系管理数据资产平台的构建成为一个必选项。客户关系管理数据资产平台使客户关系管理成为一个能不断学习进步，不断积累经验，不断自我成长的平台。要想实现这个平台，需要应用大数据、小数据、机器学习等各种数字化技术和产品。

如图1-12所示，CRM数据资产平台由九大类数据资产组成：

（1）**人脉资源数据资产**　是针对B2B生意中人脉资源的积累和分析沉淀，是企业的核心资源和数字化资产，即商业关系管理中的企业人脉资源数据。

（2）**项目关系数据资产**　是针对B2B生意中项目的历史信息的积累和分析沉淀，是企业的核心数字化资产，即商业关系管理中的项目历史信息数据。

（3）**个人、家庭和社区数据资产**　以个人、家庭和社区为中心，展示全景信息，包括所拥有的产品和方案信息。并建立个人、家庭和社区复杂的多对多关系，从各个维度展示个人、家庭和社区的现状和预测结果，比如产品和服务满意度，各类产品的穿透度，与竞品的对比分析，未来采购需求等。

（4）**产品和方案数据资产**　以产品和方案为主题的经验积累和有效数据总

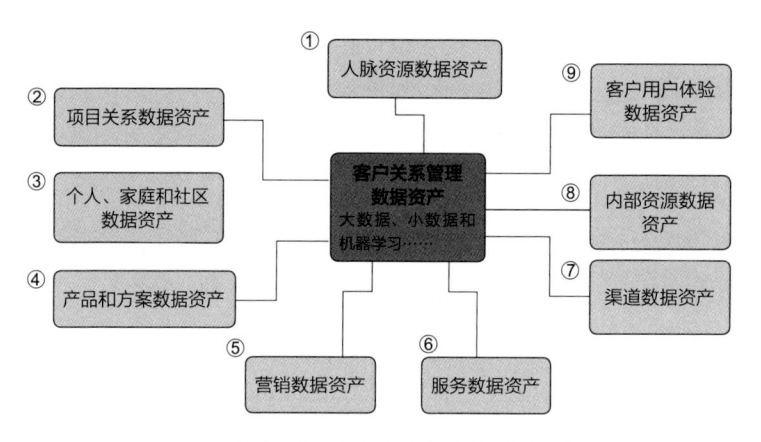

图1-12　客户关系管理数据资产平台

结。例如产品和方案趋势和定制化需求，产品质量银行，产品自智能模型（自动检测、自动诊断、自动修复、自动反馈）等。

（5）**营销数据资产**　所有市场推广、销售过程经验的积累和有效数据总结。例如产销协同预测、销售线索转化预测、最佳赢单步骤建议等。

（6）**服务数据资产**　所有售后过程有效数据的积累和经验总结。例如各服务网点备件需求预测、智能派单模型、故障智能诊断等。

（7）**渠道数据资产**　所有渠道管理过程中的有效数据积累和经验总结。比如渠道产能预测、采购预测、排产规划、虚假报单诊断等。

（8）**内部资源数据资产**　企业内部资源管理过程中的有效数据积累和经验总结。比如销售和服务能力预估，网络布局规划等。

（9）**客户用户体验数据资产**　所有客户、用户体验相关的有效数据积累和经验总结。比如客户情绪波动模型，创造感动建议，口碑传播最佳途径等。

小结　> 本节介绍了数字化时代CRM3.0产品的五大核心组件：①客户关系管理智慧大脑；②客户关系管理智能终端；③客户关系管理共创共赢平台；④客户关系管理数据资产平台；⑤客户关系管理应用中台。

数字化时代客户关系管理细分赛道

国内客户关系管理将进入行业和功能细分赛道。通用CRM厂商很难再涌现出像Siebel和Salesforce这样几百亿甚至上千亿美元市值的企业：

（1）**没有全球市场的支撑** 这个毋庸多说，由于语言、文化等因素，国内厂商的客户关系管理产品很难占领全球市场，只有在一些与我们友好，且文化相近的国家还有一些机会。

（2）**国内客户关系管理市场没有形成与国力相匹配的市场规模** 国内客户关系管理市场经历了二十多年的沉沉浮浮，目前由于统计方法的不一致，很难有一个特别准确的市场规模估算。我认为每年的使用许可规模在几十亿元到百亿元之间。这个客户关系管理市场规模很难与中国世界第二大经济实体的地位相匹配，与欧美很多国家的客户关系管理市场规模也有很大差距。为什么会有这么大差距？我认为，这是由于国内外企业的管理基因不一样造成的。拿咖啡举例，欧美国家可能把咖啡当成生活的必需品，是生活的组成部分；但中国人没有这个习惯，咖啡可能只是少部分人的选择，大部分人还是选择喝茶。

按中国的经济规模，国内客户关系管理市场应该是几百亿甚至上千亿元的规模，之所以目前的市场规模这么小，其实是我们客户关系管理厂商一直没有开发出像茶一样能满足广大中国企业需求的客户关系管理。

中国企业普遍关注结果，需要的客户关系管理就是肉眼可见的有投资回报的客户关系管理。为什么这么多企业花巨资去央视投广告，现在又在各社交媒体直播？其实就是这些方式能让投资回报肉眼可见，且能及时兑现。为什么要肉眼可见和及时兑现？因为对于打造核心竞争力、拓宽"护城河"之类的话，除了少数几家企业会去思考这类问题，绝大多数企业对此都会不以为然。

如果客户关系管理投资回报不是肉眼可见和及时兑现的，其实已经把95%以上的中国企业受众排除掉了。最近SCRM受到一定关注，其实它就是企业自建私域流量，中国企业是认可流量就是金钱，拉新成本是可以量化的，所以SCRM的回报是肉眼可见和及时兑现的。

以下是我认为国内客户关系管理市场存在的机会：

一、传统客户关系管理赛道

传统客户关系管理就是包含市场、销售、渠道、服务、客户管理等各个模块标准功能，而且覆盖很多行业的客户关系管理。在这个市场里，国际厂商有微软、Salesforce（创建于1999年3月的一家客户关系管理软件服务提供商）、思爱普（SAP）、甲骨文股份有限公司（Oracle）等；国内厂商有销售易、纷享销客等。这个市场已进入成熟期，市场容量不会有太大变化。

客户关系管理厂商要想在传统客户关系管理市场获得快速发展，往往需要赢大单，也就是赢得至少几百万元以上的客户关系管理项目。但这类项目往往是两大类企业在做：

（1）"鲤鱼跳龙门"型企业　往往是规模几千人，销售额几十亿，面临着从几十亿元规模到上百亿元或几百亿元规模的一个破茧成蝶的过程。这些企业说是要做客户关系管理，其实是因为企业到了一定规模，想找到在营销和服务领域怎么转型的良方来帮助企业快速变大变强。

（2）"头部"企业　这类企业往往有几万人，市值上千亿元，它们往往每年在客户关系管理这个赛道上有资金预算。

综上所述，这两类企业对客户关系管理厂商的品牌、方案和案例往往都有很高的要求。对于新进入这个赛道的客户关系管理企业，如果你没有足够的资金，没有足够规模和品牌做支撑，没有顶尖行业专家，是很难做大的。

二、细分客户关系管理赛道

我认为，中国客户关系管理未来市场的希望在细分赛道，就像从百度搜索到美团、携程等垂直搜索一样，这个细分赛道能容纳几十家甚至更多的客户关系管理"独角兽"出现，而且每一个赛道的规模都未必比传统客户关系管理赛道小。

细分客户关系管理赛道分成行业细分的客户关系管理赛道和功能细分的客户关系管理赛道。

（1）**行业细分的客户关系管理赛道**　国内很多行业都有万亿元规模的市场，比如汽车、家电3C、医疗健康、零售、金融、制造等。这些行业都需要在营销和服务领域进行数字化创新和转型，只要行业细分的客户关系管理能有行业特色，满足投资回报肉眼可见和及时兑现这个原则，就会有大量市场机会。

（2）**功能细分的客户关系管理赛道**　传统客户关系管理理论体系和方法论并不完善，很多地方都可以创新、细化和完善。比如SCRM就是传统客户关系管理中没有的产品。此外，像企业人脉资源管理、项目关系管理、销售支撑体系等，传统客户关系管理中也没有相关理论体系和完善的产品功能。

我们可以根据之前介绍的CRM 3.0的五个成功关键能力去发现细分赛道。

（1）**理论体系创新**　就像之前说的，SCRM从某种意义上来说就是基于私域流量获取的一个客户关系管理理论体系创新，而且能满足投资回报肉眼可见和及时兑现原则。但这仅仅是客户关系管理理论创新的很小一块，此外还有大量的空间可以进行CRM创新，比如企业人脉资源管理。其实很多中国企业最初用客户关系管理的原因之一是怕销售带走人脉，中国是一个人情社会，人脉的重要性怎么说都不过分。而我在客户关系管理领域从业的这二十多年，无数企业，尤其是目标客户群是大客户的企业，都表达过管理企业人脉资源的需求，但至今市场上还没有这样的成熟产品。新的理论体系和方法论的构建如果是通用的就是功能细分的客户关系管理赛道，如果是行业相关的就是行业细分的客户关系管理赛道。

（2）**行业创新**　目前市场上主流的客户关系管理产品的行业特征都不明显，要想应用到行业客户，往往需要进行大量的客户化。现在客户关系管理厂商对行业业务的理解，以及通过客户关系管理产品推动行业的转型和创新的能力，都是不足的，往往得依靠咨询实施合作伙伴来完成。行业赛道是客户关系管理厂商的蓝海，而且每个赛道的容量未必比国内传统客户关系管理市场小。举个例子，国内家电3C领域的年销售额在万亿元以上，专卖店和服务网点也有几十万家。如果我们的客户关系管理能解决行业的痛点，比如产销协同、销服一体化、智能派单、备件预测、产能预测、智能排产等，那肯定会造就一个十亿元甚至几十亿元规模的客户关系管理市场。要是再考虑家电上下游企业，那规模会更大。如果我们把各种新技术赋能，比如物联网、AI、大数据、移动化、社交化等，应用到各种客户关系管理业务场景中，那这家面向行业赛道的客户关系管理厂商是有机会成为一个高估值"独角兽"的。行业创新产品的构建算是行业细分的客户关系管理赛道。

（3）**价值评估创新**　中国企业通常更关注投资回报，必须要有客户关系管理的价值评估体系，才能实现客户关系管理投资回报肉眼可见和及时兑现原则。客户关系管理厂商普遍以系统上线为标准向客户收费，至于有没有业务价值，那就是客户的事了。这点在中国企业中越来越难被认可和接受。客户关系管理厂商要是有工具，能在系统上线前对企业各项指标进行评测，上线后对关键业务指标进行监控，通过量化业务指标来进行投资回报分析，那就更容易赢得客户和项目。新的价值评估体系的构建如果是通用的就是功能细分的客户关系管理赛道，如果是行业相关的就是行业细分的客户关系管理赛道。

（4）**收费模式创新**　收费模式的创新需要基于价值评估体系的建立。如果业务价值可以量化，完全可以根据业务价值的产出定义客户关系管理的收费，而不是根据现在的使用许可数量和开发工作量去收费。我们常说客户需要的是墙上的一个孔，而不是一个电钻。所以针对客户关系管理，客户其实需要的是业务价值，而不是软件。按业务价值去收费更符合SAAS服务的真谛，即软件即服务。拿家电行业举例，用了客户关系管理售后服务模块后，每年可以减少约1000万次服务工程师保内上门。假如每次上门成本50元，就能给企业每年减少5亿元成本，以此去和企业谈每年几千万元的CRM收费，也是合理的。收费模式创新往往具有很强的行业特征和企业个性化特征，所以一般属于行业细分的客户关系管理赛道。

（5）**数字化创新** 数字化创新是指用数字化技术进行转型和创新。既可以对传统客户关系管理产品架构进行改造，比如打造客户关系管理智慧大脑、客户关系管理智慧终端、客户关系管理共创共赢平台、客户关系管理数据资产平台等，也可以针对业务模式、场景和流程等进行赋能。数字化创新如果是对通用客户关系管理功能进行创新，那就是功能细分的客户关系管理赛道；如果是对行业相关应用进行创新，那就是行业细分的客户关系管理赛道。

小结 > 本节介绍了数字化时代客户关系管理厂商在传统赛道和细分赛道面临的机遇和挑战，并详细介绍了如何通过CRM3.0五个成功关键能力寻找功能细分赛道和行业细分赛道上的客户关系管理机会。

数字化时代客户关系管理跨界赛道

说到客户关系管理产品，基本上大家说的都是企业内部使用的客户关系管理，也就是传统客户关系管理。但进入数字化时代，随着数字化技术与场景的融合，客户关系管理产品的边界变得越来越宽，甚至会跨界。比如SCRM就不仅仅内部员工在使用，而是有大量活跃用户参与。另外，电商、微信、抖音等某种意义上也是一种客户关系管理。

我认为，从广义上讲，客户关系管理有两个要点：一个是和企业相关，一个是涉及市场、销售、服务、渠道和客户等。只要满足这两个条件，就可以认为是广义客户关系管理。所以从使用范围上来讲，客户关系管理可以分成三大类：

（1）企业内部使用的客户关系管理。

（2）C2B 客户关系管理。

（3）C2C2B 客户关系管理。

C2B 客户关系管理和C2C2B 客户关系管理是数字化时代派生出来的产物，但发展迅猛，都是万亿元规模以上赛道、成长速度远胜企业内部使用的客户关系管理。之所以会这样，我认为主要是因为这两种客户关系管理能够满足资本驱动的条件，可以通过资本的力量，迅速占领市场。

从很多案例可以看出，资本驱动快速增长的业务模式往往具有以下特征：①C端客户高频参与；②交易模式简单；③做平台撮合或做连接器；④竞争的关键在于流量和供应链。

接下来我们介绍一下这三种客户关系管理，以及分析一下哪类客户关系管理存在资本快速驱动占领市场的特征。

一、企业内部使用的客户关系管理

目前主流的客户关系管理产品都是企业内部使用的客户关系管理，也是大家心目中正统的客户关系管理。从最早的Siebel，到目前的Salesforce、微软Dynamics CRM。不管是SAAS服务，还是本地安装，它都聚焦在产品功能上，通过产品功能的不同来展示自己的价值。这种CRM虽然管理个人客户信息，但基本上都是内部员工使用。下面让我们看看他是否具有资本驱动的特性：

（1）C端客户高频参与　主要是内部员工使用，C端个人客户不参与或有限参与。

（2）交易模式简单　这种产品往往都是以非常复杂的功能和方案作为取胜的先决条件，一般要经过招投标等过程，交易过程非常复杂。

（3）做平台撮合或做连接器　这种产品都是企业内部专用的，不做撮合或连接器。

（4）竞争的关键在于流量和供应链　竞争在于产品功能，方案和行业知识，与流量和供应链无关。

由此可见，企业内部使用的客户关系管理不适合资本驱动。传统客户关系管理领域一直是一个资本很难入侵和征服的领域。它需要时间来不断打磨产品，需要项目来沉淀方案，需要逐渐建立业内口碑，以及搭建自己的合作伙伴网络。没有十年甚至二十年的时间，是很难成功的，很少听说哪家传统客户关系管理厂商是在几年内迅速占领市场的。Siebel是个特例，它崛起时CRM是个蓝海市场，没有什么竞争，目前客户关系管理市场已很难再有这样的机会。

二、C2B CRM

接下来，让我们看看聚焦C2B 客户关系管理是否存在资本驱动高成长空间。我们首先看看什么是C2B 客户关系管理。

所谓C2B 客户关系管理就是指聚焦个人和企业交互增值的客户关系管理。它不是侧重企业内部员工使用的CRM，而是聚焦连接个人和企业，通过信息交互、需求匹配和交易撮合，完成增值的客户关系管理。

如图1-13所示，目前这类客户关系管理最成功的领域就是个人和企业销售的对接，例如天猫、京东、拼多多等电商。

很多人可能不认为电商是客户关系管理。我在前文中曾说过，从广义上讲，CRM有两个要点：一个是和企业相关，一个是涉及市场、销售、服务、渠道和客户等。只要满足这两个条件，就可以认为是广义客户关系管理。

C2B客户关系管理符合"C端客户高频参与，交易模式简单，做平台撮合或做连接器，竞争的关键在于流量和供应链"这些特征，所以它认为它是可以通过资本驱动来快速成长的。京东、拼多多就是走了这种模式。

除了C端个人用户与企业销售的对接，在企业服务、制造、研发和供应链领域也存在着一个巨大的市场空间，我认为这是一个可以通过资本驱动来创造"独角兽"企业的蓝海。

（1）与企业服务的对接　也就是企业服务能力的社会化。例如社会上有无数的服务网点在找客源，也有无数的用户在找服务提供商，家电行业就是一个非常典型的例子。我们可以从网络上找到一些服务商的联系方式，但仅仅提供信息是无法满足用户要求的。市场需要更专业的平台，比如把服务标准、服务规范、服务内容、服务价格等进行专业化和标准化，然后把满足这个标准的服务商都拉进平台，对接社会上的所有需求，成为服务领域的美团。

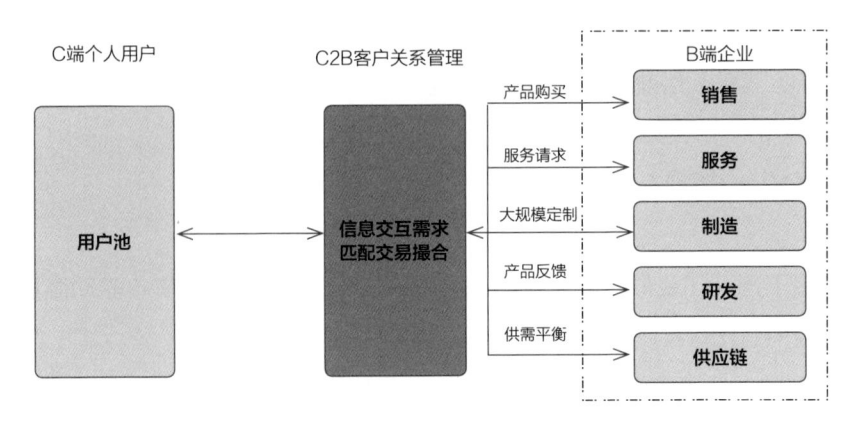

图1-13　C2B客户关系管理

（2）与企业制造的对接　也就是企业制造能力的社会化。这与企业服务对接很类似，社会上有大量的企业在某一时间段有过剩的生产能力，尤其随着智能工厂的涌现，这些能力是可以数字化和输出的。所以企业需要一个平台，把用户的订单积少成多，完成大规模定制。

（3）与企业供应链的对接　就是供需平衡，以需定产。由于对市场需求的判断不准，一些企业的产品生产了卖不出去，市场需要的又来不及生产。之所以这样，是因为如果企业只根据过去销量和经验去预测当前销量，偏差会非常大。企业必须对C端用户需求进行收集和汇总，才有可能做到供需平衡。

（4）与企业研发的对接　就是C2B的研发。我们需要C端用户的前期参与，才有可能研发出市场需要的产品，而不是设计人员喜欢的产品。

所有这些都需要C端的流量和B端企业的加盟，需要大量的资本，但也可以通过资本迅速占领市场。就像美团、京东、拼多多一样。

三、聚焦C2C2B 客户关系管理

为什么是C2C2B 客户关系管理，而不是C2C 客户关系管理？因为我一直认为客户关系管理最重要的是要和企业相关，如果仅仅发生在个人与个人之间，我不认为这是客户关系管理。

如图1-14所示，我认为C2C2B 客户关系管理主要聚焦社交、娱乐、工作和社区圈子等领域。

（1）社交　最典型的是微信。原来微信主要应用在熟人之间的交流，但随着公众号、小程序的广泛应用，企业的参与和涉入也越来越深，很多交互最终是为了企业产品销售和品牌宣传。

（2）娱乐　像抖音、快手之类的短视频平台，随着流量变现方式的逐渐成熟，企业的涉入也越来越深。

（3）工作　领英（LinkedIn）等平台已逐渐成为企业和猎头招聘的主战场。

（4）社区圈子　我认为这是一个非常有潜力的CRM市场。电商的长尾效应使世界变平了，也变小了。但它也存在一个问题，就是无法有效建立人与人之间

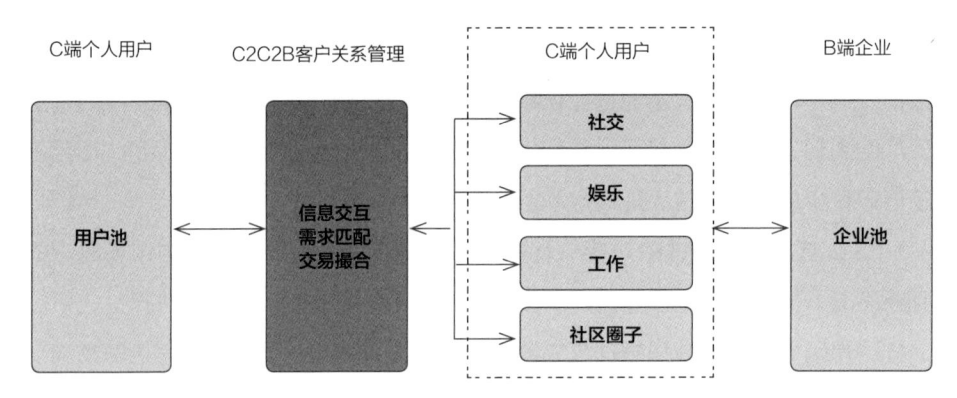

图1-14 C2C2B 客户关系管理

的信任。信任是基于知根知底，往往是距离越近，就越容易建立信任。新冠肺炎疫情期间，大家都习惯了基于小区的团购，也就是小区邻居群里的接龙形式。因为摸得着，看得到，所以彼此更容易产生信任，达成交易。这是一个蓝海，目前中国有几十万个小区，小区团购的主要方式还是通过微信接龙，市场需要一个管理更规范，服务更贴心，资金更有保障，功能更强大的平台出现。

C2C2B 客户关系管理具备"C端客户高频参与，交易模式简单，做平台撮合或做连接器，竞争的核心在于流量和供应链"等特征，可以通过资本驱动来实现快速成长。

小结 > 本节介绍了广义上的三种客户关系管理，既企业内部使用的客户关系管理、C2B 客户关系管理和C2C2B 客户关系管理。同时分析了哪种客户关系管理可以通过资本驱动的力量快速扩展市场。

第 2 章
CRM3.0之B2B营销数字化转型

我之前介绍过，CRM3.0涉及五个层面的创新：①理论体系创新；②行业创新；③价值评估创新；④收费模式创新；⑤数字化创新。本章将介绍CRM3.0中B2B营销领域的理论体系。

B2B 销售数字化转型

目前，数字化转型在各行业头部企业中如火如荼地进行着，在B2C营销、售后服务、制造、供应链和研发等领域都有很多数字化创新和转型的案例。但在B2B销售领域，数字化转型的进展相对较慢，虽然也有对线索和商机进行机器打分、根据历史数据评估赢单率、自动找到联系人等一些数字化应用，但效果并不明显。B2B销售，尤其是大客户销售，仍然沿用着几千年来的传统方式，就是维护好关系（信任你）+ 制作方案（打动他）。

B2B销售有可能是最难被人工智能取代的领域之一。B2B销售很难做大规模数字化转型，是由它的特点决定的：B2B中的很多交互和决策过程是不可见的，客户的决定受到了各种显性和隐性因素影响，而且影响的程度随着时间和进程的变化而不断变化，所有这些都很难用数字描述，也就很难通过数字化进行再造。

在介绍销售过程管理之前，需要澄清一个问题。由于B2B销售的特殊性和复杂性，你不可能用数字化工具全程去监控销售和客户的接触，去评估客户的体验，那就没人敢跟你做生意了；也不可能通过客户对你方案的一个反馈去评估赢单率，因为B2B 生意决策机制非常复杂。所以并不是那些用了酷炫的数字化技术的B2B销售才叫数字化时代的B2B销售。数字化时代我们可以通过对客户关系管理理论进行创新，使B2B销售能满足企业需求，给企业带来业务价值，这也是数字化时代B2B销售创新的一种体现。

在数字化时代，我们要想通过数字化工具提升企业B2B销售能力的话，除了对"冰山"之上的部分（即销售过程）做数字化管理和创新，也要对"冰山"之下的部分（即大客户管理和销售支撑体系管理）做数字化管理和创新。赢单讲究水到渠成，顺势而为。形成优势的过程中的很多工作是不可见的，如大客户管理和销售支撑体系管理，这两点往往被忽略，但又是最基础和最核心的部分。

如图2-1所示，数字化时代B2B销售我们可以归纳为守正、出奇和蓄势三部曲。守正是大客户管理，出奇是销售过程管理，蓄势是销售支撑体系管理。

（1）**大客户管理是道**　也叫客户线管理，更注重方向性，战略性，不追求短期目的。它讲究的是守正、惠人达己、先舍后得。如果在大客户管理中过于注重短期回报，关系一定很难持久，生意也会起起落落。大客户管理的目的是在一个长时间周期内，针对这个大客户持续提升项目的质和量，从而产生可持续的、最大化的回报。

（2）**销售过程管理是术**　也叫项目线管理，更注重短期效果，以是否赢单作为衡量标准。它更讲究诡道，在打单过程中出奇谋，即所谓的兵无常势，水无

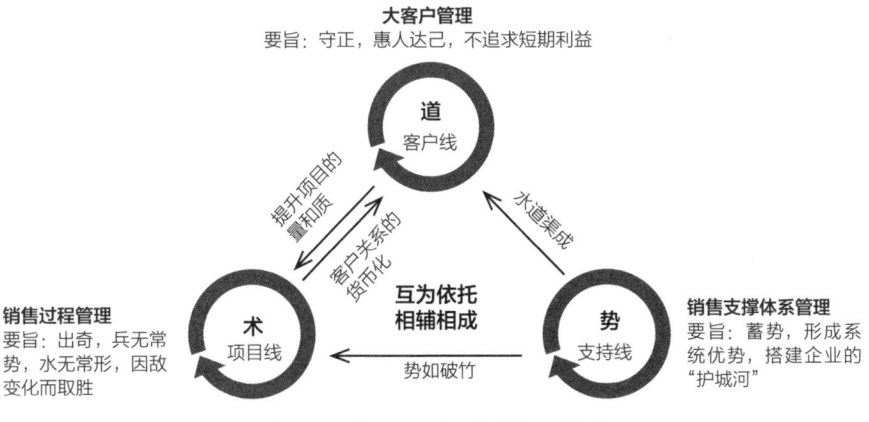

图2-1　数字化时代B2B销售管理模型

常形，因敌变化而取胜。销售过程管理就是把大客户管理中建立的关系及销售支撑体系中我们本身的能力货币化的过程。销售过程管理的方法很多，也比较完善，比如TAS方法论等，都在实践中应用得比较成功。

（3）**销售支撑体系管理是势**　也叫支持线管理。B2B的销售，尤其是大单的销售可能历时半年，一年，甚至几年，涉及内外部公司高管、各条方案线、交付线、产品线、测试线和外部专家支持和配合的问题，一步错可能导致满盘皆输。一个大项目赢不了基本上可以从关系不到位和支撑资源不到位中找到原因。支撑资源对赢单的重要性越来越大，而企业内部往往缺乏如何将最优质的资源投向最有价值的项目的机制。所以构建最合理、最高效的销售支撑体系是在为企业建立系统性的优势，搭建企业的"护城河"。

图2-2是随着公司规模的增长，B2B销售三大组成部分价值产出增长曲线示例。

销售过程管理是术，是技巧，容易掌握，但随着公司规模的增加，效果会逐渐减弱；大客户管理是道，它可以建立稳定的关系，产生持续收入，随着公司规模的增加和时间的流逝，效果会逐渐增强；销售支持体系管理是势，公司规模越大，它产生的势能也呈几何级数成长，形成公司的"护城河"，不战而屈人之兵。所以从短期来说，销售过程管理最容易见效，从长期来说，销售支撑体系管理最为核心。

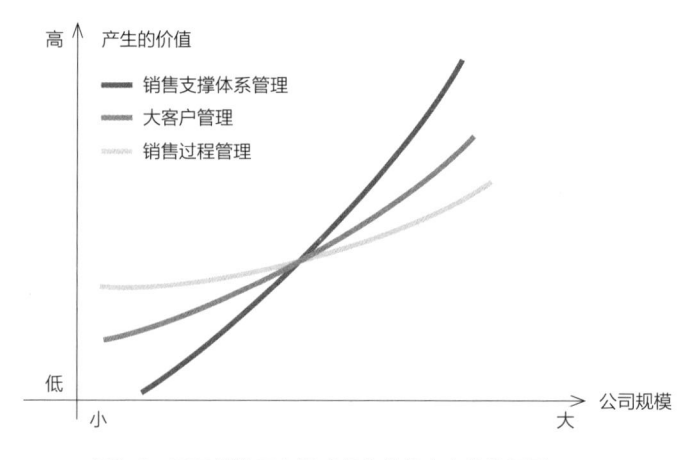

图2-2　B2B销售三大组成部分价值产出曲线示例

小结 > B2B销售可以归纳为守正、出奇和蓄势三部曲。守正是大客户管理，大客户管理是道，也叫客户线管理，更注重方向性，战略性，不追求短期目的。出奇是销售过程管理，销售过程管理是术，也叫项目线管理，更注重短期效果，以是否赢单作为衡量标准。蓄势是销售支撑体系管理，销售支撑体系管理是势，也叫支持线管理。

B2B 销售之大客户管理

前文介绍了CRM3.0中B2B销售数字化转型。它由三部分组成：即守正、出奇和蓄势三部曲。在B2B销售三部曲中，大客户管理看似容易，但其实是最模糊和难落地的一块。之所以大客户管理体系难建，是因为它很难量化和评估。销售过程管理也就是从商机到合同，从合同到现金的过程，因此完全可以用合同额，回款，利润，成本，项目交付质量和周期等数字化指标去评估投入产出。但大客户管理很难有可量化的衡量指标，也就是就很难评估要投入的成本和产出之间的关系，从而导致很多企业很难下决心投入很大的资金和人力。另外，大客户管理和销售过程管理都涉及客户管理，两者的边界在哪里，如何在组织、人员、资源和流程上进行分配和衔接，如何进行业绩和责任的分解，也存在一个很大的模糊空间，致使很多企业一直无法建立起完善的大客户管理体系。

但大客户管理是春季播的种子，赢单率是秋季结的果实。所以如果企业想在几年后果实累累，就得建立系统的、完善的和高效的大客户管理机制。

本节主要介绍大客户管理的要素和管理模型。

一、大客户管理五要素

进行大客户管理首先要做到三知：知道谁是大客户；知道谁来负责大客户；知道如何管理大客户。然后制定策略和战术，最后通过动态评估机制来评估。另外，要做到三察：洞察大客户是否合格；洞察销售是否合格；洞察管理机制是否合格。

如图2-3所示，分别介绍一下大客户管理五要素（WHCSE）：①如何判定

图2-3　大客户管理五要素

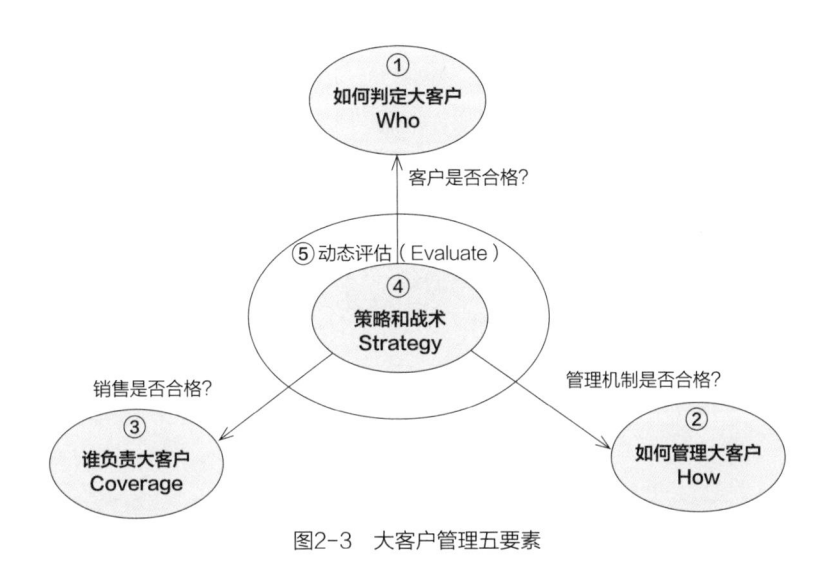

大客户（Who）；②如何管理大客户（How）；③谁负责大客户（Coverage）；④策略和战术（Strategy）；⑤动态评估（Evaluate）。

1. 如何判定大客户

很多企业对大客户的判定主要是看销售额。由于客户去年产出很多项目，今年就把该客户定位成大客户，给了更高的销售指标，致使负责该客户的销售无法完成任务，而被迫离职。

大客户管理不能追求短期利益，我们进行大客户管理的初衷是：在一段较长的时间里，这些客户将会对我们公司业绩产生举足轻重的作用，所以我们需要在这些客户身上投入更多资源和精力。而销售额仅仅代表着昨天，而不是未来，所以以此为依据，会使资源错配，业绩起起伏伏，销售不停更换。

如图2-4所示，在判定大客户时，建议采用综合积分法：根据客户在销售额、潜力、示范作用和能赢能做四个维度的得分，乘以权重后相加，计算客户总得分，再根据积分排名，取前x%名作为大客户，即Σ要素区间得分x权重。

由于不同行业和不同类型客户差别很大，我们可以针对不同行业或不同类型客户，设置不同的区间得分阈值，这样可以尽量做到公平。

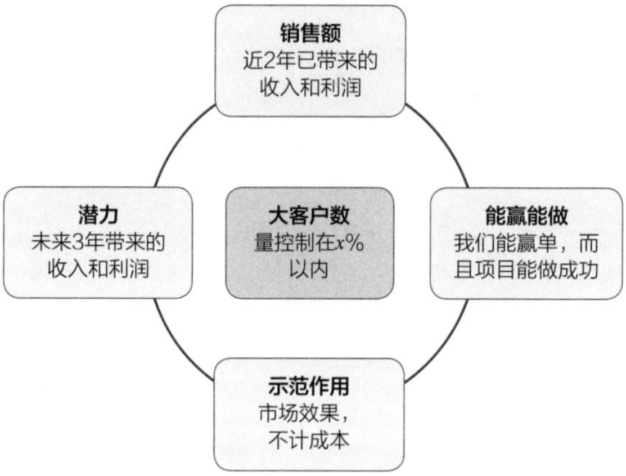

图2-4 综合积分法大客户判定四要素

2. 如何管理大客户

在Siebel中，有一套大客户管理的方法——ESP（Enterprise Selling Process）。但由于内容比较抽象，而且没有详细的落地步骤和流程，所以在国内使用得并不太好。在ESP的基础上，我根据项目实际经验，优化了ESP方法论，取名为ESP+，后面会有详细介绍。

3. 谁负责大客户

客户覆盖关系体系如何建立是一个非常复杂和困难的问题。如果客户覆盖关系体系建立得不完善，常常会引起大客户做不好，小客户没人做的后果，极大制约了企业市场能力的扩展。我在后面"客户覆盖有效性模型"的内容中会做详细介绍。

我们先举个简单的例子。大客户由地区分公司或办事处负责，还是由总部大客户管理部负责，这个问题涉及销售业绩和个人收入，所以争议会很大，很多公司也总是调来调去。我个人建议，在开始时，存量大客户仍由地区销售负责；大客户总部聚焦对大客户的资源支持，动态评估和考核，以及对地区销售的任务分派、指导、培训和支持。至于销售业绩，可以双算。

如图2-5所示：

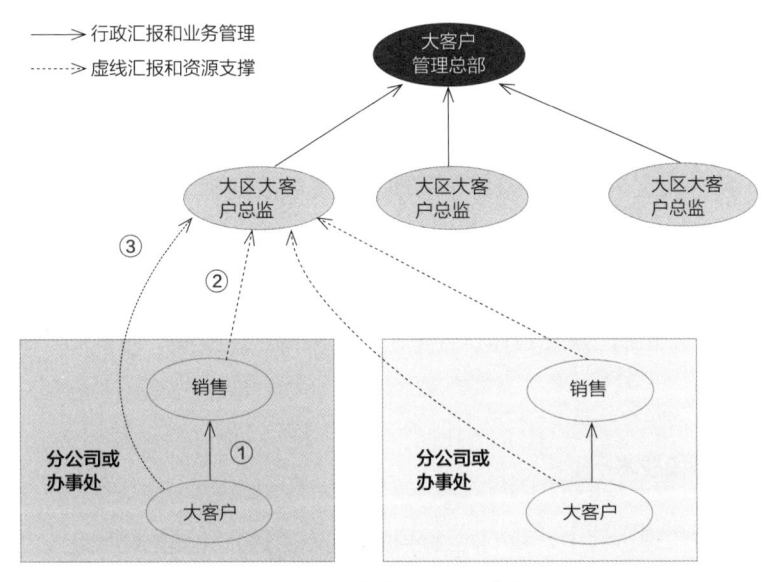

图2-5　大客户负责关系建议

（1）大客户仍由地区销售直接负责。

（2）地区销售由当地或办事处负责人直接管理，但需要虚线向大区大客户总监汇报，大区大客户总监对地区销售进行任务分派、指导、培训和支持。

（3）大区大客户总监不直接管理大客户，聚焦对大客户的动态评估和考核，以及在各个环节提供专家、方案和预算等资源支持。

下面是在一个项目上，我给大区大客户总监定义的工作职责，供参考：

（1）大客户相关项目的立项评估和审批、交付资源的调用、售前和售后阶段项目进展的跟踪。

（2）应办事处销售要求，针对大客户项目做售前支持（例如在商机立项前和交付团队售前专家到位前）。

（3）负责区域内，方案的工程商、集成商、设计院等各种合作伙伴拓展和结盟的整体布局。

（4）协调和安排办事处和解决方案部的资源跟进，支持重要合作伙伴.

（5）和办事处建立紧密互动关系，定期培训办事处销售、售前和技术支持人员。

（6）业务督导办事处行业销售，听取其汇报，指导其工作。

（7）在大客户基础比较差的地区，承担大客户项目的销售角色（补位）。

（8）承担大客户销售数字。

（9）所在大区内大客户整体布局规划，发展战略制定，主推方案推荐，市场推广活动筹划和组织。

（10）大客户关怀和提升。

（11）和渠道部门建立合作伙伴体系：集成商、工程商、方案商、关系型合作伙伴。

4．策略和战术

在大客户管理过程中，我们始终要根据动态监控和评估的结果定义和调整客户的策略和战术。这个其实就是"大客户管理ESP+模型"中的定目标策略。

5．动态评估

如图2-6所示，在大客户管理中我们需要从三个方面去动态监控和评估：

（1）**客户重要性**　也就是通过综合积分法评估大客户。这个评估频率可以是三个月或半年一次。

（2）**客户需求和自身能力**　就是分析客户3个月内、3～12个月、1～3年三个阶段对相关产品、方案和服务的需求，也就是我们将要孵化的商机，以及为

图2-6　动态监控和评估

满足这些需求，目前公司的能力和资源差距。这个评估频率建议是一个月一次或三个月一次。

（3）关系紧密度　用来评估我们和客户关系之间关系发展情况。后面章节中，商业关系管理的企业人脉资源管理会详细介绍如何评估关系紧密度。这个评估频率建议是一个月一次，而且有些部分可以通过软件系统自动统计。

二、大客户管理概述

在介绍大客户管理之前，我先简单介绍一下传统大客户管理方法。

如图2-7所示，传统大客户管理只给了一个大客户管理的思路，但没有太具体的落地措施。所以，我原来在给一些客户设计大客户管理时，要比销售过程管理困难很多，在如何具体落地上非常难设计。我接触了很多企业，他们也基本是销售过程管理设计得很详细完善，在大客户管理上规划得很少。

如图2-8所示，我认为大客户管理的核心产出是孵化商机，只要牢牢抓住三大核心任务，就有抓手，就可以落地大客户管理。

（1）核心任务1：建立自身优势　此任务分成两个部分，其一是建立自己的关系优势，其二是建立自己的方案优势。这是知己，即了解自己，也了解客户和自己的关系，并提升自我优势。

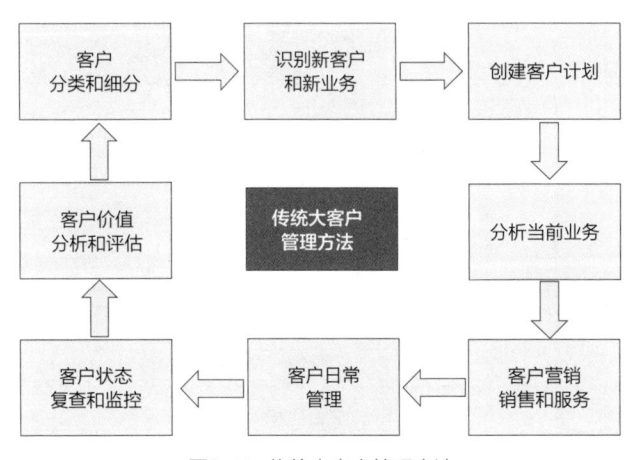

图2-7　传统大客户管理方法

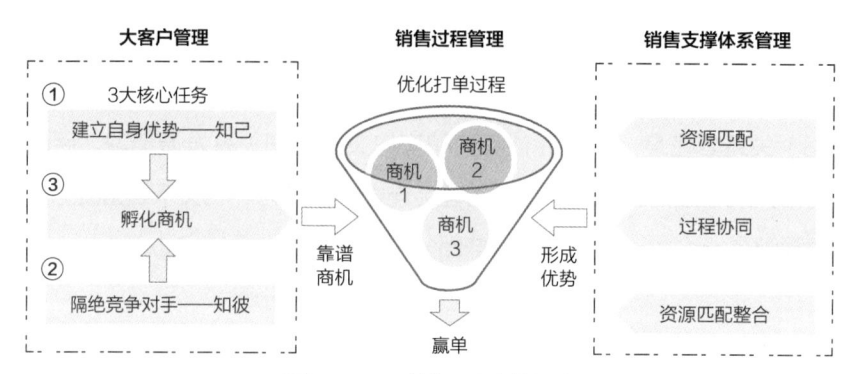

图2-8　B2B销售三大主线概览

（2）核心任务2：**隔绝竞争对手**　此任务分成两个部分，其一是隔绝竞争对手和客户的关系，其二是使竞争对手的方案处于劣势。这是知彼，即了解竞争对手，也了解客户和竞争对手的关系，并使竞争对手处于劣势。

（3）核心任务3：**孵化商机**　对已有线索要加速立项，使其成为商机；对潜在线索要引导催化，使其立项，成为商机。

如2-9图所示，通过优化大客户管理ESP模型，并聚焦以上三大核心任务，我设计了大客户管理ESP+模型。

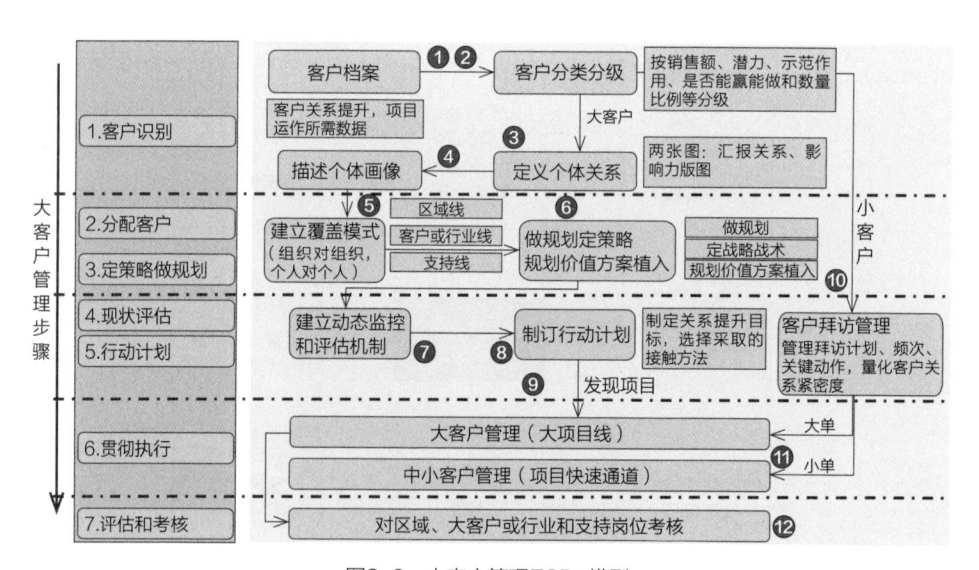

图2-9　大客户管理ESP+模型

大客户管理ESP+模型以大客户管理的三大核心任务为主线：

（1）建立自身优势和隔绝竞争对手——关系层面

1）定义人脉资源：第3步，定义个体关系；第4步，描述个体画像。

2）规划如何在关系上建立优势：第6步，做规划，定策略。

3）执行在关系上建立优势的行动：第8步，制订行动计划；第10步，客户拜访管理。

（2）监控自身优势和隔绝竞争对手状态——关系和方案层面　第7步，建立动态监控和评估机制。

（3）孵化商机　孵化商机与销售过程管理打通：第9步，发现商机后，与大客户管理（与大项目线）打通；第11步，客户拜访过程中发现商机，与中小客户管理（项目快速通道）打通。

（4）建立自身优势和隔绝竞争对手——方案层面　规划价值方案植入：第6步，做规划、定策略中的规划价值方案植入。但仅仅依靠销售或售前的个人力量，要建立方案优势还是很困难的。我建议通过体制和机制提供保证，建立优势。

在体制和机制上提供保证，建立方案优势的方法如下：

1. 建立客户引领专家团队

如图2-10所示，绝大多做B2B生意的企业的客户经理、方案经理、售前专家都是交易驱动型的，每个季度都要完成规定的销售额，他们不知道下一年是否还负责该客户。所以无论是从主观意愿上，还是从客观能力上，他们都不可能完成提前布局和客户引领的任务。

所以针对大客户管理，我们一直欠缺客户引领专家或客户导师这样的岗位。客户引领专家既可以是内部的专家，也可以是外部的专家；既可以是一个人，也可以是一个团队。他们的主要定位是在方案上长期影响大客户高层，考核周期是按年为单位的，考核指标是：

（1）是否对大客户高层提供建议并得到对方认可。

（2）是否参与客户短期和中长期规划。

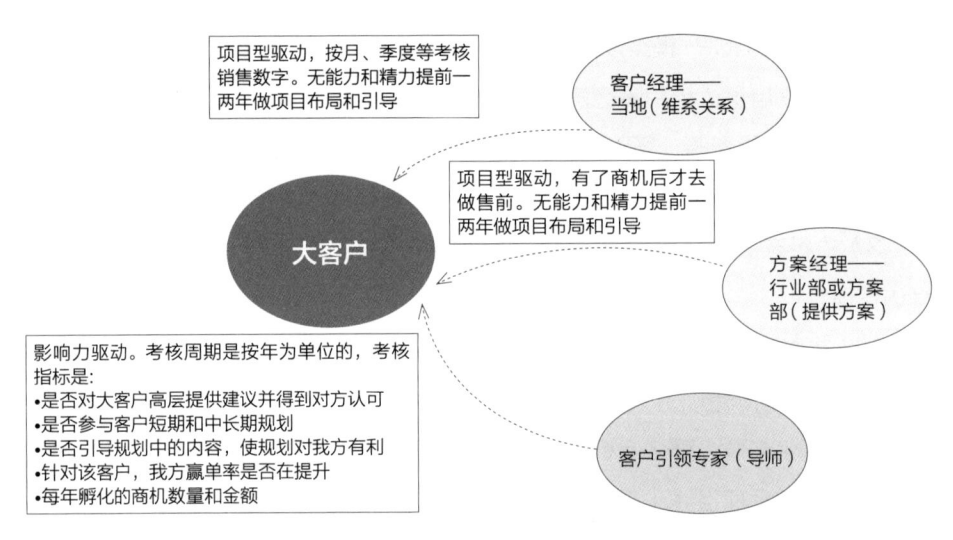

图2-10 建立客户引领专家团队

（3）是否引导规划中的内容，使规划对我方有利。

（4）针对该客户，我方赢单率是否在提升。

（5）每年孵化的商机数量和金额。

2. 客户引领专家、客户经理和方案经理形成"铁三角"

如图2-11所示，原来只有客户经理和方案经理，他们基本的工作就是围绕着打单进行。有了客户引领专家后，通过客户引领专家的提前布局，既能帮方案经理植入方案，也能帮客户经理孵化商机。

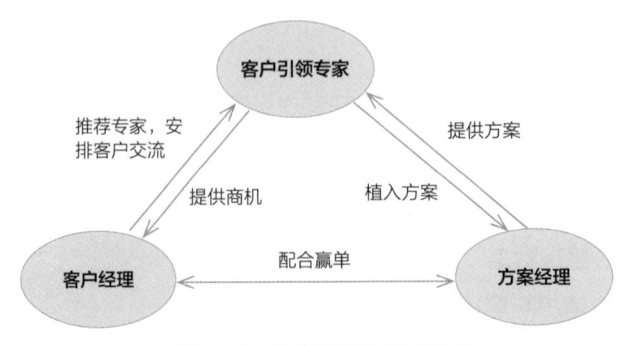

图2-11 大客户管理"铁三角"

3. "铁三角"相互配合，共创共赢

如图2-12所示，只有有了客户引领专家，有了客户提前布局和规划引领的岗位，才有可能提前布局，抢占先机。

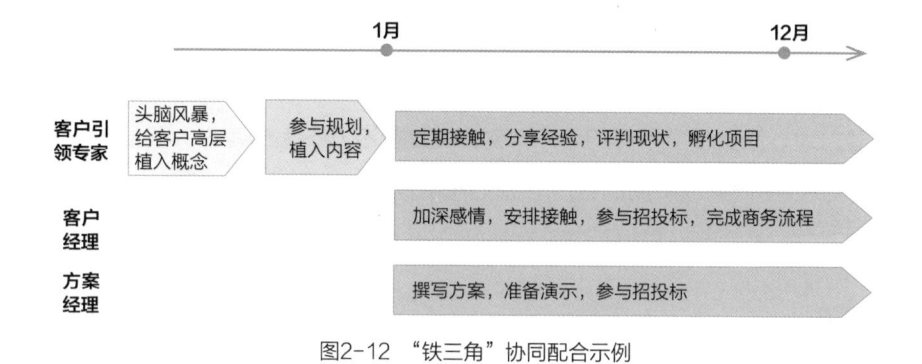

图2-12 "铁三角"协同配合示例

三、大客户管理的详细步骤

（一）客户识别

1. 客户档案

企业档案包含企业客户的360度信息描述，这部分信息根据不同行业和不同项目需求而定，不做详细讨论。

2．客户分级

客户分级有三种：①基于客户购买产品的权益划分，也就是根据服务等级协议（SLA）划分，我们叫权益分级；②基于贡献度、潜力、能赢能做、示范作用等维度综合计算评分划分，这种方式往往是为了定义负责关系，即该客户属于哪个团队并由谁负责，我们叫管理分级；③按九宫格划分，这种往往是为了定义客户战术的，如重点要提升哪类客户，以及维持哪类客户等，我们叫战术分级。

（1）权益分级　权益分级是指企业根据客户购买的产品和带来的销售额，通过合同的形式，给客户不同的服务等级。权益等级越高，服务范围越大，服务响应时间越快，解决时间越短。

（2）管理分级　在管理分级中，对客户的分级方法可参考前文的综合积分法，如图2-4所示，此处不再重复论述。

（3）战术分级　可以通过九宫格的方法对客户分类，然后对不同类别客户使用不同管理策略。如图2-13所示，我们重点关注的客户一定是C类客户，即那些潜力大，但贡献度不高的客户；对D类这些潜力不大的客户，我们不必投入太多；对A类和B类成熟期的客户，我们需要保持合理的投入。

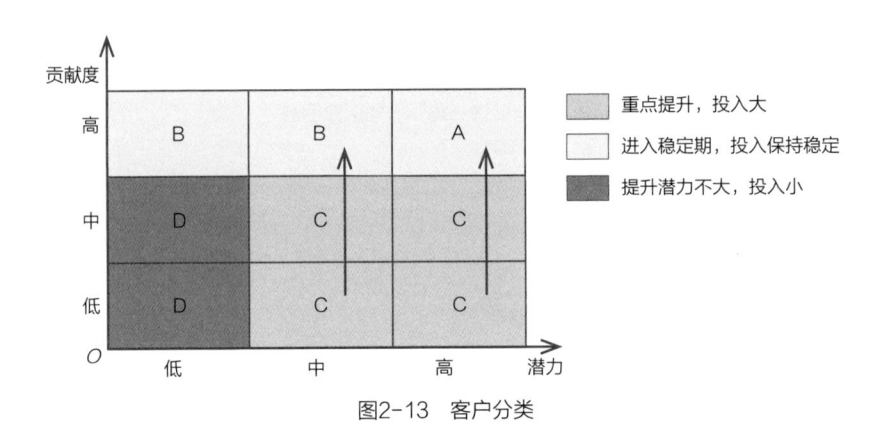

图2-13　客户分类

3．定义个体关系和个体画像

这一步是为了实现"建立自身优势和隔绝竞争对手"的重要一步，它反映了自己和竞争对手的关系优势。这也是衡量和客户关系紧密度的重要方式。如何在关系上建立自身优势和隔绝竞争对手？在大客户管理中，我们要清楚描述己方和竞争对手与客户的两种关系（汇报关系和影响力版图）及客户重要角色的四类个体画像维度（行为取向、关系状况、交互程度和重要程度），并通过不断努力，使之向有利己方的方向发展。如图2-14所示。

但这种方法还是初级的。要想真正构建企业的核心关系能力（Enterprise Connections Management，ECM），需要管理四种企业关系能力：客户关系

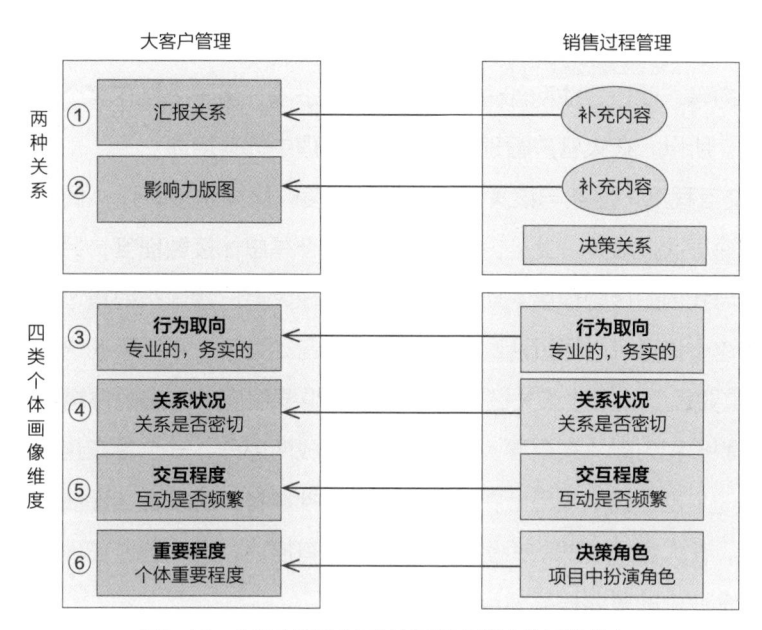

图2-14 大客户管理的两种关系和四类个体画像维度

图谱、我司关系资源图谱、项目决策链和竞争对手关系资源图谱。这部分会在"构建企业核心关系能力"中做详细介绍。

（1）大客户管理两种关系

1）汇报关系　汇报关系是显性的，是比较稳定的，和项目没有关系，应该在大客户管理（ESP+）中管理，通过销售过程管理（TAS+）完善。

2）影响力版图　按照影响力和所属圈子构建的影响力版图是隐性的，是比较稳定的，和项目没有关系，应该列入大客户管理（ESP+），通过销售过程管理（TAS+）完善。

（2）四类个体画像维度

1）行为取向。是指该关键人的决策依据类型，比如专业型、务实型、专业务实型、务实专业型、均衡型等。此处分成两部分，一个是总体行为取向，另一个是在某个项目上的行为取向。所以，在大客户管理和销售过程管理中都有描述。

2）关系状况。描述该关键人对我们的态度，比如强正向、正向、中立、负向和强负向等。此处分成两部分，一个是总体态度，另一个是在某个项目上对我们的态度。所以，在大客户管理和销售过程管理中都有描述。

3）交互程度。描述与该关键人的接触程度，比如未接触过、偶尔接触、多次接触和深层次接触等。此处分成两部分，一个是总体接触程度，另一个是在某个项目上与我们的接触程度。所以，交互程度在大客户管理和销售过程管理中都有描述。这个信息可以通过活动管理中的数据自动更新，不用手动选择。

4）重要程度。描述该关键人在企业中的重要程度，比如职位重要、人际关系重要、职位和人际关系重要、普通。此处分成两部分，一个是在企业中的重要程度，另一个是在某个项目上决策角色。比如批准者、决策者、评估者和使用者等。所以，在大客户管理和销售过程管理中都有描述，可以通过在项目中的决策角色来与企业中的重要程度相互验证。

（二）分配客户、做规划、定策略和价值植入

1. 建立覆盖模式

有关区域线和客户线（行业线）的内容，在"谁负责大客户（Coverage）"中做了介绍，因此不再赘述。

支持线管理将会在"销售支撑体系管理"中的"分层的售前资源调度机制"中进行介绍。

2. 做规划、定策略和价值植入

（1）做规划　做规划有标准的方法（GOSART）：终极目标（Goal）、短期目标（Objective）、战略（Strategy）、行动（Action）、资源（Resource）和测试（Test）。做规划时一定要把如何在关系上和方案上建立自身优势和隔绝竞争对手的内容作为重点。

（2）定策略和选战术　以下是五类策略和相应的战术：

1）客户获取。是把重要潜在客户转变为正式客户的策略。该策略需要首先

定位重要的潜在客户，通过相应的战术，使该客户购买产品。

- 客户获取战术
  - 带领客户参观案例和公司，使客户相信公司的实力。
  - 进行技术交流，使客户了解公司的产品。
  - 通过各种渠道，和客户高层建立关系。
  - 多交流互动和进行其他产品差异性分析，得到基层的支持。
  - 给出优惠性条件，比如资本运作（能否给出账期，能否为政府引入资金），提升对客户的吸引力。

2）客户提升。是指把贡献度不高的客户提升为高贡献度客户的策略。该策略需要了解客户的业务状况和需求，提早布局，引导客户，加强互动，前期加大售前和方案投入，参与年内项目招投标，并全力赢得项目。

- 客户提升战术
  - 充分引入各种解决方案，多交流互动，引导客户的需求和短期、长期规划内容。
  - 了解客户的需求和年度预算，提早布局。
  - 充分了解客户内在需求（个人和组织），协助客户获得最大价值。

3）客户维系。是指把高贡献度的客户维系住，使他们为公司产生持续收入的策略。该策略需要跟客户保持紧密接触，并要有能力为客户提供整体规划和建议，有能力为客户提供高性价比的运维服务，防止竞争对手进入，同时加强售后服务，提升客户满意度。

- 客户维系战术
  - 要不断有新的解决方案来维系客户，不断发掘客户的新需求。

- 提高服务标准和提供个性化服务，使客户产生依赖。
- 为客户提供一些免费的或高性价比的产品和服务，取悦客户。
- 建立商务和技术"护城河"，防止竞争对手介入。
- 消除客户中的敌对者，尽可能联合更多的支持者。

4）亡羊补牢。指把正在逐渐疏远我们的高价值用户逐渐挽回的策略。该策略需要了解客户疏远我们的真实原因，制订挽回计划，投入相应的资源让客户感到我们的诚意，并提供更优惠的价格、更个性化的服务。

● 亡羊补牢战术
- 挖掘客户疏远我们的深层原因，投入资源逐个解决。
- 找到客户内部新的支持者，结成同盟。
- 寻找化解反对势力的方法，并采取相应行动。
- 引入本公司新的产品和解决方案，转移焦点。

5）以静制动。是针对我们已无法挽回的重要流失客户采取的一种观望等待策略。该策略不是被动等待，而是和客户保持一定接触频率，了解客户内部变动，等待时机。

● 以静制动战术
- 与客户保持联系，多了解客户今后的项目规划。
- 分析原因，等待机会。
- 为客户提供力所能及的建议和服务。
- 等待竞争对手犯错误。

（3）价值植入　说明我们用的方案，以及能给客户创造的业务价值，一定要加入与前两名主要竞争对手的对比——我们在方案上、软硬件实力上有什么优势。

（三）现状评估和行动计划

1. 建立动态监控和评估机制

本节"动态评估"（Evaluate）部分，在客户重要性、关系紧密度及客户需求和自身能力三个方面介绍了具体评估的方法，本处就不再赘述。

2. 制订行动计划

针对大客户，制定"建立自身优势和隔绝竞争对手，并且孵化商机"的落地措施。

3. 客户拜访管理

大客户管理过程要比较负责，比如需要定策略、做规划、评估现状、制订行动计划等。中小客户由于数量多和项目小，一般制订客户拜访计划，进行客户拜访管理即可。

（四）贯彻执行

1. 大客户管理（大项目线）

执行大客户管理之前制订的行动计划。如成功孵化商机，则进入销售管理过程（TAS+）。

2. 中小客户管理（项目快速通道）

对中小客户之前制订的拜访计划进行活动管理。如果成功孵化商机，则进入销售管理过程（TAS+）。

（五）评估和考核

评估和考核是指企业每年一度对大客户管理的评估和考核，大客户考核的具体内容同本节"现状评估和行动计划"中的"建立动态监控和评估机制"，但同时还需要从销售人员和销售组织两个维度去考核大客户管理。

小结 > 本节主要介绍了大客户管理的五要素：①如何判定大客户（Who）；②谁负责大客户（Coverage）；③如何管理大客户（How）；④客户策略和战术（Strategy）；⑤动态评估（Evaluate）。并且介绍了如何在机制上建立方案优势，大客户管理（ESP+）是什么，并以大客户管理"建立自身优势、隔绝竞争对手和孵化商机"三个核心任务为主线，详细介绍了大客户管理（ESP+）如何进行。

B2B 销售之销售过程管理

CRM 3.0中B2B销售可以归纳为守正、出奇和蓄势三部曲。本节就着重介绍出奇，即销售过程管理。

在B2B销售中，有一个普遍被使用的销售过程管理模型——TAS（Target Account Selling，销售过程管理）。很多企业用这个方法在自己的CRM中管理LTC的销售过程，即销售线索到合同签约的过程。2013年前后我在IBM工作时，IBM内部也使用该方法管理商机。TAS方法太理论化，是个"放之四海皆可行"的方法，但缺少很多可以落地和产生实际效果的要件。

销售过程管理是术，也叫项目线管理，更注重短期效果，以能否赢单作为衡量标准。我根据自己咨询、实施和打单经验，设计了TAS方法论在数字化时代的进化版TAS+，使其更有实用性，更能提升企业的销售能力，产生业务价值。

在介绍TAS+之前，我先分析一下传统TAS方法论和其存在的问题。

如图2-15所示，我把传统TAS方法论进行了汇总。它由以下部分组成：

（1）七个主要步骤 由评估销售机会，制定竞争策略，识别关键人，定义关系策略，制订工作计划，测试完善计划，完成销售过程七个主要步骤组成。这是TAS的主干。但这是打单行动的七个步骤，并不是按甲方商机阶段划分的打单阶段。所以TAS方法论缺少销售阶段的划分方法。

（2）问卷 在"评估销售机会"步骤中有四类问题：①这是一个机会吗？②我们有竞争力吗？③我们能赢吗？④值得赢吗？每类里面都有一系列具体问题。这四类问题可以让销售人员理清思路，但这些问题并未触及关键点，实用性较差。另外，问卷不应该是销售人员的自问自答，管理层和销售人员互动完成问卷的机制才是关键，TAS并没有指明这个流程应该怎么做。

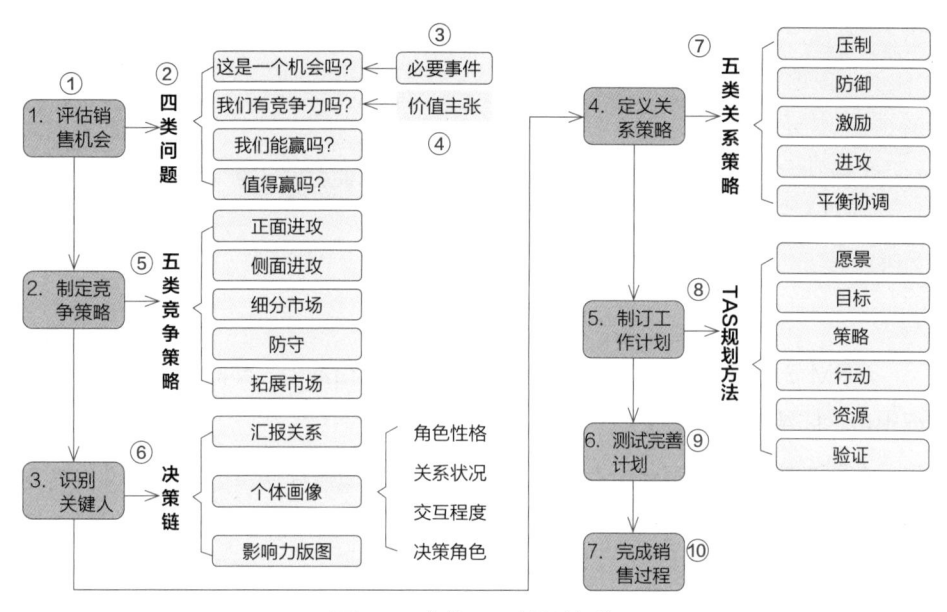

图2-15 传统TAS方法论概览

（3）必要事件　在"评估销售机会"的"这是一个机会吗"中，通过必要事件判断项目的真实性。必要事件判断方法是值得称道的，因为很多项目在没有认真判断客户是否真会启动这个项目之前，就投入了很多售前资源。

（4）价值主张　在"评估销售机会"的"我们有竞争力吗"中，通过价值主张给出我们方案的优势和业务价值的产出。价值主张方法是值得称道的，我给企业做过沙盘推演，很多公司的销售人员把精力都放在做关系上，让他们把本公司产品或方案优势，以及给客户带来的业务价值用两分钟简单说清楚都是很困难的。

（5）五类竞争策略　五类竞争策略很好，但缺乏具体的战术和方法。

（6）决策链　这是TAS的亮点部分，它分成三部分描述决策链，一个是行政上的汇报关系，一个是描述影响力和所属圈子的影响力版图，还有一个就是在关系中每个人的画像。个体画像分成四个维度：角色性格、关系状况、交互程度、决策角色。传统TAS里这三个要素的定义存在缺陷：他们没有分清大客户管理（ESP+）和销售过程管理（TAS+）之间的界限。我会在接下来的TAS+

关系图谱中介绍新的三种关系，四类个体画像维度模型。

（7）五类关系策略　这是根据客户与我们的五类关系，而采取压制、防御、激励、进攻、平衡协调的五类关系策略。这只是方向性的，没有具体落地措施。

（8）TAS规划方法　在制订工作计划过程中，可以通过愿景、目标、策略、行动、资源和验证进行规划。但这部分内容太宽泛，实用价值不大。

（9）测试完善计划　TAS没有给出实用的方法。

（10）完成销售过程　TAS没有给出实用的方法。

除了上述TAS十要素中存在的问题，传统TAS还缺失了一些销售过程管理中的要件。例如，项目阶段如何进行划分？如何对商机分类？项目中团队如何协同？项目中如何管理和击败竞争对手？TAS的管理方法如何有效执行？等等。

我优化了TAS方法论，称为TAS+，使其更接地气、更高效、更有针对性和容易落地。

如图2-16所示，TAS+分成两大部分，内外协同，动静结合。对竞争对手，要动，千变万化，克敌制胜；对内部销售人员，要静，要稳定，要高效、公正、透明，使他们安心去冲锋陷阵。

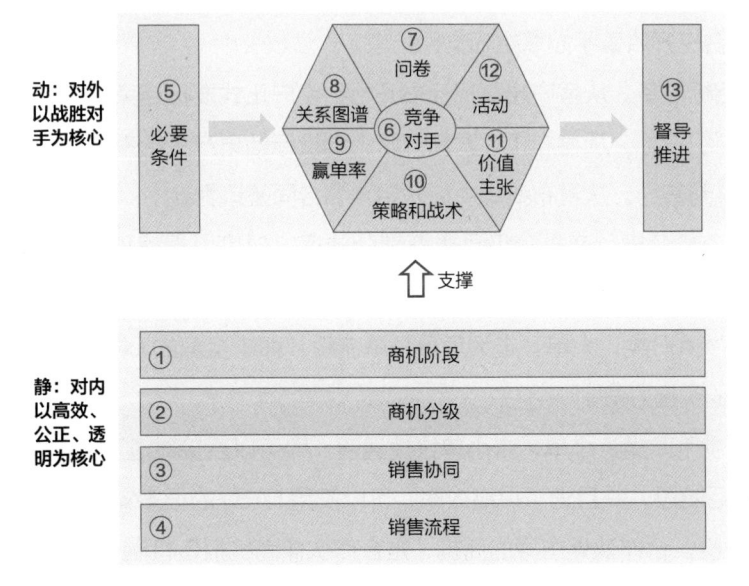

图2-16　销售过程管理

一、对内部分

是静和稳定的部分，这是打败竞争对手的动的部分的支撑。此部分是以高效、公平和透明为基础的，是要协助和激励销售人员上前线冲锋打仗。所以，这部分内容比较稳定，不能天天变，经常改变会让销售人员无所适从。对内部分由以下四个要素组成：

（1）商机阶段　商机阶段就是指一个项目从销售线索到合同签约（LTC）按时间进度分成的阶段。商机阶段可分成七个阶段，不同项目可以在此基础上修改和调整。

1）验证商机。从收集到销售线索开始，到验证它确实是个商机后，开始着手协调内部资源时结束。

2）商机立项。从开始协调内部资源开始，通过项目立项审核，到项目团队组成结束。

3）需求分析。从项目立项审核通过，项目团队组成开始，到确定好价值主张，确定好竞争策略和行动方案结束。

4）价值呈现。从竞争策略和行动计划方案确定后开始，争夺招标方案的主导权，到客户开始着手起草招标文件结束。

5）招标准备。从客户起草招标书开始到客户正式发标结束。

6）组织投标。从客户正式发标开始，到投标结果产生结束。

7）谈判签约。从宣布我司中标开始，到合同签订为止。

（2）商机分级　商机分级是主要划分依据，但可以根据项目示范作用或重要性手动调级。下面是商机分级模板，不同项目可以在此基础上修改和调整。

1）A类和B类。大单，走大项目打单流程，即走全部的TAS+的销售阶段，使用全部的销售方法。

2）C类和D类。小单，走小单快速通道，即可以直接跳过TAS+的中间销售阶段到最后阶段，并且为了提高效率，可以不用TAS+的很多销售方法。

3）E类。合作伙伴主导的商机，走合作伙伴商机报备机制。

（3）销售协同　B2B赢单往往需要几个不同部门组成一个团队去协同配

合，所以需要公司将有效资源合理高效地投向最佳项目。我接触的大部分B2B公司，由于部门间的壁垒和利益冲突，在销售协同上都存在着一些短板，这些短板严重制约了公司的销售效率和销售能力。这部分会在销售支撑体系管理中介绍。

（4）销售流程　销售流程会涉及销售模式、部门、岗位、考核和流程五个要素。如图2-17所示的模板，不同的项目可以在此基础上修改和调整。

1.验证商机	2.商机立项	3.需求分析	4.价值呈现	5.招标准备	6.组织投标	7.谈判签约
TAS1-1 创建商机流程	TAS2-1 商机立项流程	TAS3-1 技术引导评估流程	TAS4-1 售前测试申请流程		TAS6-1 技术方案评估流程	TAS7-1 合同工作范围评估流程
TAS1-2 客户信息评估流程	TAS2-2 E类商机报备流程	TAS3-2 商务公关评估流程			TAS6-2 商务评估流程	TAS7-2 合同审核流程
TAS1-3 客户核心信息修改流程	TAS2-7 B&P Code申请流程				TAS6-3 投标批准流程	TAS7-3 商机售前结束流程
					TAS6-4 投标文件申请流程	

TAS2-3 售前资源申请流程
TAS2-4 商机升级流程
TAS2-5 售前资源调度流程
TAS2-6 工时录入和评估流程

图2-17　TAS+流程框架

二、对外部分

对外部分是以击败竞争对手为核心的。就像前文介绍的那样，销售过程管理是术，要讲究诡道，以能否赢单作为衡量标准。正所谓"兵无常势，水无常形，因敌变化而取胜"。所以这部分是动的，是需要根据敌情随时调整的。对外部分由以下九个要素组成：

（1）必要条件　是指可以确认客户一定要做这个项目的原因，比如说去年预算已做了；或者主要决策人已拍板在某个时限内该项目必须上线等。这部分是容易被忽视，而且销售人员又不愿正视的一个问题。我就碰到过不少这样的案例，前期乙方投了不少售前资源，后来甲方客户不做了。所以，必要条件非常重要，我们需要在整个项目过程中不断评估。如果我们不能确认客户的项目一定会做，那么在后面的投入就需要慎重考虑。

（2）竞争对手　"知己知彼，百战不殆；不知彼而知己，一胜一负"。如果我们不了解竞争对手，那输赢某种意义上是要靠运气的。我经历过不少教训，自己感觉客户很认可，但还是丢了项目，主要原因就是不了解竞争对手。我们差，竞争对手更差，我们赢；我们强，竞争对手更强，我们输。所以我们需要把更多精力放在研究竞争对手上。如图2-18所示，知己是了解我司方案对客户需求满足度+关系紧密度的途径，知彼则是了解竞争对手方案对客户需求满足度+关系紧密度。绝大多数情况下，我们仅仅做到了知己，因此只有50%的胜算。

如上所述，对竞争对手的了解和对自己的了解一样重要。我们需要收集的竞争对手信息包括：竞争对手基础信息、竞争对手与客户关系、竞争对手核心合作伙伴、竞争对手重要事件、报价历史、竞争对手分析库等。

（3）问卷　在传统TAS里，问卷问题分成四大类：这是一个机会吗？我们有竞争力吗？我们能赢吗？值得赢吗？我认为这些问题实用性不强，建议首先确认是否有内部消息来源。在有内部消息来源的情况下，以下四类问题更有实用价值：我们的资源满足客户需求的程度如何？我们和客户的关系紧密程度如何？对我们形成威胁的前两位竞争对手的资源满足客户需求的程度如何？对我们形成威胁的前两位竞争对手和客户的关系紧密程度如何？

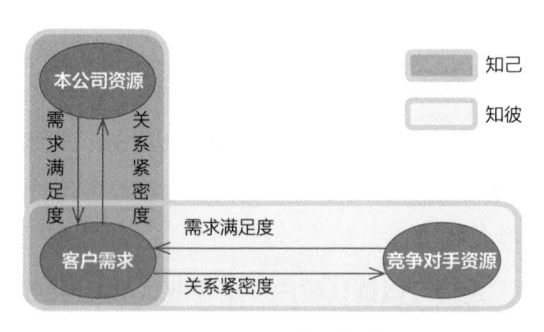

图2-18　知己知彼

（4）关系图谱　如图2-19所示，在销售过程管理中存在着一种关系和四类个体画像维度。

（5）赢单率　我见过的绝大多数企业在计算赢单率时，都是销售阶段越往后则赢单率越高。在投标阶段，很多时候都知道这次中不了标，如果还按80%算，那么通过销售漏斗预测就失去了意义。其实在打单过程中，赢单率起伏变化才能反映出项目的真实情况，以及提醒我们需要采取什么措施。我建议采用"竞争对手比对法"来计算赢单率。

如图2-20所示，计算频率最好每周更新。在管理中，我们完全可以根据赢单率的变化作为触发事件，采取相应对策。

1）如果没有必要事件，表示不能确认客户一定要做这个项目，那就没必要计算赢单率。

2）如果没有内部消息来源来对照，我们要往坏处想，所以结果出来后按70%打折。

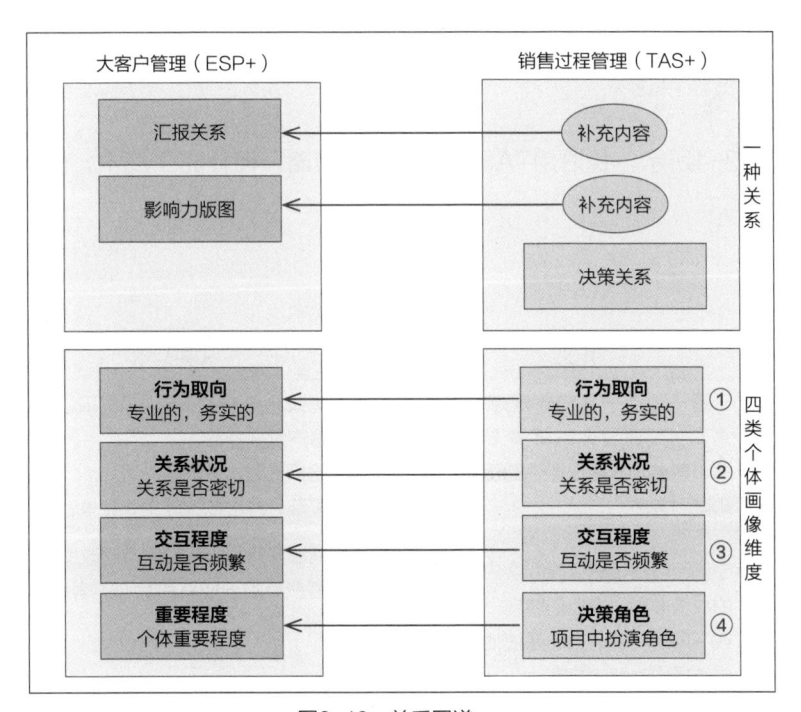

图2-19　关系图谱

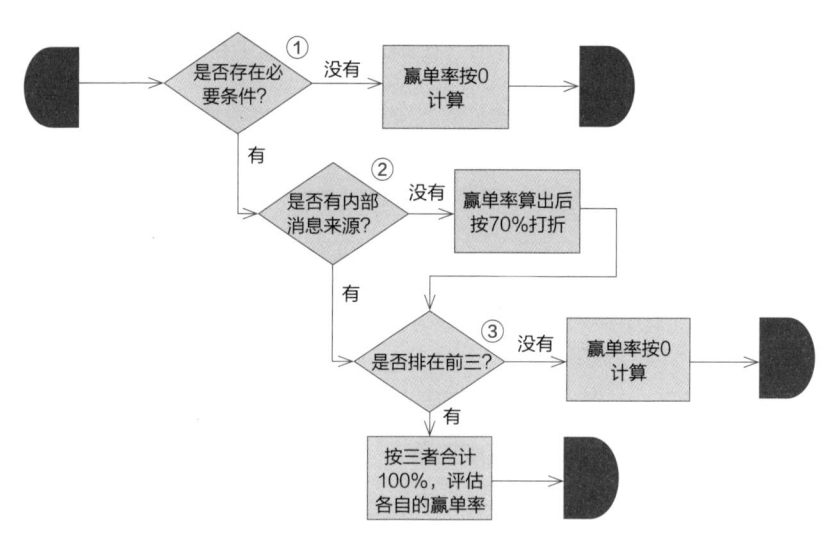

图2-20　赢单率计算——竞争对手对比法

3）如果我们没有在竞争中进入前三名，那么计算赢单率没意义，就按0计算。

（6）策略和战术

如表2-1所示，我沿用TAS原来的五种策略，但补充了战术，使其更容易执行。

表2-1　策略和战术

策略名称	定义	主要战术
正面进攻	是一种基于客户直观感受的战术，它是通过你的解决方案、价格、声誉等方面压倒性的优势直接影响到客户	1. 大张旗鼓地带领客户参观案例和公司。 2. 影响客户招标标准。 3. 加快招标进程，速战速决。 4. 信息屏蔽，打击或排除主要竞争者
侧面进攻	侧面包抄策略是改变客户所关注的决策准则，令他们转向一个新的或不同的问题。目的是使他们满意并选择你的解决方案	1. 决策标准向有利于我们的方向改变。 2. 带领客户参观一些有利我们的客户、案例、研讨会、经验分享。 3. 防止、避免引入更强竞争对手。 4. 在客户中找到我们的有力支持者

续表

策略名称	定义	主要战术
细分市场	市场细分策略是将项目机会分解为更小、更细化的部分，从而可以更专注于客户所关心问题的每一个子集，进而在部分或局部获得突破	1. 在客户中找到我们的有力支持者。 2. 找到强有力的支持碎片化理由。 3. 根据具体情况加速或拖延招投标进程。 4. 与竞争对手找到利益平衡方式（各取所得）
防守	防守策略能保护你，使你在遭受竞争对手不可避免的攻击时仍然可以保持稳固的地位	1. 低调做事，让客户认可我们方案实力。 2. 消除客户中敌对者。 3. 及时了解客户和项目真实进展信息。 4. 可考虑拖延项目决策进度
拓展市场	拓展市场策略为未来可能的市场创造一个机会	1. 多接触客户，展示方案和实力。 2. 接触过程中多了解客户今后项目规划。 3. 为客户提供力所能及的建议和服务

（7）价值主张　在沿用TAS模板，说明我们用了什么方案，以及给客户创造了什么业务价值之外，一定要加入与前两名主要竞争对手的对比，展示我们在方案上，关系上和软硬件实力上有什么优势。

（8）活动　活动是指根据我们的策略和战术，以及在关系、问卷、赢单率和价值主张中发现的问题，所采取的一系列提升行动。一般是与客户的互动。

（9）督导推进　这里涉及一个关键问题，即销售过程管理绝不是销售人员一个人的独角戏，不是自娱自乐。如果这样的话，什么样的销售方法都不会有效果。要想TAS+使用得好，销售的一线主管需要根据TAS+的必要条件、问卷、关系图谱、赢单率、策略战术、价值主张和活动等要素，对销售人员进行辅导。为了节省时间，可以只强调重要的项目和变化事项，每周一次或每两周一次。

小结 > 本节介绍了销售过程管理（TAS+）。经过优化了的TAS方法论——TAS+更接地气、更高效、更有针对性、更容易落地。TAS+分成两大部分、十三个要素，内外协同，动静结合。对竞争对手，要动，千变万化，克敌制胜；对内部销售人员，要静，要稳定，要高效、公正、透明，使他们能安心去冲锋陷阵。

B2B 销售之销售支撑体系管理

CRM 3.0中，B2B销售由三部分组成，即守正、出奇和蓄势三部曲。本节介绍蓄势，即销售支撑体系管理，它能为企业建立系统性的优势，搭建企业的"护城河"，所用的方法是销售支撑体系管理，将在本节中介绍。

图2-21是我在给一家企业做B2B销售过程诊断项目时列举的问题。总体来说，B2B销售过程主要存在三大类问题：

（1）资源调度问题　基本上每家做B2B生意的企业都存在这个不合理现象：近水楼台先得月。很多时候，销售人员能得到售前资源的数量和质量并不与其负责的商机质量有关，而是与其和资源部门的关系、与公司的高层的关系有关。所以一个销售业绩好的销售人员之所以业绩突出，有可能不是因为其销售能力强，而是他可

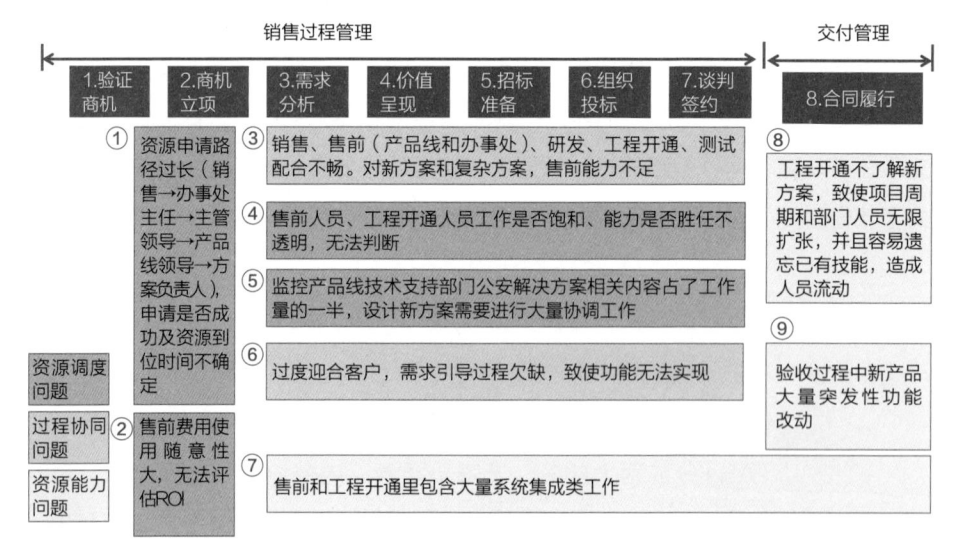

图2-21　B2B销售过程常见问题示例

以调用的售前资源多。这个问题极大地制约了企业的投入产出比，因为很多远离企业权力中心的销售人员就算碰到很好的大项目，因为申请不到资源，也会不愿意跟进，而是宁愿去跟一些自己有能力处理的小项目。这样公司的资源会逐渐投向最有内部关系的销售人员，而不是最好的项目，出现"劣币驱逐良币"的现象。

（2）过程协同问题　　往往越大的项目亏得越多。销售、售前、方案产品和测试团队等互不通气，都负责，又都不负责，配合中互相扯皮，互相指责。有了功劳，是自己的；有了问题，是对方的。于是很多项目都输在销售过程协同的细节上了。如果信息沟通再通畅点，如果每个团队参与项目的人责任心再强点，赢单的概率就可能高很多。

（3）资源能力问题　　B2B生意中一般会有重点行业和重点方案，重点行业和方案带来的收入可能会占公司30%，甚至50%以上。重点行业和重点方案一般会有一些大项目，这时候需要调动整个公司优质资源去争取赢单。但你会发现，这些资源经常分散在企业很多部门中：有在地区分公司的，有在总部售前的，有在总部产品和方案部门的，有在总部行业部门的。从很多部门抽调一群人去打一个项目，互相不了解，也形成不了默契，很容易貌合神离，形成散兵游勇的状态。团队中每个人都是最优秀的，但这个团队未必是最优秀的，关键在于配合。所以我们必须想办法提升资源整合能力，使1+1>2。

如图2-22所示的销售支撑体系管理的方法，可以用来提升和优化B2B销售支撑体系。

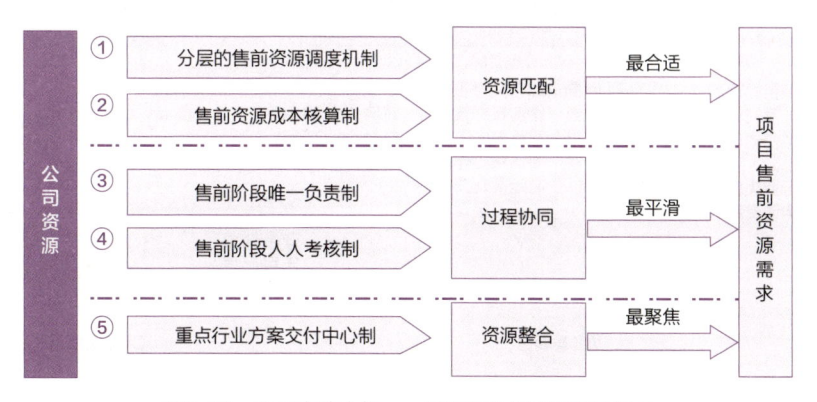

图2-22　MCI方法介绍——提升和优化销售支撑体系

一、资源匹配，最大化产出

1. 分层的售前资源调度机制

如图2-23示例，分层的售前资源调度机制就是要为每个项目调用最匹配的资源。

（1）A类和B类大项目，由交付中心的交付团队统一负责到底，由交付团队负责人去协调各方面资源。

（2）C类、D类和E类小项目或渠道类项目由当地办事处自己负责，或通过服务热线远程提供支持。

（3）针对A类和B类大项目，办事处当地资源统一归总部交付团队负责人调度。

（4）项目分类标准，已在销售过程管理（TAS+）中有过介绍。

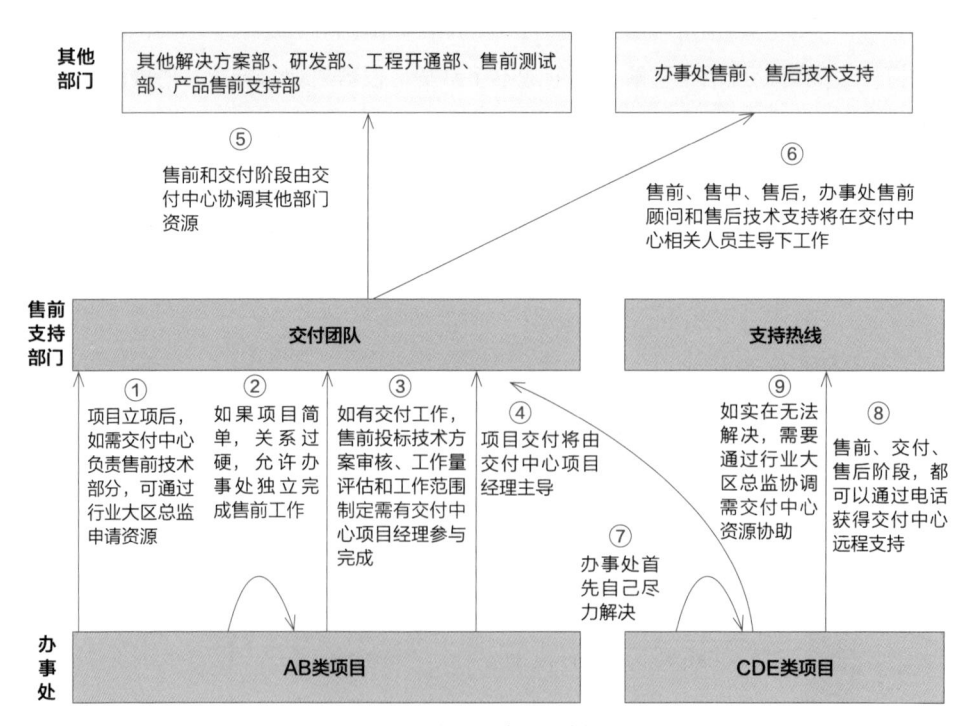

图2-23 分层的售前资源调度机制示例

2. 售前资源成本核算制

任何商机，只要你不对售前资源定价和计费，那售前资源永远是不够用的。永远是谁有关系、谁会争，谁就能得到最好且最多的资源，并逐渐形成"劣币驱逐良币"的内部销售氛围。只有建立合理公正的售前资源定价和计费体系，销售人员才能合理规划和使用售前资源，使最优秀的资源流向最优质的项目。

如图2-24所示，项目销售要像过日子一样经营这个项目，在项目上合理安排售前资源，精打细算，以求最大投入产出。

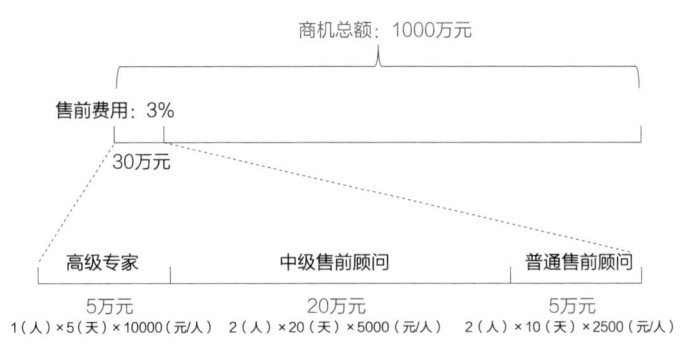

```
                    商机总额：1000万元

售前费用：3%
30万元

   高级专家              中级售前顾问            普通售前顾问
    5万元                  20万元                  5万元
1(人)×5(天)×10000(元/人)  2(人)×20(天)×5000(元/人)  2(人)×10(天)×2500(元/人)
```

图2-24 售前资源成本核算示例

二、过程协同，同舟共济

1. 售前阶段唯一负责制

如图2-25所示，一个项目会涉及很多部门，有很多人员参与。但"家有千口，主事一人"。下面的示例中，负主责的是区域销售。在某一阶段，一定只能有一个人负主要责任，他既要承担责任，也拥有做决策的权利。

2. 售前阶段人人考核制

有了主责任人，即有了"领头羊"外，还需要对参与项目的人都进行考核，大家才能协同一致，同舟共济。项目考核有两种方式：

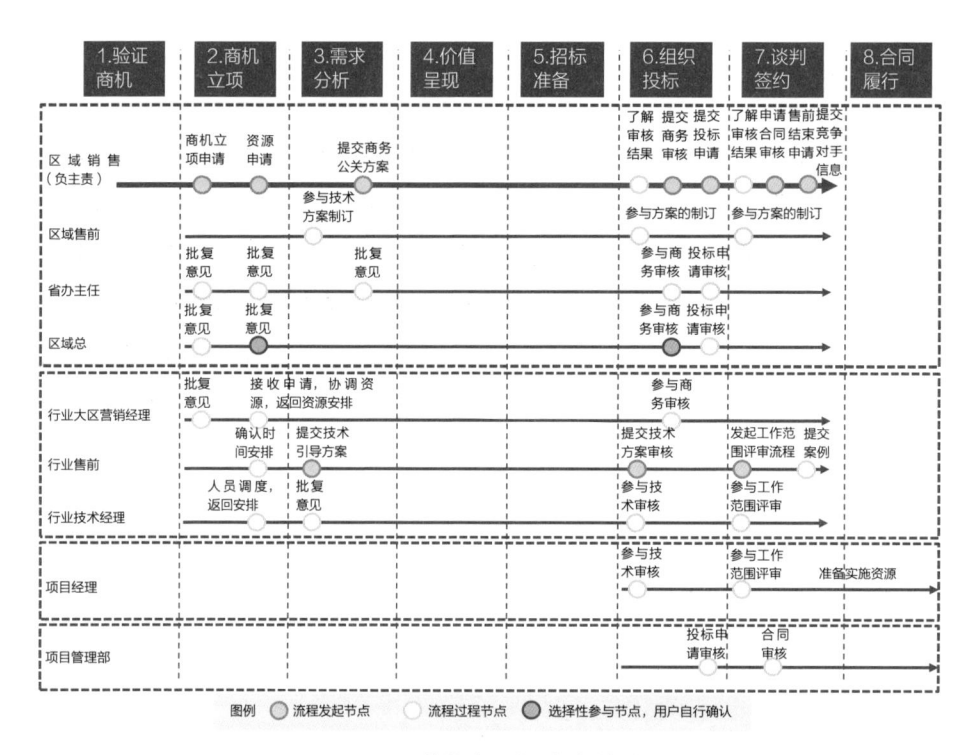

图2-25　售前阶段唯一负责制示例

1）考核销售数字。例如，除了负主责人考核销售数字外，售前和项目交付经理也考核销售数字，可以双算。这样赢了单，销售、售前和未来项目交付经理都有相应的销售提成，大家利益一致。

2）主负责人对其他项目参与人考核评分。例如，售前和未来项目交付经理很大一部分绩效工资由项目的主要负责人打分评定得到，这样大家利益一致，可以同舟共济。

三、资源整合，形成合力

此部分采用重点行业方案交付中心制。图2-26是我给一家客户设计的交付中心组织岗位示例。很多做B2B业务的企业中，最优秀的资源分布在公司各个角落，比如地区办事处，总部售前部、方案部、大客户部、产品线等。这些资源

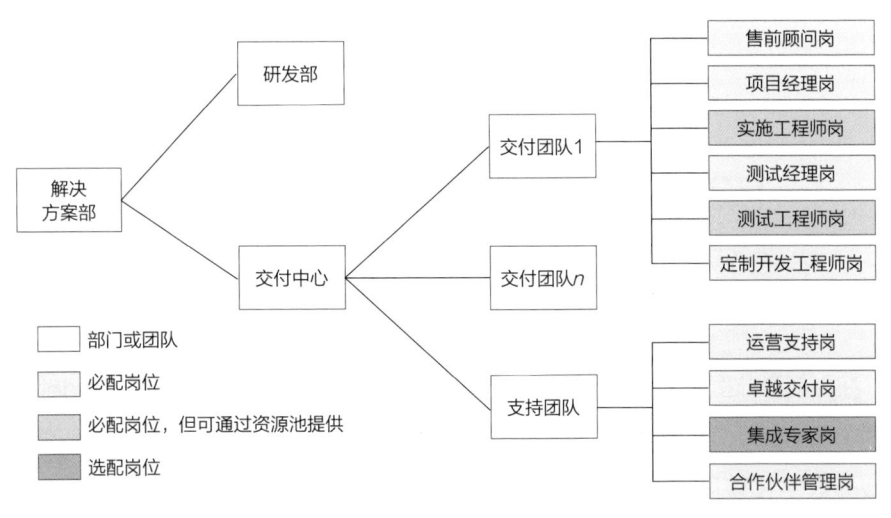

图2-26 多位一体交付中心示例

分属于不同部门，很难整合并形成合力。针对公司重点行业和重点方案，我建议把所有资源整合在一起，建立多位一体的交付中心（比如售前、测试、交付、售后、二次开发一体），针对大项目提供一站式服务，形成整体优势，也就是势能。

小结 > 本节介绍了销售支撑体系管理，也就是如何为企业建立系统性的优势，搭建企业的"护城河"。其中着重介绍了如何解决资源调度问题，过程协同问题和资源整合能力问题这三大问题。

B2B 销售管理架构（MVPOD）

在之前章节里，我介绍了CRM3.0的MSTT规划法，即通过模式（Model）、空间（Space）、时间（Time）和技术（Technology）四个维度来规划营销和服务数字化转型。也就是规划时把业务模式数字化创新、业务场景数字化创新、业务流程数字化创新和技术数字化创新完美融合。针对B2B销售的特性，根据MSTT规划法，我设计了B2B销售管理架构——MVPOD。其中M（Model）是模式规划，V（Value）是价值和创新，P（Process）是流程，O（Organization）是组织和岗位，D（Digit）是数字化支撑。

B2B销售管理架构（MVPOD）如图2-27所示，由以下五部分组成。

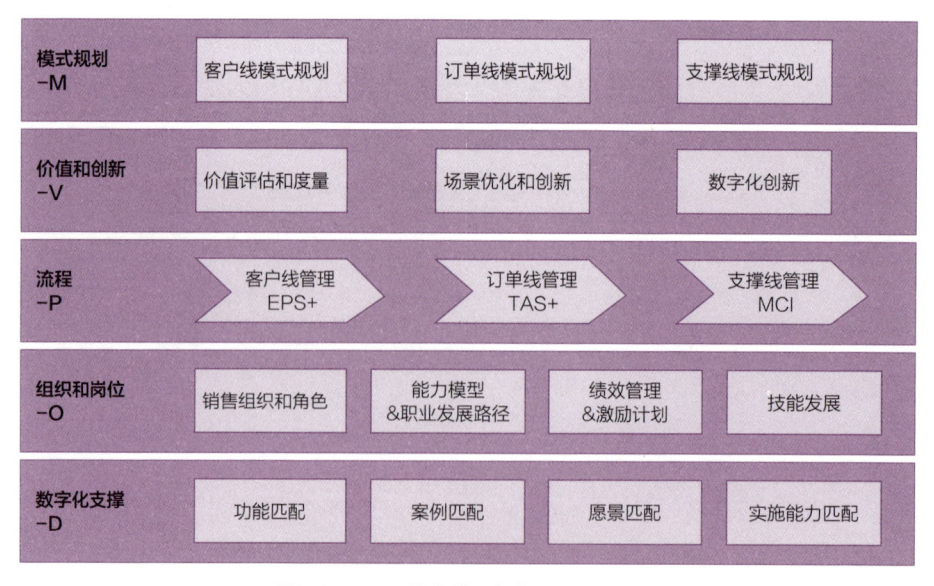

模式规划 -M	客户线模式规划	订单线模式规划	支撑线模式规划
价值和创新 -V	价值评估和度量	场景优化和创新	数字化创新
流程 -P	客户线管理 EPS+	订单线管理 TAS+	支撑线管理 MCI
组织和岗位 -O	销售组织和角色	能力模型&职业发展路径	绩效管理&激励计划	技能发展
数字化支撑 -D	功能匹配	案例匹配	愿景匹配	实施能力匹配

图2-27　B2B销售管理架构-MVPOD

一、模式规划（Model）

B2B销售会涉及客户线、订单线规划和支撑线三类模式规划。我在之前的文章里详细介绍了大客户管理（ESP+）、销售过程管理（TAS+）和销售支撑体系管理这三类模式。此外，我们需要针对不同市场状况（新进入市场、快速成长市场和成熟稳定市场）来聚焦不同的模式。后面章节"B2B销售之不同市场如何选择不同销售策略"中会有详细介绍。

二、价值和创新（Value）

传统的B2B销售规划比较关注流程设计。数字化时代，我们需要在设计流程之前，把业务价值产出、业务场景优化创新和数字化融合这三件先设计好。

1. 价值评估和度量

价值评估和度量涉及两个问题：一个是如何规划销售流程和组织，另一个是如何评估B2B销售的价值产出。

（1）价值引领　我们在规划具体销售流程和组织时，要清楚我们想实现的业务价值是什么？比如退换货，如果我们的目标是提升用户体验，那一定是越快越方便越好；但如果我们的目标是为了产品缺陷的追责，那肯定需要从用户那了解更多细节。我在后面章节"如何从业务价值角度去做CRM规划"会介绍如何去规划。

（2）业务价值产出评估　一直没有一个标准来评估B2B销售数字化创新和转型后的业务价值产出。在客户管理、销售过程管理、销售支撑管理中是有很多可量化的指标能用来评估业务价值产出的。比如客户的管理能力、打单过程的管控能力、资源调度和管理能力、员工的提升能力、企业方向的匹配能力等。通过这些指标的趋势曲线，可以对公司整体销售能力和未来发展趋势做一个整体预测。在后面章节"CRM的价值评估体系"中会对这些指标做详细介绍。

2. 场景优化和创新

流程和场景是从不同的维度去看销售业务。过去我们主要聚焦流程去设计，那是因为当时的业务比较单一。但一个场景往往会涉及多个流程，所以单凭流程是不可能很好地描述和优化场景的。所以我们需要把一些重要场景单独抽出来做设计。例如，B2B销售过程中，在线上给客户做Workshop、线下做头脑风暴、带客户来公司参观等都是一些重要场景。在销售过程中会涉及一系列重要场景，我们都需要以场景为中心，设计参与的人员、流程、输入输出、价值评估等。

3. 数字化创新

如果我们想在投入资源不变的情况下，大幅度提升销售效率和质量，就得依靠数字化赋能。在传统销售设计时，一般是在交付过程中才考虑数字化技术和工具的问题，这样往往太晚了。因为数字化技术往往可以改变业务模式和业务流程，如果我们不事先考虑，设计出的所有模式和流程都基于原有业务和数字化技术，等到系统落地时，很多新的技术已经加不进去了。我认为我们可以先把数字化创新技术拿出来，比如人脸识别、地图、机器深度学习、移动定位等，讨论这些技术能在哪些场景下改变业务模式和业务流程。然后再基于这些场景、模式和流程去做设计。

三、流程（Process）

直销流程是大客户管理（ESP+），销售过程管理（TAS+）和销售支撑体系管理中涉及的流程。我在之前章节做了详细介绍，在此就不赘述。

四、组织和岗位（Organization）

销售组织和岗位是指之前大客户管理中介绍的"谁负责大客户"。我在后面章节"客户覆盖有效性模型"中也会做详细介绍,在此就不赘述。

五、数字化支撑(Digitalization)

我们设计的MVPOD销售管理架构要想可落地和做到数字化支撑,必须在规划时考虑以下四点:

(1)功能匹配　设计的所有模式、场景、流程等都有相应数字化系统功能来匹配;

(2)案例匹配　选择的数字化系统最好是有相应案例来证明它可以实现的;

(3)愿景匹配　要考虑数字化系统在短期和中长期能否有能力不断引入新技术、新功能,并帮助客户不断成长;

(4)实施能力匹配　项目落地最重要的是选人,所以要找到实施能力和敬业态度都和项目的远景匹配的团队。

小结 > 本节介绍了数字化时代的B2B销售管理架构——MVPOD:模式规划(Model),价值和创新(Value),流程(Process),组织和岗位(Organization)和数字化支撑(Digitalization)。

B2B 销售之商业关系管理

1999年我在加拿大一家公司开发CRM时，公司的座右铭就是"Business is about relationship"，翻译成中文就是"做生意就是处理关系"。可见关系对一个企业做生意有多么重要。

我认为B2B销售三大核心能力是：1.关系能力；2.方案能力；3.资源调度能力。重要性各占三分之一。这三种能力中，资源调度能力是最稳定的；方案能力会随着时间的推移而变化；关系能力针对销售个体来说变化非常大，但对企业整体来说，其实也是非常稳定的，只是如何利用的问题。

一、BRM定义

CRM3.0在构建B2B销售理论体系时，定义了商业关系管理BRM（Business Relationship Management），即企业在销售过程中，可以收集、积累、分析、优化和利用的人、企业和项目之间的关系。

如图2-28所示，商业关系管理（BRM）由企业人脉资源管理ECM

企业人脉资源管理：管理企业自身的整体关系能力

项目关系管理：管理企业客户的项目与项目之间的关系

互为依托 相辅相成

企业人脉管理 **人脉线**

项目中会用到大量人和人之间的关系。

人和人之间的关系要通过项目不断补充、纠偏和精细化

项目关系管理 **项目线**

图2-28　商业关系管理双轮驱动

（Enterprise Connections Management，ECM）和项目关系管理PRM（Project Relationship Management，PRM）组成。企业人脉资源管理（ECM）和项目关系管理（PRM）会在下面章节中详细介绍。

二、BRM与CRM的关系

商业关系管理可以认为是客户关系管理的延伸。如图2-29所示，数字化时代，CRM、BRM和数字化技术紧密相关。CRM是动态显性的，往往与流程和场景相融合；BRM是静态隐性的，它会形成数据资产的积累，通过数据资产驱动来实现场景和流程赋能。

（1）CRM　CRM与营销和服务业务紧密相关，是非常有行业性和时代性的，体现在业务模式、场景、组织、岗位、考核、流程等，总是强调创新和转型，它是动态的，不断迭代创新的。

（2）BRM　BRM定义了人、企业与项目之间的关系。BRM数据一直是私域资源，一直都存在于销售人员的大脑里，企业一直也没有好的方法管理BRM数据，更不用说要充分挖掘和发挥里面的价值。CRM数据很多是临时性数据，商机关闭了数据也就没价值了。而BRM的数据是企业的核心数据，是企业最有价值的核心数据资产，也是企业实现业务数字化的重要基础。

CRM：管理的是行业和业务实践。是动态显性的，场景流程赋能

BRM：管理的是人与人、企业和项目之间的关系。是静态隐性的，数据驱动

BRM是CRM的基石
CRM是BRM的价值实现

支撑、标准化、优化业务，当数字化技术应用到一定程度时，还可改变业务模式

积累和传承商业关系，并挖掘商业价值

数字化技术

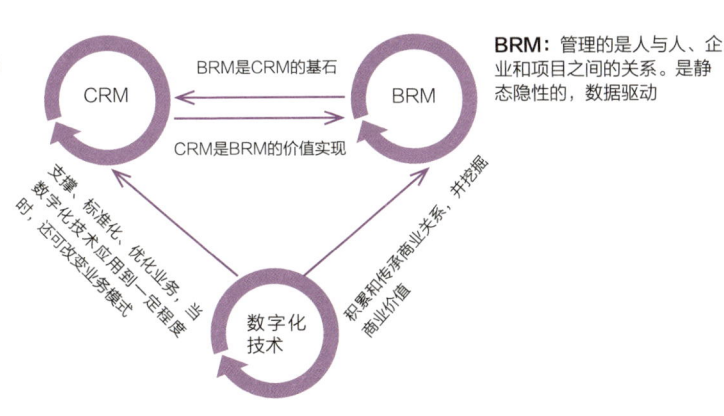

图2-29　CRM、BRM和数字化技术三者关系

（3）数字化技术　CRM中数字化技术一般都是用来支撑、标准化和优化业务，当数字化技术应用到一定程度时，还可以改变业务模式。BRM中数字化技术是要实现数字化驱动，利用数字化技术积累和传承商业关系，并挖掘商业价值。

三、BRM的应用

如图2-30所示，企业可以通过"企业资源共享平台"把商业关系管理（BRM）中的人、项目和企业之间的关系资源充分利用起来。

1. 关系资源

一个大企业有几万，甚至几十万员工。通过这些员工的人脉，你基本可以与你的大客户的关键人搭建从认识到熟识的关系。但这种可以助力企业永续经营的能力却被大多数企业所忽视，员工人脉关系都掌握在每个员工手里。

在下节"B2B销售之企业人脉资源管理"中会详细介绍人脉资源如何管理。人脉资源的共享可以按单聚散，有一个项目，需要某个关系，找到企业内有该关系的员工，一事一谈。

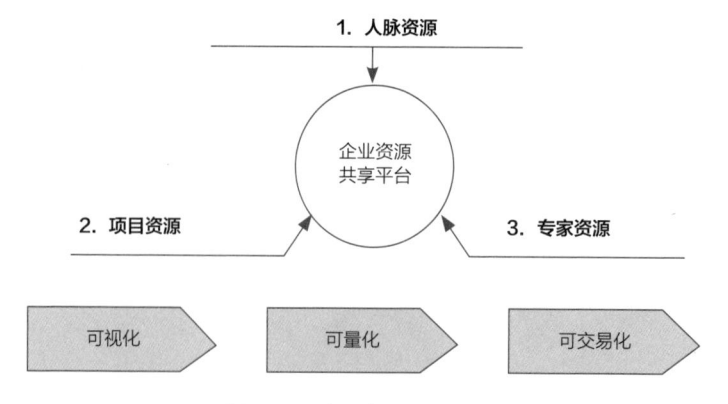

图2-30　企业资源共享平台示例

2. 项目资源

也就是有需要合作的项目，拿出来，在资源共享平台上发布合作需求。以抢单的形式，由满足条件的员工或团队来竞争，最终最合适的员工或团队被选中参与该项目，实现合作共赢。

3. 专家资源

专家资源可以是内部的，也可以是外部的。企业需要有专门的人或团队来维护和运营这些专家资源库。如果是内部的，在部门之间结算；如果是外部的，按小时给专家付费。

光有资源是不够的，我们必须有机制保证资源能被利用。我们可以通过"三化"，即把共享资源可视化、可量化、可交易化，使资源共享平台运转起来。

（1）可视化　即把在员工拥有的资源整理出来，放在数字化系统中，使相关人员都可以看到。

（2）可量化　所有资源都可以用数字描述，比如你与A公司王总关系非常紧密，还是关系一般；这个专家收费是每小时500元还是1000元。

（3）可交易化　资源出让方和接收方都是可以结算的。比如这个项目合作成功，资源提供方可以分得项目金额的10%等。

B2B 销售之企业人脉资源管理

∨

我在本节中介绍一下如何管理四种企业核心关系能力：客户关系图谱、我司关系资源、项目决策链和竞争对手关系资源。

我使用过很多款CRM软件，企业管理人脉资源一般就是管理客户的组织架构和上下级关系，好一点的CRM能管理一下客户的影响力关系。这些管理过于粗糙，很难加以利用，形成企业的核心优势，也很容易随着销售的离开，带走所有的关系秘密。

对于B2B企业来说，关系能力是企业核心能力之一，它可以作为企业数字化资产，驱动企业销售转换率和成功率。那很多企业为什么不仔细研究一下关系能力，并投入资源好好提升和运营一下这种能力呢？也就是构建企业人脉资源管理能力（CRM）。

如图2-31所示，对于B2B企业，BRM需要管理四种关系资源（客户资源、我司关系资源、项目决策链和竞争对手关系资源）。它们相互作用，相互补充，只要掌握和运营好这四类关系资源，就能构建和提升企业的核心关系能力。

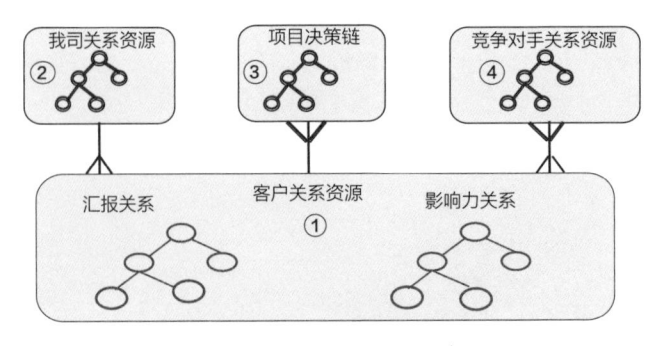

图2-31　BRM四类关系资源

一、客户关系图谱

客户关系分成两类，一类是上下级关系，找的是决策中心；另一类是影响力关系，找的是影响力中心。上下级关系和影响力关系可以在一张图上混合展示。我们可以按两类视角查看，一类是客户整体视角，一类是客户关键人视角。

1. 客户整体视角

如图2-32所示，客户关系图谱由上下级关系和影响力关系组成，我们主要聚焦以下几点：

（1）客户整体关系紧密度评估　就是找出该客户中所有决策重要性个体和影响力重要性个体，并根据所有个体关系紧密度得分对客户整体关系紧密度打分。图2-32中客户关系紧密度得分是62分。有了整体得分后，我们在大客户管理中就可以做计划，来提升客户整体关系紧密度。

（2）决策中心管理　就是找出客户中决策力高并且对公司影响大的个体。如图2-32中的至关重要人物，即首席执行官、销售VP和首席信息官等，并对其关系紧密度打分。找到关系紧密度得分低的个体，如图2-32中的首席执行官，

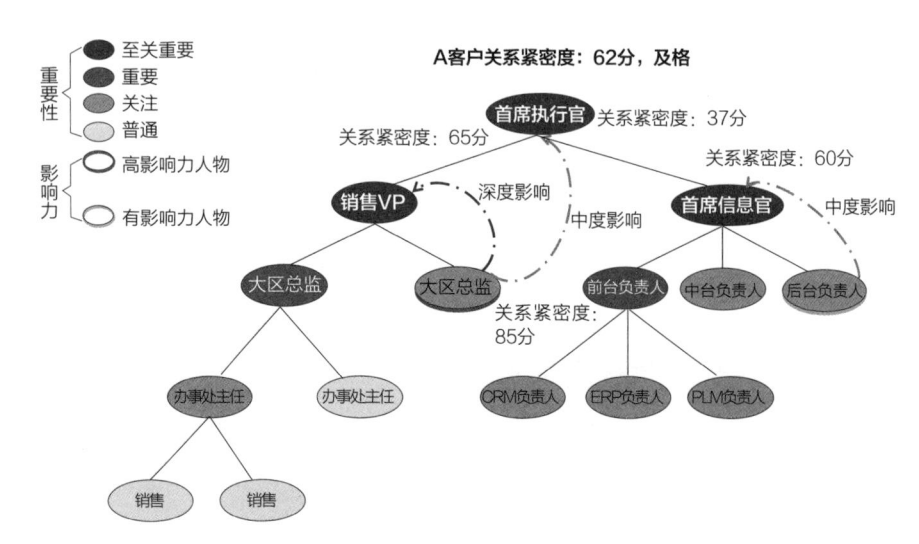

图2-32　客户关系资源图谱示例

在大客户管理中做计划，提升与该个体的关系紧密度。

（3）影响力中心管理　就是找出客户中对重要个体有很大影响力的个体。找到影响力中心后，对其关系紧密度打分。找到关系紧密度得分低的个体，在大客户管理中做计划，提升与该个体的关系紧密度。

2. 客户关键人视角

如图2-33所示，通过客户关系资源图谱中的关键人物，可以以客户关键人为中心，展现所有相关影响力关系。

（1）以客户关键人为中心展示

1）客户内部对该关键人有影响力的个体。

2）我司对该关键人有影响力的个体。

3）竞争对手对该关键人有影响力的个体。

（2）找到影响该关键人的最佳路径　如图2-33所示，我司与该关键人的紧密度较低，我们既可以通过找到我司人力资源加深与其的关系，也可以通过加强与客户总经办主任的关系来影响该关键人。

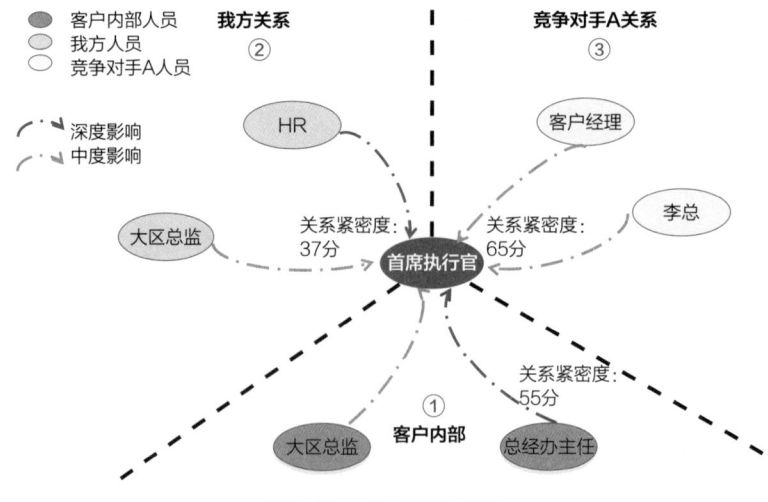

图2-33　客户关键人视角

二、我司关系资源图谱

我司的关系资源即是我方核心人脉资源。可分为两个视角：我司企业视角、我司员工视角。

1. 我司企业视角

我司企业视角能用来对我司人脉资源做整体评估，要想生意做得越来越大，我司整体核心关系能力就得不断提升，使图谱中的强关系和中关系的大客户数量不断增加。

图2-34显示了某公司整体关系能力的评估情况，以及强关系、中关系和弱关系的大客户数量和每类客户的增长趋势。这是公司的软实力，也是能不断孵化商机的基础。

2. 我司员工视角

我司员工视角展现的图谱可以用来对公司员工的客户资源进行评估并加以利

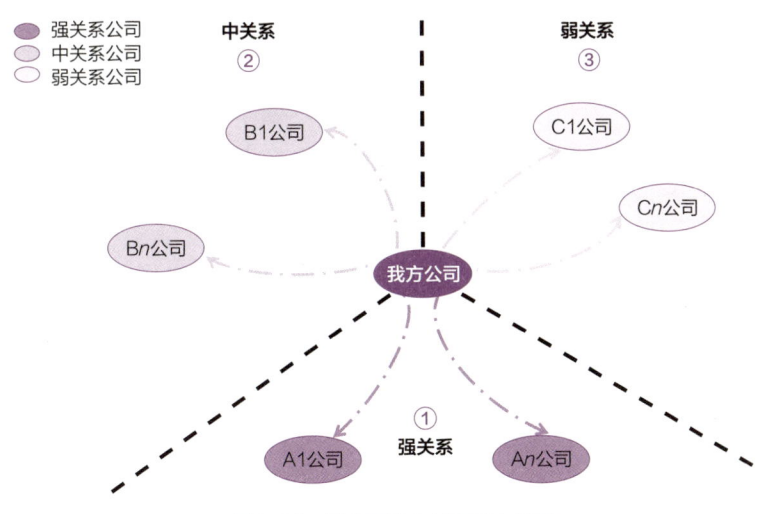

图2-34 某公司核心关系能力视图

用。这也应该是员工,特别是销售岗位员工考核的一项重要指标。企业在打单时,目前主要靠销售人员单打独斗,而无法充分利用所有员工的人脉资源。这些人脉资源是藏在"冰山"下的巨大部分,如果能充分利用,将会极大地扩展企业关系资源和提升赢单率。

图2-35显示了某公司某员工关系资源评估结果和其能影响的关键人明细。企业不仅仅要为销售人员建立关系资源图,对非销售岗位也要建立关系资源图。如果在打单过程中,非销售岗位也贡献了资源,那么他也应该获得奖励,做到真正的全员销售。

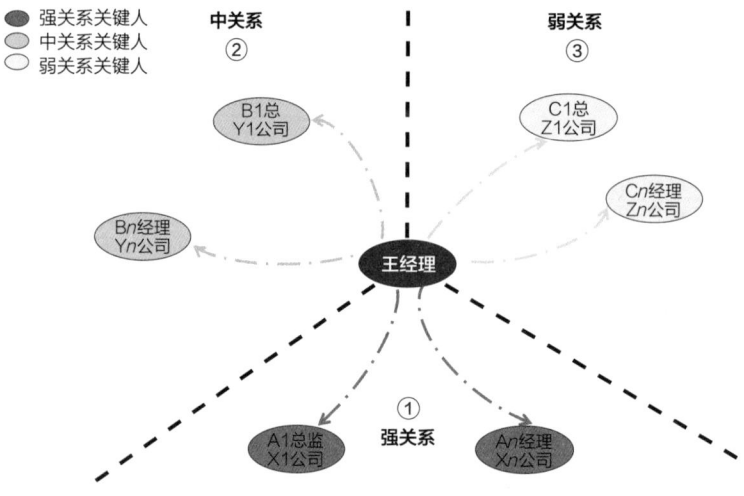

图2-35 某公司员工关系资源图

三、项目决策链图谱

图2-36的项目决策链显示了某个具体项目中,某司的关系能力。有了该决策链,就算临时换一个销售人员,企业也应该可以轻松评估关系胜算概率,找到提升关系的途径。

项目决策链展示:

图2-36　项目决策链

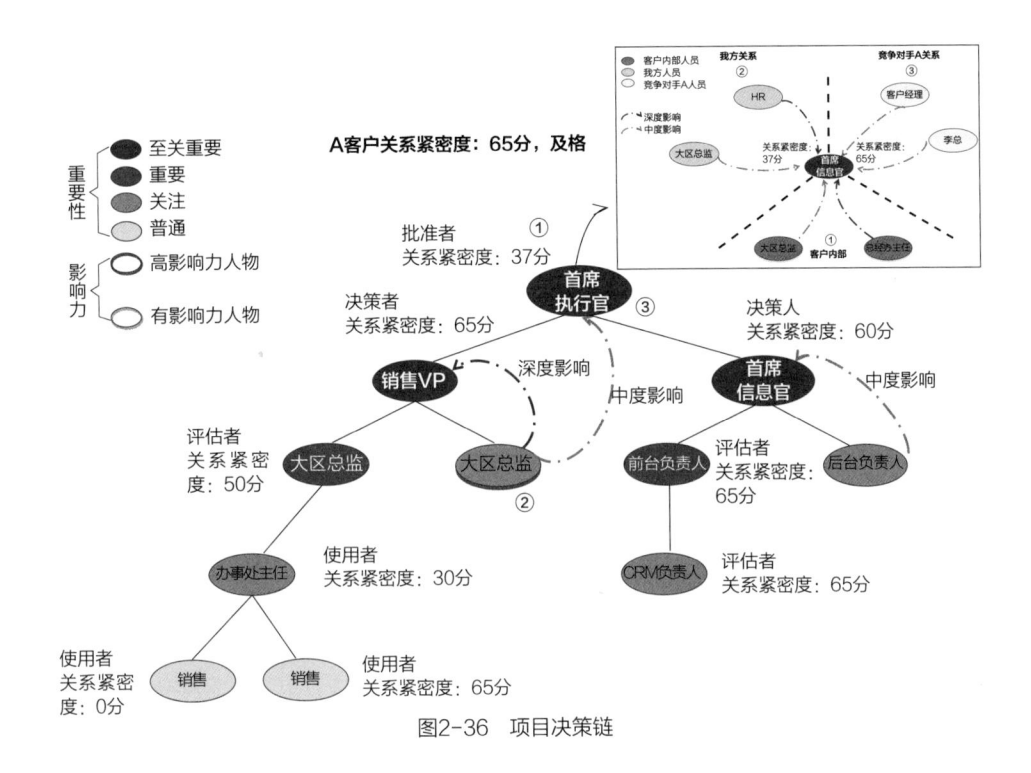

（1）**项目决策关系**　包含此项目批准者、项目决策者、项目评估者和项目使用者之间的关系，以及每个相关人员的关系紧密度、性格、对我司的态度、接触程度等信息。

（2）**影响力关系**　显示客户内部谁对关键人有影响力，谁是影响力中心，例如图2-36中的大区总监和后台负责人。

（3）**关键人分析**　可以从关键人视角查看客户方、我司和竞争对手对关键人的影响。即客户关系图谱中的客户关键人视角。还可以查看与该关键人相关的其他项目决策链。从而了解该关键人在其他项目中对我司的态度。

四、竞争对手关系资源图谱

竞争对手关系资源图谱能显示某个竞争对手的关系资源，即该竞争对手的核心关系能力。我们可以从两个视角看该图谱，即竞争对手企业视角和竞争对手员工视角。该图谱的展示形式同我司关系资源图谱类似，但内容肯定不如我司关系资源图谱丰富。该图谱的信息主要是从每个项目打单过程中收集上来的。

小结 > 本节介绍了BRM，即如何管理四种企业核心关系能力：客户关系资源图谱、我司关系资源图谱、项目决策链图谱和竞争对手关系资源图谱。有人可能会担心这些数据收集困难，但是凡事预则立、不预则废。企业核心关系能力是企业成功的基石，企业需要投钱、投人，从今天开始，管理、运营、监控和考核起来吧。一旦这种能力打造成功，财富会源源不断，核心竞争力会得到提升，企业得以长久经营。

B2B 销售之项目关系管理

企业的项目有其自身规律，项目也是有基因和传承的。售前阶段既要把精力放在方案和关系上，也要花时间摸清项目的规律。

项目规律就是项目的游戏规则。方案好，关系硬，但你违反了规则，照样会出局。

项目关系管理是用来管理项目的游戏规则的，是商业关系管理的重要组成部分。如图2-37所示，我为项目关系管理定义了十一大要素。

（1）项目关键时点　是供我方销售人员分析项目行为规律的。每个公司项目立项和招投标的流程都有自己的特色，只有掌握其中的规律，才有可能制订最佳的行动计划，在每一个关键时间点上投入最合适的资源，掌控整个项目节奏。

图2-38是一个项目关键时间点示例。政府、央企和私企的项目立项和招投标流程是不一样的，就算是同行业和类型的客户，也可能存在着很大的差异。我们可以为每个重要客户的项目编写不同的项目关键时点模型。掌握了客户项目的节奏，就能抢占先机，处于竞争中的优势地位。

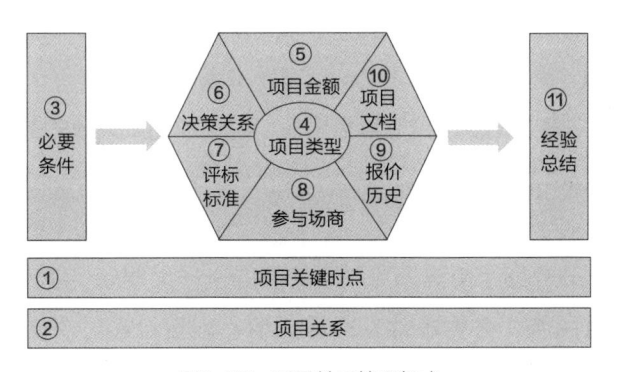

图2-37　项目关系管理组成

初次立项时点　厂商互动时点　预算确认时点　需求互动时点　发标时点　讲标时点　商务谈判时点　定标时点　合同签订时点　付款时点

图2-38　项目关键时点示例

（2）项目关系　描述每个项目之间的关系，比如项目A是项目B的二期，项目A是项目B的落地项目，项目A是项目B的替换项目等。

（3）必要条件　说明什么关键原因使该项目立项，比如老系统无法支撑业务，高层领导想要做转型创新，每年都有固定预算投入等。

（4）项目类型　说明项目的性质，比如咨询项目、实施项目、软硬件采购项目、运维项目等。

（5）项目金额　包括预算的金额和中标的金额，有了这些信息可以帮助我们在之后项目中，报价更加精准。

（6）决策关系　就是之前介绍的本项目的决策链。

（7）评标标准　即该项目是如何挑选中标厂商的。是公开招标、定向邀标，还是单一来源。选择的标准是价格最低中标，还是综合评分优先。最好有这个项目的详细打分项和每个打分项权重。有了这些信息就可以在一开始比较准确地评估出我方中标的可能性，也可以提早布局，及时引导相关评分标准。

（8）参与厂商　记录了主要竞争对手信息。

（9）报价历史　记录我方几轮报价历史，最好还有竞争对手的报价信息。有了这些信息，我们对每轮的报价就会有比较准确的把握。

（10）项目文档　记录了在项目中，客户和我方提供的关键性文档，比如客户方的需求文档、需求建议书；我方的方案、讲标资料等。

（11）经验总结　记录项目的复盘信息，总结成功或失败的关键因素。

> **小结**　本节介绍了组成项目关系管理的十一大要素：项目关键时点、项目关系、必要条件、项目类型、项目金额、决策关系、评标标准、参与厂商、报价历史、项目文档和项目复盘。

B2B 销售之经营 C 端用户影响 B 端客户

B2B销售领域应该是受数字化技术影响较小的领域。B2B销售，尤其是大B销售，存在着以下特点：

（1）行为以线下为主　大量行为，尤其很多关键行为是以线下为主，无法通过数字化工具进行有效跟踪记录。

（2）关键信息无法录入　很多关键信息无法录入系统中，否则就有合规风险。

（3）关键信息无法确认　B2B很多信息是无法确认真实性的，比如"关键人很支持我们"，"客户更认可我们方案"等。

（4）客户决策链非常复杂　大的项目可能有几十至上百人参与，关键决策人也有很多个，很难根据客户个别联系人的信息来梳理完整决策链。

（5）行业禁忌　如果把和客户相关人员的所有接触和交往信息都用数字化系统记录下来，客户和我们接触时就会非常谨慎。

没有完整准确的决策信息，多强的AI系统都不可能给出准确判断。所以大客户销售岗位是一个较难被AI替换的岗位，只要你身体顶得住、人脉和行业经验在持续积累，就可以一直干下去。

绝大多数公司都没做商业关系管理，即没有企业人脉资源管理和项目关系管理，而商业关系管理里管理着真正有价值的企业决策数据。我们需要通过数字化系统实现CRM3.0中的大客户管理、销售过程管理、销售支撑体系管理、企业人脉资源管理和项目关系管理，把数据、过程、场景和数字化技术完美融合。这样我们就可以通过数字化技术使销售人员在销售过程中做到更高效和更精准，以及为销售人员在整个销售过程中提供决策依据，使赢单率更高。销售方法、数据资产、销售人员能力经验和数字化技术融合在一起，可以使B2B销售效果显著提升。

下面我就介绍一下"高效经营C端用户影响B端企业行为五步法"，也就是通过将销售方法、数据资产与数字化工具融合，对整个打单过程进行洞察和把控，牢牢控制项目主导权，使项目赢单水到渠成。

步骤一：经营C端用户，构建信任度

从客户的角度来看，我们是希望和客户建立信任，做到相信和相依的；从对员工期望的角度来看，员工必须有能力做客户的朋友，做客户的导师。

信任度主要基于四度：频度、专业度、深度、长度。如图2-39所示。

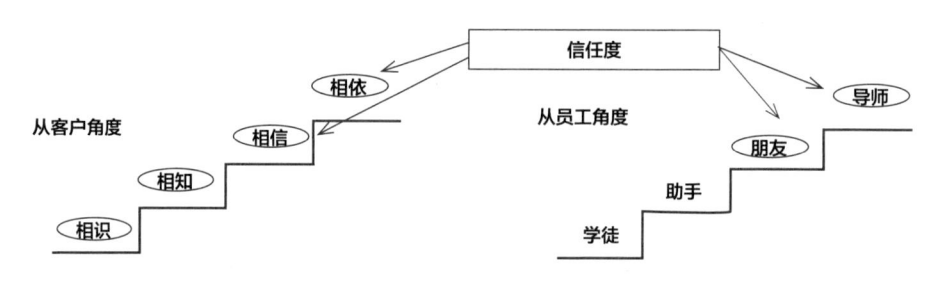

图2-39 客户信任度阶梯

（1）频度 在建立客户信任度的过程中，接触频度是销售容易忽视的要素。信任度是一点一滴建立起来的，如果能保持一定接触频度，半年或一年后一定能见到成效。你可能会有成千上万名客户联系人，那怎么办？这时候就可以通过数字化工具，建立客户接触互动计划，自动生成个性化问候内容，自动在关键时点完成问候动作，如图2-40所示。

	频度				专业度			深度	
	节日问候	上门拜访	生日问候	朋友圈点赞	知识品牌传递	专家宣讲	公司参观	共同进餐	亲情关怀
至关重要用户									
重要用户									

图2-40 客户接触互动计划示例

（2）专业度　很多品牌的知识传递、专家宣讲和公司参观需要申请和协调后台资源，这时候就可以通过数字化工具帮助销售协调这些资源。至于协调的机制，可参考之前介绍的销售支撑体系管理。

（3）深度　深度需要很多线下工作，但可以通过数字化工具找到企业人脉资源管理（ECM）中客户关系图谱和项目决策链中的关键人物，为销售建立深度互动提示，为销售建立行动计划。

（4）长度　千里之行，始于足下。企业应尽早使用数字化工具，完善客户关系图谱和项目决策链，建立客户接触互动计划。图2-40是一个简单的客户接触互动计划示例，在空白处设置接触的频度，数字化系统可以自动生成计划和任务，并跟踪执行，动态评估和反馈。

步骤二：人脉拓展与洞察分析

企业应该在建立信任的过程中，构建人脉关系和个体画像。其中包括客户部门之间的关系、人员之间上下级关系、人员之间影响力关系、每个人的画像（重要程度、关系紧密度、交往程度和行为倾向）等。具体介绍见企业人脉资源管理（ECM）部分的内容。

如图2-41所示，企业可以用数字化工具帮助销售人员把客户关系图谱建立起来。数字化系统可以根据企业关系图谱数据，完成大量自动化工作。例如，建立客户接触互动计划、建立深度互动提示，为销售建立下一步行动计划等。

步骤三：商机引导和孵化

前面两步主要属于大客户管理（ESP+），即客户线管理阶段的工作。到了第三步就是大客户管理（ESP+）向销售过程管理（TAS+）转化。

如图2-42所示，我们需要根据项目历史信息，即项目关系管理（PRM），来判断哪些项目是需要重点跟踪和孵化的项目。项目关系管理（PRM）的详细介绍请见之前章节。

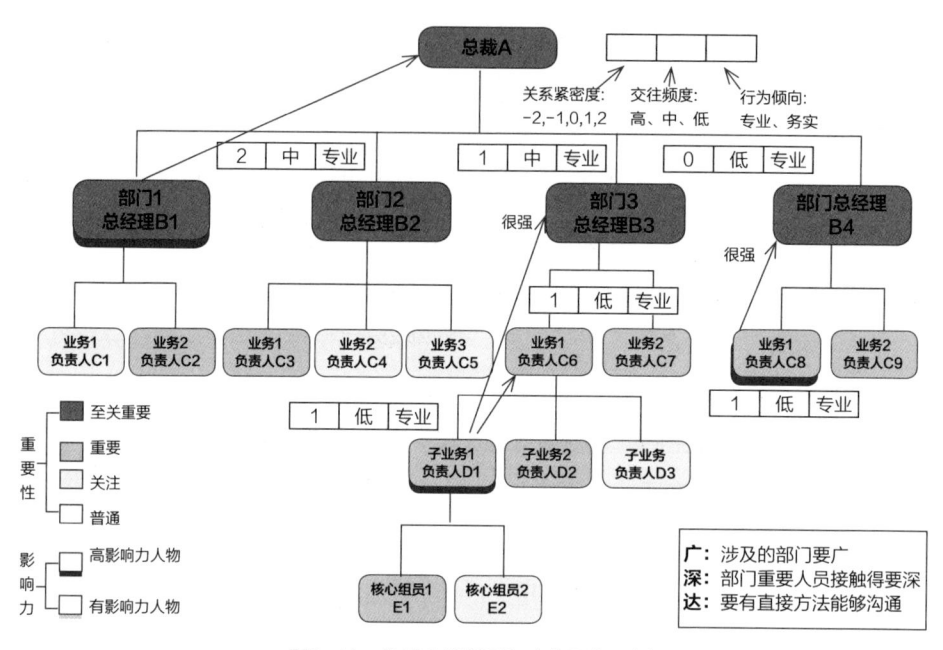

图2-41　构建人脉关系和个体画像示例

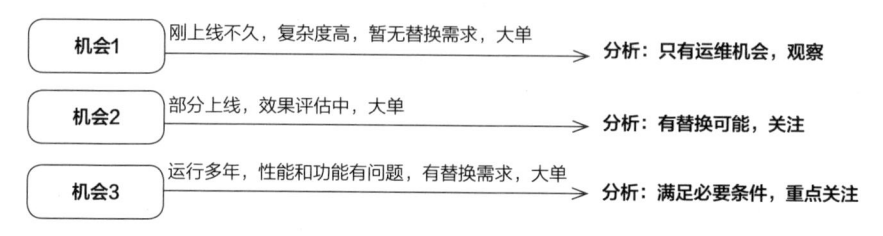

图2-42　商机引导和孵化示例

所以我们需要使用数字化工具去管理项目信息，才能为销售过程提供决策支持。

步骤四：价值投射

下面进入打单阶段，需要了解项目的决策链，进行价值呈现。也就是进入项目过程管理阶段（TAS+）。

图2-43是项目决策链的示例。实际情况中，项目决策链和关系图谱中的上

下级关系不一定一致。客户可以为了一个新项目，新建一个虚拟团队，在虚拟项目团队中，上下级汇报关系经常会发生变化。企业需要使用企业人脉资源管理（ECM）中的数字化工具来管理决策链，管理决策链上每个节点的个体画像。

当我们对决策链有了一定了解后，就需要通过价值主张，对决策链中的关键决策者进行价值投射和价值影响。

如图2-44所示，我们需要能用60秒说出2到3条有震撼力的、容易记得住的优势，也就是价值主张。通过各种渠道反复传递给决策链中的关键决策人。

价值主张是可以作为经验去分享和传递的，这需要我们有数字化工具去分析每个商机中的价值主张内容，找出最佳模板，并分享给每个销售。

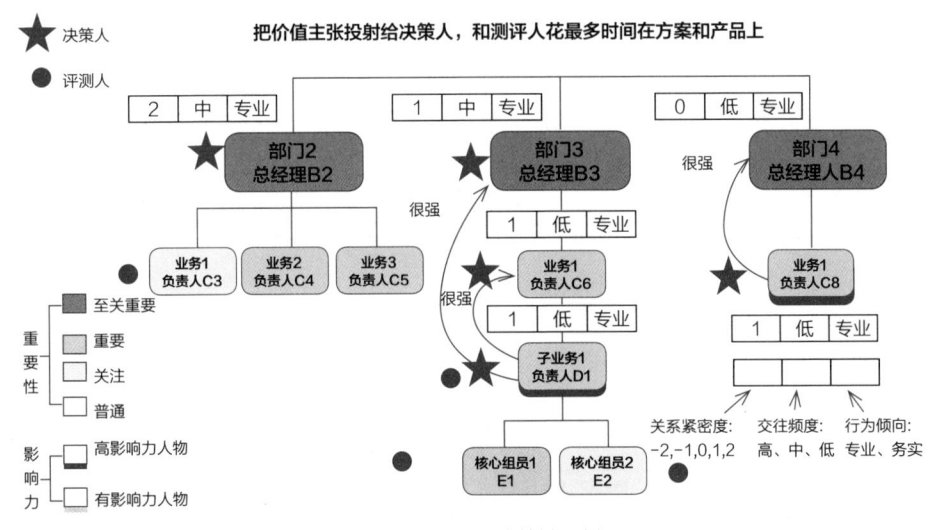

图2-43 项目决策链示例

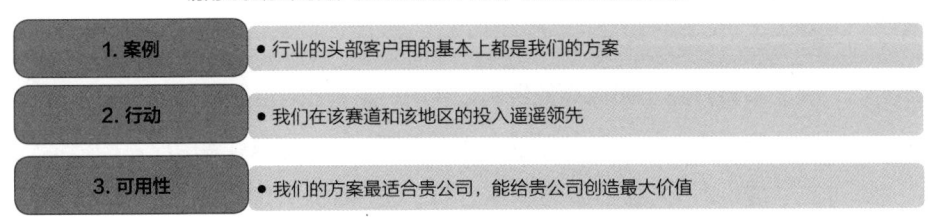

图2-44 价值主张示例

步骤五：销售过程管控

在全面掌握决策链和通过价值主张投射打动项目关键决策人后，我们需要对项目过程进行把控，尤其是对招标准备阶段和招投标阶段进行把控。

如图2-45所示，在把控过程中，如果你能控制好这六点，那项目赢单概率就很大。比如在招标前方案和产品交流中，客户和你交流的时间最多；客户在定预算时听取你的意见；客户在起草RFP时愿意了解你的方案和产品是如何实现客户需求的。这三点是招标前的过程把控。这个过程中需要投入大量售前资源，这涉及销售支撑体系管理，详细介绍请见之前章节。

到了招标前和投标过程中，如果你对本次招投标规则非常了解，赢单的概率就会大。比如中标方式（单一来源、定向邀标、公开招标等），评标标准、打分项和分值，中标标准（方案几进几、商务几进几、是否最低价中标等）。所有这些信息，你既需要在打单过程中去获取，也需要根据以往的项目历史信息去推断，这就需要用到项目关系管理中的信息。

所以在第五步项目过程管控中，不论是需要销售支撑体系管理，还是需要项目关系管理，都需要通过数字化系统来支撑。

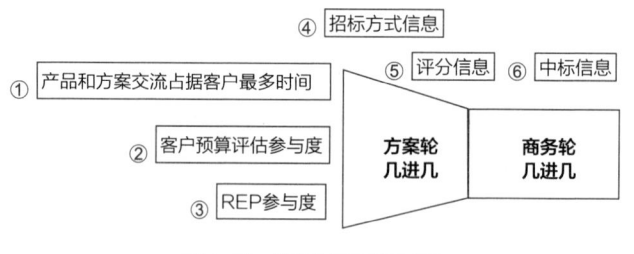

图2-45 销售过程把控示例

小结 > 本节介绍了如何高效经营C端用户影响B端企业行为的五个步骤及每个步骤中涉及的数字化工具实现：1. 经营C端用户，构建信任度；2. 人脉拓展与洞察分析；3. 商机引导和孵化；4. 价值投射；5. 项目过程管控。

B2B 销售之不同市场选择不同销售策略

⌄

B2B销售可以归纳为守正、出奇和蓄势三部曲。守正是大客户管理，出奇是销售过程管理，蓄势是销售支撑体系管理。这三部分分别由大客户管理、销售过程管理和销售支撑体系管理三种方法管理。本节就介绍一下在不同的市场环境中，企业如何选择和应用这些方法。

如图2-46所示，兵无常势，水无常形，我们需要根据不同的市场状况（新进入市场、快速成长市场和成熟稳定市场），采用不同的销售策略，聚焦不同的销售领域。

	新进入市场	快速成长市场	成熟稳定市场
市场描述	跑马圈地的市场，如国内企业新进入海外某个国家市场	已进入市场一定时间，但该市场容量还在扩张，如2013年前后的国内安防市场	市场容量已稳定，头部企业也基本固定，如国内商用车市场
市场策略	抓得住机会，控得住风险	最佳销售支撑体系，最优销售方法，快速复制，迅速扩大市场	与大客户深度合作，形成利益共同体
大客户管理	**非重点**。因为刚进入市场，还无法确定谁是大客户	**次重点**。大客户管理需要大投入和长周期，应该开始加大资金和人员投入	**重中之重**。因为在市场稳定的情况下，大客户决定市场天平朝谁倾斜
销售过程管理	**重点**。通过销售过程管理来抓机会和控风险	**重点**。项目和销售人员越来越多，必须快速复制成功经验和进行有效管理	**重点**。但之前应该已做得很好了
销售支撑管理	**非重点**，因为刚进入市场，往往靠几个人单打独斗	**重中之重**。在市场机会足够多的情况下，聚焦如何高效利用资源产生最大投资回报	**重点**。但之前应该已做得很好了

图2-46　不同市场状况采取不同的销售管理策略

一、新进入市场

如图2-47所示，在新进入市场里，我们从零开始，因为基数低，所到处都是机会，抓住一个就可能实现业绩成倍增长，这时企业更应该关注如何抓住机会和规避风险。

首先我们要关心如何做到出手要快、准、重，以此来抓住市场机会。但如果我们想做到这一点，就得给销售负责人足够的权力，即三权合一：经营权、人事权和分配权。给了销售负责人足够的权力后，我们可以通过制度，让每一个区域自组织、自驱动、自演进和自赢利。

在新市场中，领导人的个人能力和视野起到很大作用，但企业管理往往又是不完善的和粗犷的，那数字化系统又如何赋能销售管理呢？我认为可以从以下四个方面入手。

1. 销售术语的统一

企业进入新的市场，就是为了使自身业务得到更大的成长。可一旦企业成长起来，我们会发现销售术语的不统一对企业成长产生了极大的束缚。同样一个

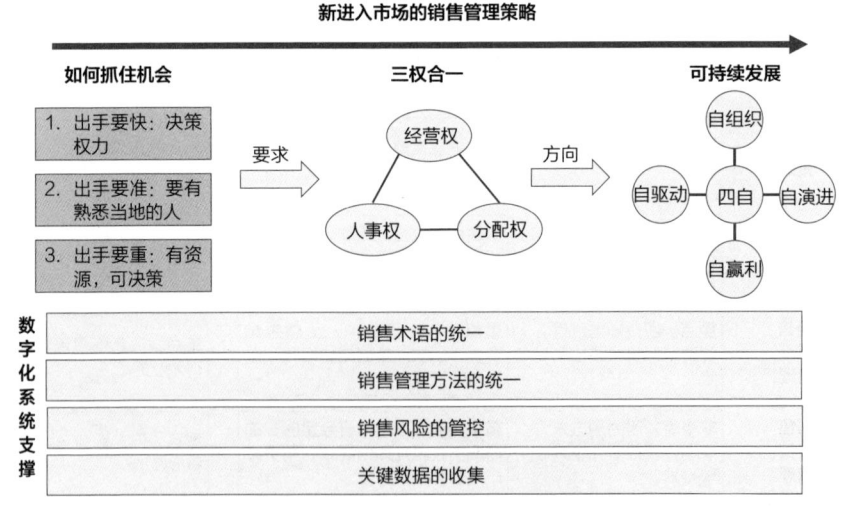

图2-47　新进入市场的销售管理策略

词,如线索、商机、销售额、成本、大项目、大客户等,大家的理解完全不一样。所以不同的事业部、不同的地区、不同团队等根本无法实现有效沟通,导致协同、管理和考核等都难以有效执行。所以我们首先要通过数字化系统统一销售术语,以便不同部门和组织能在相同语境下交流。

2. 销售管理管理方法的统一

我们可以根据某地区的特殊情况采用个性化的销售方法和销售流程。但是,企业销售的框架要统一,要有企业整体销售框架模板为前提。各个地区或事业部可以在框架里针对每个流程和功能加入自己个性化的东西。针对B2B销售,国内和国外各个行业的销售框架是基本一致的。一个统一、完善和科学的销售管理框架是企业统一管控的前提。

3. 销售风险的管控

进入一个不熟悉的市场之前,我们必须了解和规避风险,比如法律风险、税务风险、操作风险、道德风险、市场风险等。我们完全可以把规避风险的方法固化在数字化系统的流程和功能中,设置各种规则和提醒,来帮助企业规避风险。

4. 关键数据的收集

刚进入一个市场,销售人员再忙,也需要通过数字化系统收集一些关键数据,形成企业的数据资产,为以后把业务做大做强打下坚实基础。比如商机信息、项目信息、合作伙伴信息、客户信息、客户的关键人、决策链信息等都是需要日常积累的。

以下是大客户管理、销售过程管理和销售支撑体系管理在此市场环境下的应用建议:

(1)大客户管理

不重要。企业无法有效评估谁是大客户,因为我们只知道客户潜力,不知道客户对我们的贡献,也不知道我们方案是否能满足客户的需求,以及客户对我们态度是否友好等信息。

（2）销售支撑管理

不重要。因为新进入的市场往往没有太多的销售支撑资源，得靠少数几个人开拓市场。

（3）销售过程管理

重要。前面说的销售术语的统一、销售管理方法的统一、销售风险的管控和关键数据的收集这四个主要任务就是在销售过程管理中实现的。销售过程管理在前面章节中已有详细介绍，在此就不赘述。

1）销售术语的统一：在商机分级、商机阶段、赢单率、销售流程中实现。

2）销售管理方法的统一：在销售流程、必要条件、价值主张、问卷、竞争对手、策略和战术、活动、督导推进中实现。

3）销售风险的管控：在销售流程、活动中实现。

4）关键数据的收集：在销售流程、关系图谱、问卷、活动、价值主张中实现。

二、快速成长市场

在快速成长的市场里，虽然企业已进入市场一定时间，也具备了可观的规模。但因为每年还有很大市场增量空间出现，大家都急着抢地盘，所以企业通常会聚焦抢地盘的过程（销售过程管理），以及在抢地盘的过程中如何合理抽调资源（销售支撑体系管理）。因为大客户管理投资长、见效慢，但为了将来，又不得不做，所以这时企业可以开始着手准备，开始加大资金和人员投入。

以下是大客户管理，销售过程管理和销售支撑体系管理在此市场环境中的应用建议：

（1）大客户管理

次重点。企业最高管理层一般都能意识到大单往往都是1~2年前已经进行布局的。如果招投标时才开始准备，那赢单的机会就会小很多；但另一方面，市场上有大把的增量机会，而大客户管理需要大投入和长周期，所以企业可以开始着手准备，加大资金和人员投入。

(2) 销售过程管理和销售支撑体系管理

在快速成长的市场中，销售过程管理和销售支撑体系管理都是重点，尤其是销售支撑体系管理，常常是企业容易忽视的部分。

图 2-48 列出了快速成长市场中销售管理要解决的重点问题。它们基本与销售过程管理和销售支撑体系管理相关。

1）建立统一、可复制的销售管理机制。企业应建立营销单元销售管理的最佳架构和流程，使管理统一、可复制。即不依赖于个人，只需遵循管理机制，前场销售活动即可有效运作。这是销售过程管理要实现的。

2）优化矩阵行业与区域协作的模式，优化行业资源调度方法。区域中的矩阵行业项目，企业应基于不同的商机级别，采取不同的资源调度策略，加强矩阵行业与区域的协作。这是销售支撑体系管理要实现的。

3）理清销售活动过程中相关角色的责权利。基于不同的商机级别及协作模式，界定不同销售活动场景中相关角色的阶段化工作活动、协作方式，以及必要的新增考核指标。这是销售过程管理要实现的。

4）售前资源透明化。建立售前资源调度机制，引入必要的售前管理指标，

1	建立统一、可复制的销售管理机制
	建立营销单元销售管理的最佳架构和流程，使管理统一、可复制，即不依赖于个人，只需遵循管理机制，前场销售活动即可有效运作
2	优化矩阵行业与区域协作的模式，优化行业资源调度方法
	区域中的矩阵行业项目，企业应基于不同的商机级别，采取不同的资源调度策略，加强矩阵行业与区域的协作
3	理清销售活动过程中相关角色的责权利
	基于不同的商机级别及协作模式，界定不同销售活动场景中相关角色的阶段化工作活动、协作方式，以及必要的新增考核指标
4	售前资源透明化
	建立售前资源调度机制，引入必要的售前管理指标，使售前资源的分配及使用可视化，售前成本量化
5	借助辅助管理工具，帮助实现销售预测和过程监测
	建立运营管理反馈机制，通过销售管理报表模板，可视化销售机会，实现不同维度的销售预测，对销售过程的关键活动进行周期性监测

图 2-48 快速成长市场中销售管理要解决的常见问题示例

使售前资源的分配及使用可视化，售前成本量化。这是销售支撑体系管理要实现的。

5）借助辅助管理工具，帮助企业实现销售预测和过程监测。建立运营管理反馈机制，通过销售管理报表模板，可视化销售机会，实现不同维度的销售预测，对销售过程的关键活动进行周期性监测，用数字化工具实现销售过程管理和销售支撑体系管理的分析统计功能。

关于销售过程管理和销售支撑体系管理如何应用，请参考相应章节的介绍。

三、成熟稳定市场

当市场容量已稳定，行业头部企业竞争格局也基本明朗时，大客户管理就变得越来越重要。因为这时候大客户偏向谁，市场竞争胜利的天平便朝谁倾斜。但在大客户管理这个领域，管理方法和实践都还处于摸索阶段。很多企业把打单过程中的客户管理认为是大客户管理，其实这不是一回事。

以下是大客户管理，销售过程管理和销售支撑体系管理在此市场环境中应用建议：

（1）大客户管理

重中之重。大客户管理决定在成熟稳定市场中，谁将逐渐占据优势。我在之前章节介绍了如何实现大客户管理的三大核心任务：建立自身优势（方案和关系）、隔绝竞争对手和孵化商机，同时也介绍了如何建立系统性优势，例如建立客户引领专家团队，打造方案上的优势。

（2）销售过程管理和销售支撑体系管理

重要。与快速成长市场中的销售过程管理和销售支撑管理内容相同。

小结 > 兵无常势，水无常形，本节针对三类市场：新进入市场、快速成长市场和成熟稳定市场，介绍了如何应用大客户管理、销售过程管理和销售支撑体系管理。

B2B 市场管理

在B2B业务中，与销售计划、预算、费用、推广和活动相关的管理，都属于市场管理。

如图2-49所示，B2B 市场管理由五部分组成：①销售计划管理；②市场预算管理；③费用管理；④市场活动执行管理；⑤市场活动评核管理。

图2-49　B2B市场管理

一、销售计划管理

如图2-50所示，销售计划管理分为摸底计划、考核计划、挑战计划和滚动计划四个部分。

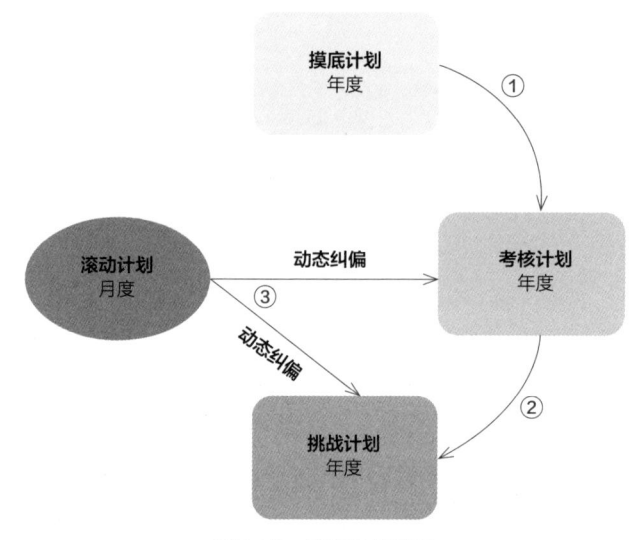

图2-50　销售计划管理

1. 摸底计划

如果销售指标是从上而下直接分派的，很容易在执行过程中出现巨大的偏差。所以在年底制定考核计划前，企业应先出一版摸底计划，从下而上了解一下销售人员对明年业绩的预估，一年制定一次。

1）为了节省销售时间，可以根据近几年数据先出一个底稿。

2）销售人员可单个或批量修改自己预测的销售额和销量。

3）重点客户必须每一条手动确认。

4）给出期限，到期后自动锁定。

2. 考核计划

考核计划就是下一年分配到每个销售人员的销售指标，一年制定一次。

1）参考摸底计划，同时根据市场环境、竞争态势及投资者要求等给出正式年度考核指标。

2）销售管理部门根据公司要求，结合摸底计划，分解指标，下达任务。

3）摸底计划复制转化成考核计划后，由销售相关人员做相应调整。

4）每天都生成当前考核计划汇总版，查看与公司要求之间的差异，并随时要求相关销售部门调整团队和个人销售指标，从而完成部门分解指标。

5）给出期限，到期后自动锁定。可以按板块、产品、大区等锁定修改。

3. 挑战计划

挑战计划是用来给销售建立更高标准，以及配备更高激励，用以促进销售超额完成任务的计划。

4. 滚动计划

滚动计划是每个月对未来三个月的数字进行预估，对考核计划进行纠偏的计划。

1）每个月初，销售人员可以修改未来3个月的滚动计划。

2）滚动计划修改需要审批。

3）滚动计划数据汇总后生成报表。商务部门聚焦产品变化，用来制订生产计划；销售管理层聚焦销售趋势和年度计划偏差。

二、市场预算管理

如图2-51所示，市场预算管理分为年度预算、月度预算和额度管控三部分：

1）年度预算根据年度考核计划生成。

2）考核计划变动，年度预算也要跟着调整。

3）年度预算要分解到月度预算，月度预算要随着考核计划的调整做动态调整。

4）预算颗粒度要尽量能到客户。

5）各级单位和员工申请费用时，要尽量能看到自己额度，以使资源分配公平。

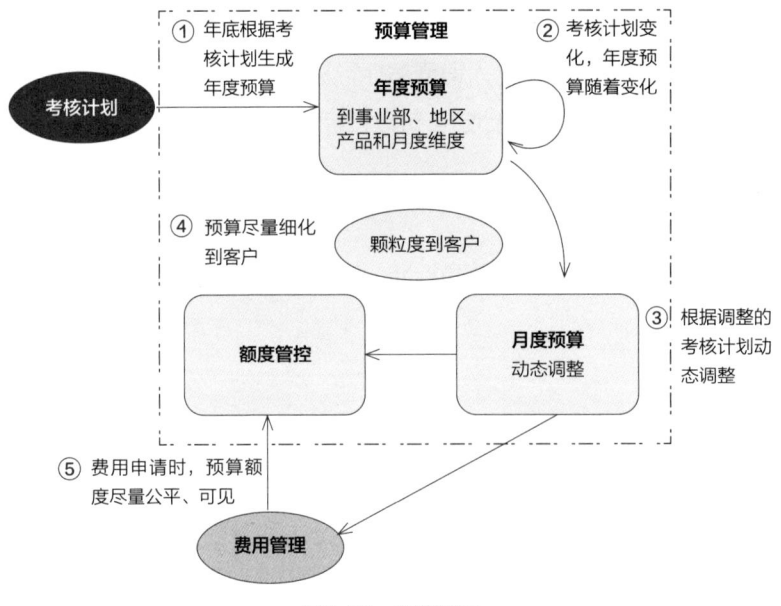

图2-51 预算管理

三、费用管理、市场活动管理和评核管理

如图2-52所示，费用管理、市场活动管理和评核管理三者紧密相关，形成闭环。

1）在费用申请中，列出每个活动，最好细化到客户，这样有利于以后的费效分析。

2）一旦费用申请通过，就可在活动管理中发现费用的所有相关活动，可激活活动、开展活动。

3）在活动中要补全活动相关信息，并与费用关联，这样就可以针对各个维度做费效分析。

4）所有相关数据会被抽取到评核系统做分析。评核分析可以从销量、费效、客户、关键人和员工五个维度进行分析。

5）相关评核报表能帮助指导和改进费用投放方向。

图2-52 费用、活动和评核管理

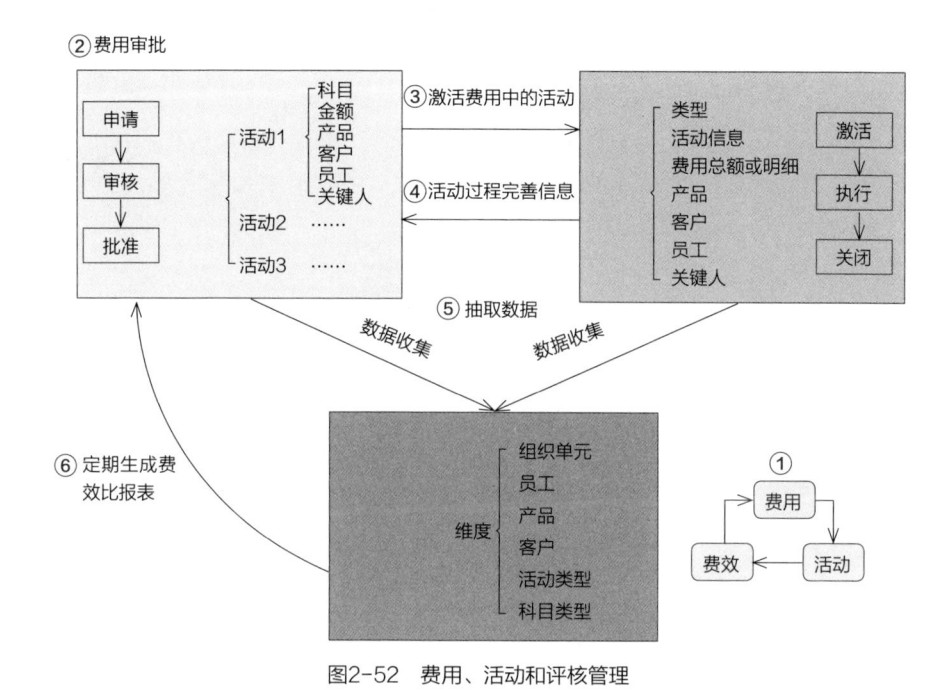

小结 > 本节介绍了B2B 市场管理的五个主要组成部分：①销售计划管理；②市场预算管理；③费用管理；④市场活动管理；⑤市场活动评核管理。

第 3 章
CRM3.0之服务数字化转型

B2C 基础服务创新

说到服务，人们一般会想到呼叫中心，但呼叫中心仅仅是服务的一个接入渠道，B2C服务范围要大很多。本节介绍如何实现B2C基础服务的创新。

如图3-1所示，B2C服务包括九个方面：①用户体验；②全渠道；③工单管理；④服务网络管理；⑤备件管理；⑥不良品管理；⑦质量管理；⑧技术支持和培训；⑨结算管理。

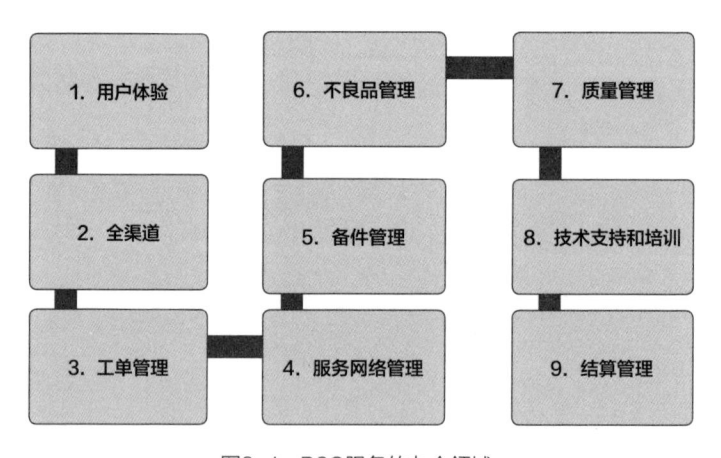

图3-1 B2C服务的九个领域

一、用户体验

服务最基本的使命是提升用户满意度，所以服务的一个领域是用户体验。

如图3-2所示，用户体验创新包含但不限于以下内容：

（1）社群和生态运营创新　在数字化时代，网状的多对多的用户交互取代

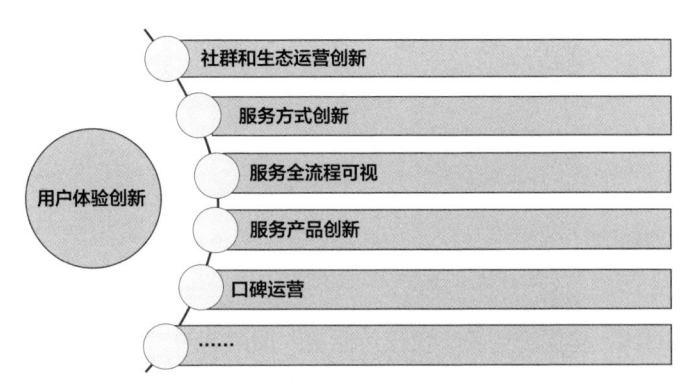

图3-2　用户体验创新

了线性的一对一的用户交互，通过内容运营用户社群和通过引入利益关联方及社会化资源来进行模式创新是一个不可逆转的大趋势。在后面章节"支撑服务数字化转型的六类创新"的"社群和生态运营创新"中有介绍。

（2）**服务方式创新**　服务不仅仅是销售的延续，而且也是销售的开始，所以服务的另一个重要目的是创造入口、形成黏度和产生信任。在后面章节"支撑服务数字化转型的六类创新"的"服务方式的创新"中有介绍。

（3）**服务全流程可视**　只有服务的过程对用户全程可视，才能使用户了解和放心，减少投诉；只有服务的过程对服务管理人员全程可视，才能在事中进行纠偏和调配资源，提升服务满意度。服务全流程可视可分解成很多关键点，不同行业都有自己独特需求，例如派单信息、预约信息、服务工程师位置信息、预估到达时间、改派信息等。

（4）**服务产品创新**　仅仅靠安装、维修等基础服务很难大幅度提升用户黏度，我们还需要增值服务、生态服务、知识和平台服务等更多服务产品创新。在后面章节"支撑服务数字化转型的六类创新"中的"赢利模式的创新"有相关介绍。

（5）**口碑运营**　需要完成从降低用户投诉率到运营用户口碑的转变。其主要区别是降低用户投诉率是被动的，以守为主，仅仅是满足用户最低诉求；用户口碑运营是主动的，尽其所能给用户创感动，让用户主动为我们产品和服务进行口碑传播。这也需要我们改变用户评价指标，比如从满意度指标（CSI）到用户净推荐值（NPS）指标。此外，我们可以从仅仅关注个体满意度过渡到聚焦整个小区的满意度，在后面章节"客户满意度的价值产出评估"的"CRM3.0之社区参照价值评估法"中有介绍。

二、全渠道创新

数字化时代，全渠道创新不仅仅包括接入渠道创新，也包括全媒体交互、机器学习和经验沉淀、语音和图像人工智能应用及物联网应用技术的赋能。

如图3-3所示，全渠道创新包含但不限于以下内容：

（1）触点整合　在数字化时代的今天，我们必须做到服务无处不在，用户可以通过手边的任何方式与企业沟通。除了客服中心外，还有生活触点，如汽车和家电大屏；应用需求触点，如企业各式各样的应用程序；社交需求触点，国内如微信、微博、短视频等，海外如脸书、推特、WhatsApp等；使用需求触点，如官网、说明书等。

（2）智能全媒体　使用各种多媒体和人工智能技术来提供服务，如智能应答、360度画像、远程解决、自动关怀、舆情监控等。

（3）机器学习和经验沉淀　现在客服中心的座席员或机器人，往往是做"二传手"，把客户的问题记录下来并转发给服务工程师去解决。这既降低了服务时

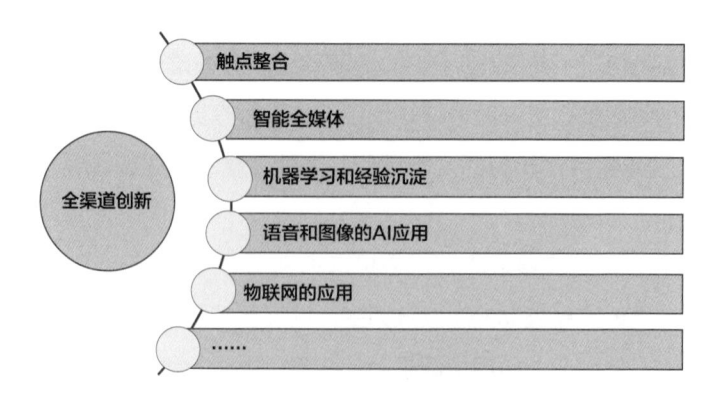

图3-3　全渠道创新

效和客户满意度，也给企业和用户增加了时间和金钱成本。所以我们需要在数字资产平台上通过机器学习来完成服务经验的积累，帮助服务工程师和机器人提升服务的一次解决率。

（4）语音和图像的人工智能应用　数字化时代，我们可以利用语音和图像技术极大地提升服务效率，例如通过图像识别技术代替人工自动完成服务工程师上传照片鉴别工作，通过语音机器人代替人工完成呼入安装和维修报单及呼出回访服务等。

（5）物联网的应用　通过物联网技术，针对产品提供自动检测、自动诊断、自动修复和自动反馈服务。

三、工单管理创新

工单是整个服务的主线，从接单、派单、服务工程师上门，到关单、回访和结算都是以工单为主线。所以工单管理创新对服务效率和提高用户满意度至关重要。

如图3-4所示，工单管理创新包含但不限于以下内容：

（1）智能派单　不少人认为把工单派给服务工程师是一件简单的事，但针对一家拥有上万甚至几万名服务工程师的企业，这个流程其实会非常复杂，需要

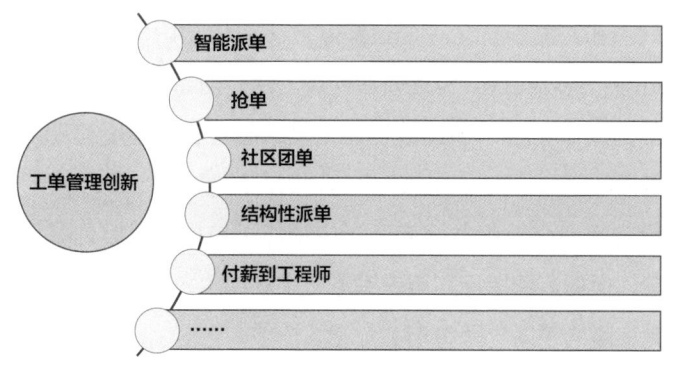

图3-4　工单管理创新

考虑距离、路线、技能、服务种类、安装维修时长等众多要素，而且需要针对每个服务工程师负责的产品、服务工程师对不同服务类型的技能的掌握、产品故障不同类型解决时长等建立不同的服务工程师个性化模型。目前还没有特别好的数字化工具能完美地解决该问题。所以服务部门会有大量服务调度员之类的角色，负责手动二次或多次派单。

（2）抢单　针对一些服务能力覆盖不足的地区，可以考虑采用像叫车或外卖软件一样的抢单模式。

（3）社区团单　针对社区，在上门服务前，可以采用拼单团购一样的团单模式，一次性尽可能多地完成社区用户服务需求。

（4）结构性派单　派单的规则会经常发生调整，CRM企业需要支持派单规则可配置化，可以根据产品、服务网点所具备的技能、服务网点所在区块、工单的不同来源、用户要求等众多维度进行配置。

（5）付薪到工程师　需要有能力直接把薪酬付给服务工程师，这样才能有效管理他们。但这样会涉及发票、第三方支付、分成比例、移动终端等众多问题。

四、服务网络管理创新

服务网络管理就是服务网点和服务工程师的管理，也就是服务资源和服务能力的管理。

如图3-5所示，服务网络管理创新包含但不限于以下内容：

（1）服务网点布局智能优化　通过数字化工具自动识别服务网络薄弱点和盲点，自动给出网点规划建议，包括新建网点、合并网点、取消网点等。

（2）服务能力动态监控　通过数字化工具动态查看目前所有地区服务能力指标，包括服务正常区域，大规模出现服务延时区域等。

（3）服务网点平台化　服务网点逐渐由聚焦工单执行过渡到聚焦整个地区的服务体系运营，根据运营指标和用户满意度来获得收入。在后面章节"服务商业模式和服务满意度的矛盾"里有相关介绍。

（4）社会化服务引入　社会化服务团队和人员的引入。需要数字化工具来

```
服务网络     ┌─ 服务网点布局智能优化
管理创新     ├─ 服务能力动态监控
            ├─ 服务网点平台化
            ├─ 社会化服务引入
            ├─ 服务工程师能力转型
            └─ ……
```

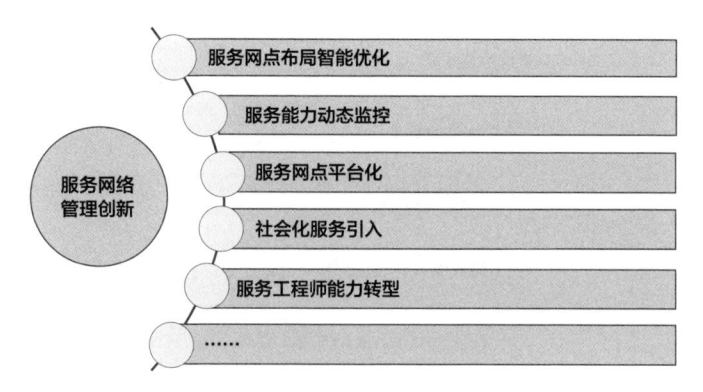

图3-5　服务网络管理创新

支持认证、派单、考核、结算等过程。

（5）服务工程师能力转型　服务人员由安装和维修工程师转变成产品管家，再到家庭管家，最终升级到生活导师。需要通过现场工程师定位的变化、现场工程师服务能力的升级和现场工程师考核的转变来完成这些转变。在后面章节"支撑服务数字化转型的六类创新"的"服务人员定位和能力的转型"中有相关介绍。

五、备件管理创新

备件管理主要是管理园区库、中心库、分拨库、网点库、服务工程师库等几级仓库和备件。

如图3-6所示，备件管理创新包含但不限于以下内容：

（1）备件智能预测　像中心库和园区库这样的大库，通过算法优化，备件命中率一般可以达到较高水平。针对服务网点这样的数据样本稀疏的仓库，并且服务网点一般不愿压很多资金去备货，命中率一般就不尽如人意了。服务工程师由于没带备件导致服务无法一次解决，而二次上门又是导致投诉的主要原因之一，这时就需要使用数字化工具，通过机器学习等能力，不断优化每个网点的备件命中率。

（2）订单智能匹配　当网点备件缺货时，企业需要通过数字化工具在整个备件网络里，包括周边的服务网点库里去查找，给出成本和时间最优方案，锁定

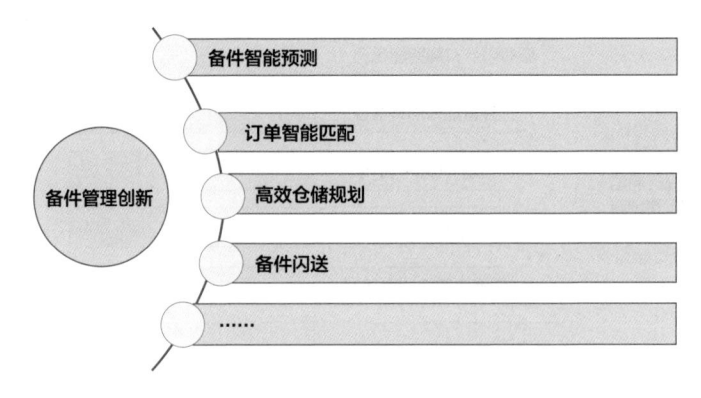

```
备件管理创新
  ├─ 备件智能预测
  ├─ 订单智能匹配
  ├─ 高效仓储规划
  ├─ 备件闪送
  └─ ……
```

图3-6 备件管理创新

备件，而不是从下级库至上级库一级级线性查找和锁定。

（3）高效仓储规划　通过数字化工具合理规划仓库和库位布局及货品摆放，从而使入库、出库和拣货效率最高。

（4）备件闪送　当服务工程师上门发现没带备件时，通过数字化工具发现周边可用备件（包括周边服务工程师、流动备件库等），并闪送至现场，从而有效降低二次上门率。

六、不良品管理创新

不良品管理主要包括退换货和样品机的管理。

如图3-7所示，不良品管理创新包含但不限于以下内容：

（1）智能退换货　在退换货过程中，通过数字化工具，帮助用户在最短时间内完成整个过程。

（2）专修最佳配送路径　有些地区由于不良品的维修能力欠缺和不良品库的仓储能力不足，导致不良品爆仓而受到损失。企业可以通过数字化工具调节不良品发送节奏和发送目的地，有效降低不良品的爆仓率。

（3）专修站点规划　通过数字化工具，自动发现不良品专修能力的薄弱区域，规划新的专修站点。

（4）样品机及性能机二次销售　在合法合规、不影响正品销售的前提下，

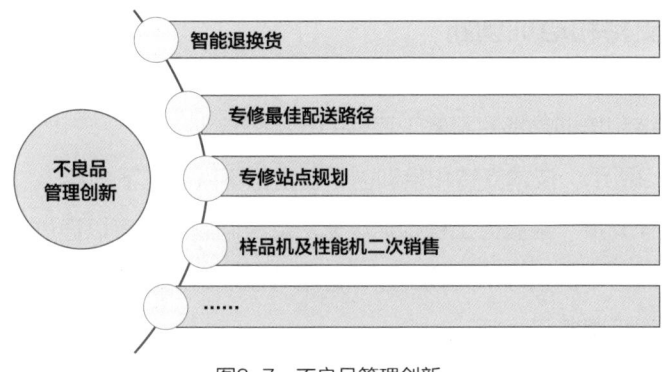

图3-7 不良品管理创新

通过模式和分配机制创新，进行样品机和性能机的有效销售。

七、质量管理创新

质量管理是指产品质量的分析、定位、追责和改进。

如图3-8所示，质量管理创新包含但不限于以下内容：

（1）多树合一　通过数字化工具，将诊断树、质改树、故障逻辑树等树合成一个简化树。通过简化树的内容，使服务工程师通过手机也能快速定位故障原因，高效选择维修措施和关单。

（2）质量到人　通过数字化工具可以迅速定位引起该产品故障的工位号和操作工号，以及型号设计人员。

图3-8 质量管理创新

八、技术支持和培训创新

技术支持和培训是指对服务工程师的支持和培训。

如图3-9所示，技术支持和培训创新包含但不限于以下内容：

专家远程支持 当服务工程师现场无法解决问题时，可以通过远程视频等数字化工具在后台专家辅导下完成工作。甚至可以通过混合现实眼镜，后台专家手把手地指导现场服务工程师。

沉浸式培训 在培训过程中，通过一些虚拟现实或混合现实技术，使服务工程师身临其境，模拟实操。甚至可以通过元宇宙等方式，给服务工程师提供培训。

图3-9 技术支持和培训创新

九、结算管理创新

结算管理就是厂商和服务网点或服务工程师费用结算。

如图3-10所示，结算管理创新包含但不限于以下内容：

（1）**智能查假** 企业通过人工智能工具、大数据、图像识别等对提交的关闭工单查假，大大提升工单查假的效率和准确性。

（2）**结构化结算** 厂商和服务商之间的结算有时非常复杂，结算方案根据服务商级别、产品类型、维修安装种类、当前激励措施、上门距离、服务评价等

图3-10　结算管理创新

众多因素来生成，而且这些评判要素和付费标准经常变化。所以需要使用数字化工具，它可以支持动态配置结算规则。

小结 > 本节介绍了B2C基础服务创新的九个方面：①用户体验；②全渠道；③工单管理；④服务网络管理；⑤备件管理；⑥不良品管理；⑦质量管理；⑧技术支持和培训；⑨结算管理。

转型破局，再造添翼

⌄

本节聚焦于如何定位和规划服务数字化转型，将介绍六个方面的内容：①服务数字化转型成为当务之急；②解放思想，重新定位服务；③服务数字化涉及的层面；④服务数字化定位：创新还是转型；⑤服务数字化转型的规划方法（RMB-PT）；⑥支撑服务数字化转型的六类创新。

一、服务数字化转型成为当务之急

服务数字化转型推手如图3-11所示。

（1）用户购买习惯的变化　过去的用户更偏重于产品的质量，现在的用户更偏重于产品使用场景中的体验，也就是与用户交互的距离、频度和温度对用户

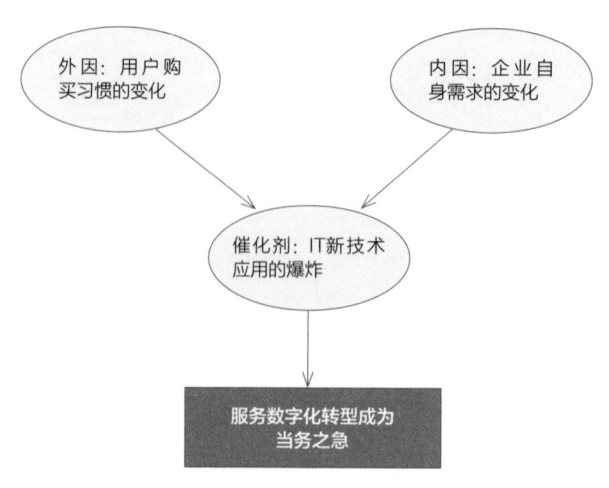

图3-11　服务数字化转型推手

满意度、口碑传播和多次购买产品造成了极大的影响。而传统制造业与用户交互的触点往往就集中在服务环节。

（2）企业自身需求的变化

（1）面对市场的饱和，跨界的竞争，产品同质化，利润率不断下降，以及消费者需求日益严苛等难题，重生产轻服务的模式将难以维持。企业必须从产品驱动型变成用户需求驱动型，必须实现三个转变：①由一次性收入到用户生命周期持续性收入；②由片面了解用户到全面了解用户；③由与用户简单交互到深入高频互动。服务成了所有这些转变最好的抓手。

（2）现在企业的估值不仅仅受到销售额和利润的影响，数字化技术的融合，与用户的黏度和交互的频度，以及生态体系的建立等很多因素都影响了对企业的评判和估值。对很多企业来说，数字化和生态体系的建立最好的抓手是在服务环节。因为这部分最容易提升用户体验，培养多次购买习惯，并通过流量形成企业自己的生态系统。

（3）数字化技术应用的爆炸　随着移动工具、物联网、大数据、人工智能、社交工具、地图、人脸识别、云计算、边缘计算、混合现实、区块链等技术的普及和推广，通过数字化技术打造新的服务模式成为可能。

二、解放思想，重新定位服务

几十年来我们一直认为不需要服务就是最好的服务（产品质量好），或者准时上门、限时完成、一次就好，创造感动等是最好的服务。

"鸡蛋从内打破，是新生；从外打破，是抛弃。"在数字化的今天，我们必须解放思想，重新定义什么是好服务。我认为，数字化时代最好的服务像水、空气和阳光一样，但你天天在用，摆脱不开，即用户对服务形成一种习惯。好服务具备三大特征：

（1）服务无处不在。

（2）服务按你所需。

（3）服务潜移默化。

如图3-12所示，数字化时代服务将由1人、1站、多屏、2网组成。

（1）1人　服务管家，就是创客，自驱动、演进和自赢利；

（2）1站　微站，就是用户和管家的社群互动平台；

（3）多屏　多屏就是信息交互的界面，以便做到服务无处不在，包括手机、电视、车载屏、家电屏、电脑屏等；

（4）2网　2网就是信息传输的载体，即物联网和移动互联网。

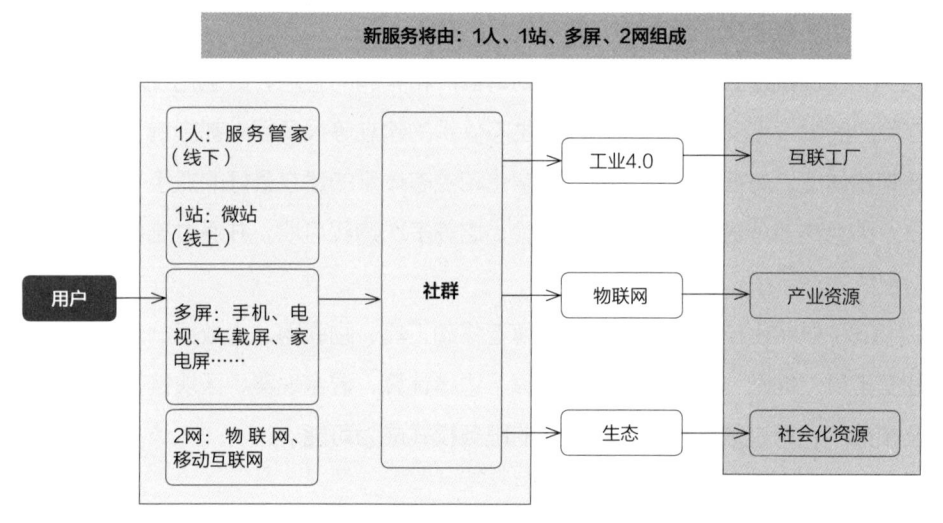

图3-12　数字化时代的好服务

三、服务数字化涉及的层面

很多企业一说到数字化转型，首先想到的是数字化技术。服务数字化转型绝不仅仅是数字化技术的引入。仅仅使用了新的数字化技术，可以认为是数字化赋能，但算不上数字化转型。

如图3-13所示，企业要做服务数字化转型，需要考虑以下问题：

（1）企业要事先考虑清楚要做服务数字化转型，还是要做服务数字化创新。如果要做服务数字化转型，企业最高层需要从企业定位上和企业战略上规划设计

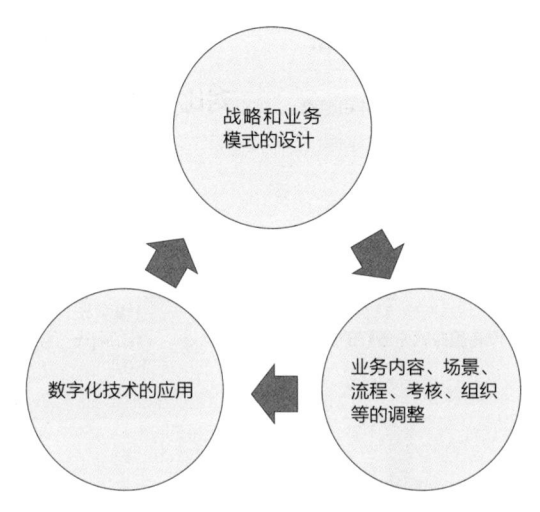

图3-13 服务数字化转型涉及的层面

服务数字化转型。

（2）然后进行模式设计，如业务模式、赢利模式和运营模式等。之后为了支撑模式，再进行各类创新和引爆的设计，再往下是组织、岗位、考核、场景、流程等的设计。可以采用之后会介绍的RMB-PT方法。

（3）在设计里流程时，企业要考虑如何通过新的数字化技术赋能和驱动。

（4）要想实现服务数字化转型，在原有传统的企业架构中会遇到重重阻力，需要企业有魄力和决心建立驱动数字化转型的自演进组织。

四、服务数字化定位：创新还是转型

在服务数字化转型过程中，每家企业的起点和现状不一样，每家企业的诉求也不一样，所以企业可以根据自己的情况，选择去做全面彻底的服务数字化转型；还是聚焦在某一点，做局部的提升和改善，即做数字化创新。

如图3-14所示，企业对服务的不同定位，决定了服务数字化的不同方向、策略和实现路径。这没有对错之分，只是企业最高层对服务未来定位的不同而已。

	服务数字化创新		服务数字化转型
定位	服务是销售的延伸和附庸	对比	服务是销售的开始,构建服务驱动型企业
目标	没有服务就是最好的服务		上善若水,最好的服务像水、空气和阳光一样,天天在用,产生依赖
路径	建议做流程优化和新数字化技术应用类的服务数字化创新		建议从业务模式和六大类创新顶层设计开始规划服务数字化转型

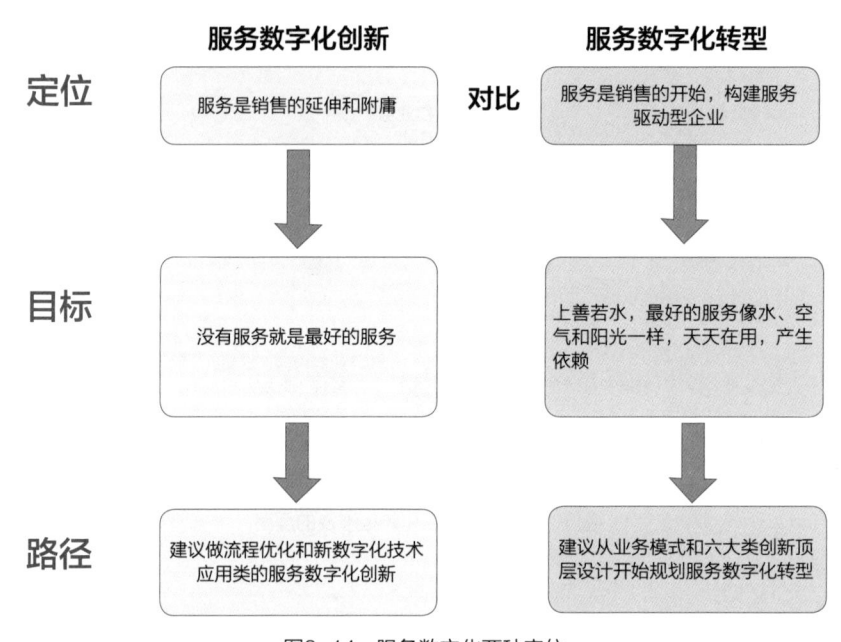

图3-14 服务数字化两种定位

五、服务数字化转型规划方法(RMB-PT)

如图3-15所示,如果企业下决心要做服务数字化转型,即想从战略和业务模式上进行服务数字化变革,可以使用RMB-TP模型,通过这个模型去规划落地策略和步骤。

步骤1 首先要对行业方向和竞争对手进行分析和洞察。企业可以找标杆企业学习,但不必完全模仿。因为每个企业都有自己的基因,很难仿效其他企业的成功,企业真正要思考的是如何做最好的自己。其次要看看自身的资源情况,看看企业最大的优势和可以利用的资源是什么。模式设计最重要的一点是根据企业自身的资源和特点,设计出具有本企业特色的服务数字化转型之路。

步骤2 根据市场洞察和自身资源的情况,设计适合企业自身特点的服务数字化转型的模式。这会涉及六个方面:①服务方式的创新;②赢利模式的创新;③服务人员定位和能力的转型;④服务支撑体系的创新;⑤社群和生态运营创

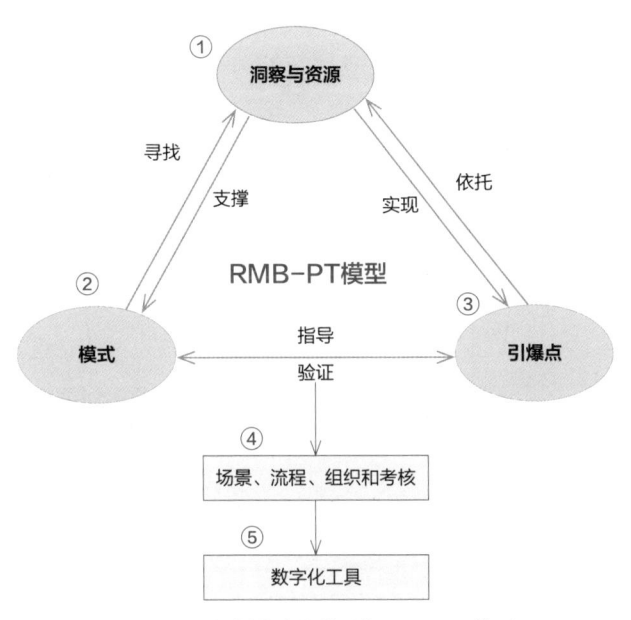

图3-15 规划数字化转型的RMB-PT模型

新;⑥数字化工具创新。

步骤3 在服务数字化转型中,企业需要设定短期目标。即在半年和一年内我们可以在哪些业务上取得可以量化的提升,并与企业最高层针对短期目标和考核指标达成共识。

步骤4:在模式和引爆点确定后,企业通过优化或再造场景、流程、组织、岗位和考核等要素,来确保模式和引爆的业务指标落地。

步骤5:最后,通过目前数字化技术,开发相应的工具,加快推进服务数字化转型落地。

六、支撑服务数字化转型的六类创新

如图3-16所示,企业服务数字化转型可以从以下六个方面去考虑:①服务方式的创新;②赢利模式的创新;③服务人员定位和能力的转型;④服务支撑体系的创新;⑤社群和生态运营创新;⑥数字化工具创新。

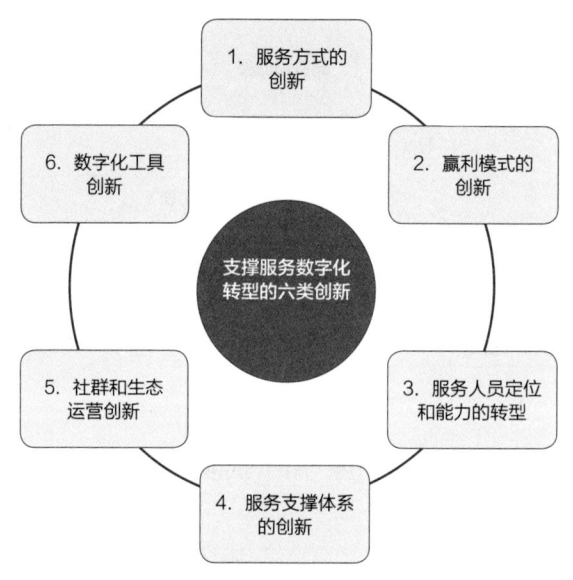

图3-16 支撑服务数字化转型的六类创新

小结 > 本节内容主要针对要做服务数字化转型的企业，包括：①服务数字化转型成为当务之急；②解放思想，重新定位服务；③服务数字化转型涉及的层面；④服务数字化定位：创新还是转型；⑤服务数字化转型规划方法（RMB-PT）；⑥支撑服务数字化转型的六类创新。

支撑服务数字化转型的六类创新

在上节中说到,如果企业想从战略和业务模式创新的角度去规划服务数字化转型,为了支撑转型的模式设计,CRM企业就需要考虑做六类创新:①服务方式的创新;②赢利模式的创新;③服务支撑体系的创新;④服务人员定位和能力的转型;⑤社群和生态运营创新;⑥数字化工具创新。

本节主要介绍这六类创新如何实施。

一、服务方式的创新

如图3-17所示,服务方式的创新一般需要经过五个阶段:

1. 改变服务定位

这点需要理念上的改变,某种意义上来说,是要具备互联网思维。服务不是

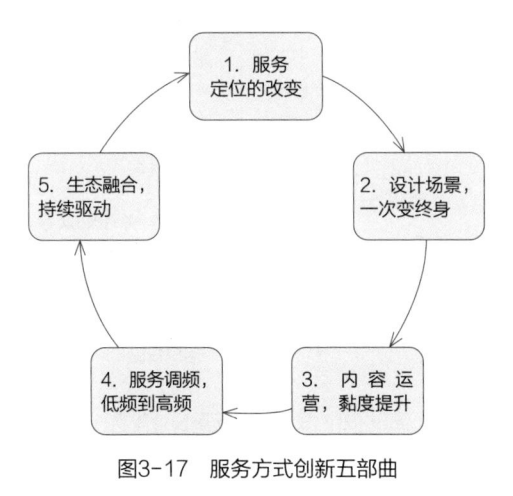

图3-17 服务方式创新五部曲

终点，不仅仅是通过安装和维修使产品可用，而是持续销售的起点。服务的重要使命是：①创造入口；②形成黏度；③产生信任。

2. 设计场景，一次变终身

设计服务场景，通过服务触点，把一次性服务转变成长久交互的渠道。由于各个行业服务的内容和流程不一样，场景很难有统一规划和设计。下面以上门维修服务作为一个场景设计的案例。

如图3-18，在设计服务场景时，为了能达到预期效果，需要关注以下几点：

（1）数字化工具　为了不影响用户体验，需要用户通过手机完成绑定管家和建立持久关联两个操作，以便建立持久的用户交互通道和提供管家服务。所以用户端不建议采用应用程序，可以优先考虑微信公众号和小程序。

（2）关注用户体验　不要为了绑定而绑定，一定要将这一过程融合在服务场景中，让用户感觉到他所做的所有操作都是为了提升他的体验。例如，企业可以利用用户评价、用户查看服务内容等环节，做到无缝绑定和对接。

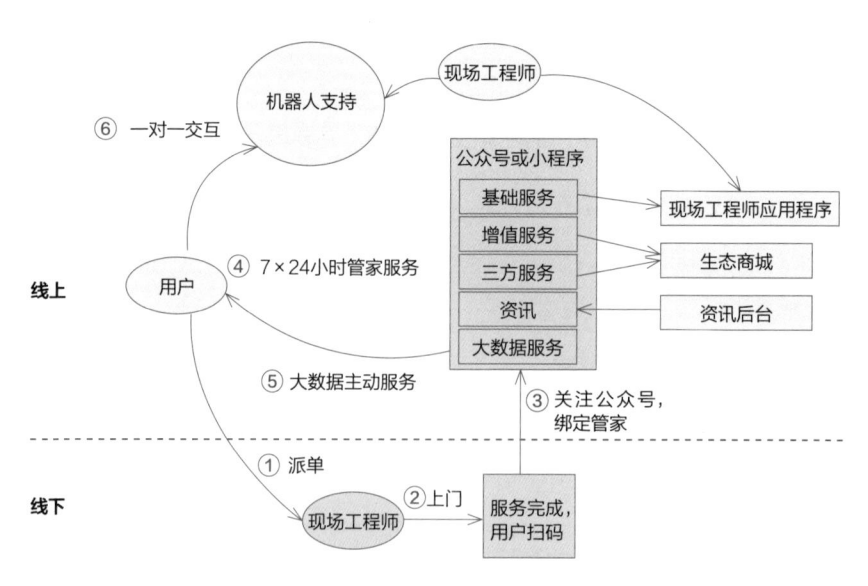

图3-18　服务触点场景设计举例

（3）与现场工程师共赢　再简单的绑定过程也会耽误现场工程师的时间，企业一定要设计好利益分配机制，让现场工程师获益，这点至关重要。

（4）引入新数字化技术　例如，引入机器人和人工座席等来接管线上用户服务，采用数据人工智能等技术建立主动服务模型等。这样就可以极大地提升交互效率，降低交互成本，做到服务无处不在。

3. 持续的内容和活动运营，提升用户黏度

通过上一步建立了稳定的用户互动通道后，企业需要进行持续稳定的内容和活动运营，这样才可能逐渐建立用户的信任。信任是交互增值的基石，所以在内容运营上，我们需要在人员和资金上有足够的保证。在"社群和生态运营创新"中会介绍如何整合触点、引爆社群和并联生态。

4. 服务调频：把低频服务转换成高频服务

大部分企业的服务是低频的服务，几个月甚至几年才需要一次服务。由于产品本身的特性，不管我们如何设计基于产品的增值服务，也不可能变成像餐饮或社交一样的高频需求。低频服务限制了现场工程师对用户需求的深入了解，也不利于用户对现场工程师产生强依赖和信任。

所以我们可以变换一下思路，服务对象由1个用户变成1个小区。中国14亿人口分布在30万~50万个小区和约70万个村子中，服务针对个人是低频的，但针对小区是高频的。针对小区为单位的服务具有以下特征：

（1）需求一致性　同一小区的居民收入水平、居家环境等都比较一致，所以往往会选择相似的产品和服务。

（2）传播快捷性　同一小区都有自己业主群、二手物品群、兴趣群等，所以相关产品和服务极易产生口碑传播。

（3）服务便利性　现场工程师在同一小区持续服务的成本是最低的，服务也是最快捷的。

（4）产出最大性　成千上万人的小区能产出的服务需求是巨大和持续的，足以让现场工程师全心去经营。

我们没有能力去精耕细作14亿用户中的每一个人，但我们有能力去精耕细作30万～50万个小区中的每一个小区。我们可以把小区作为基础单元，我们的目标不是每个用户都满意，而是每个小区都整体满意。我们可以建立以小区为中心的服务和考核的新模式。图3-19展示的是对以小区为中心高频交互模式设计的建议。更多内容见下节"引C端用户之水浇灌B端之万物"。

社区服务小程序

① 组成：为全国30万～50万个小区分别建30万～50万个小区实体
② 显示与该小区相关的服务内容、服务人员、互动和活动等
  互动：小区用户可以提出任何与服务相关的问题，现场工程师或客服会在线回答。用户也可晒出服务照片等
  服务：小区用户可以选择各类服务，也可以根据现场工程师的评价，直接选择派单给该现场工程师
  现场工程师：显示该小区的所有现场工程师，用户可以为他们打分。并可以按工程师为小区服务质量和数量综合排序
  通知：服务人员上小区服务、最新活动等都会以消息模板形式通知小区中的每个用户
  优惠：根据小区的评级、业务量、地理位置等给出不同优惠，千区千面
  考核：以小区为基本单位考核，如千户服务量、千户投诉量、同比数据、环比数据等

现场工程师

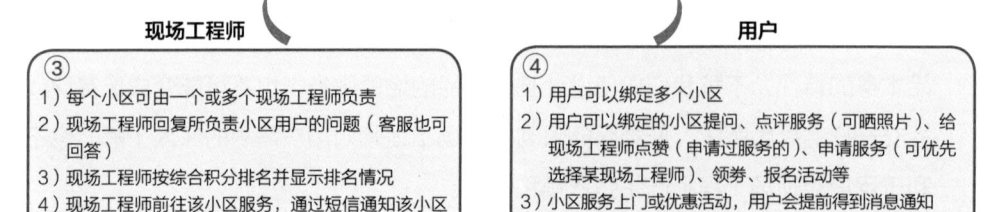

③
1）每个小区可由一个或多个现场工程师负责
2）现场工程师回复所负责小区用户的问题（客服也可回答）
3）现场工程师按综合积分排名并显示排名情况
4）现场工程师前往该小区服务，通过短信通知该小区用户，用户可以下单接续排期

用户

④
1）用户可以绑定多个小区
2）用户可以绑定的小区提问、点评服务（可晒照片）、给现场工程师点赞（申请过服务的）、申请服务（可优先选择某现场工程师）、领券、报名活动等
3）小区服务上门或优惠活动，用户会提前得到消息通知
4）用户积极参与小区活动或点评服务，可获得优惠券

图3-19　对以小区为中心的高频交互模式设计的建议

5. 生态融合，持续驱动　通过流量和需求的持续导入，与线下和线上生态融合，企业可以形成新的赢利模式，为服务数字化转型提供持续支撑力和驱动力。

图3-20展现了企业可以如何通过服务触点建立社群运营，与物联网信息对接，促进交互增值，同时与线下店协同，促进产品销售的闭环。具体方式在下节"引C端用户之水浇灌B端之万物"中做详细介绍。

在第5步交互增值中，企业将完成由成本中心向利润中心的转化。接下来将介绍企业如何做赢利模式的创新。

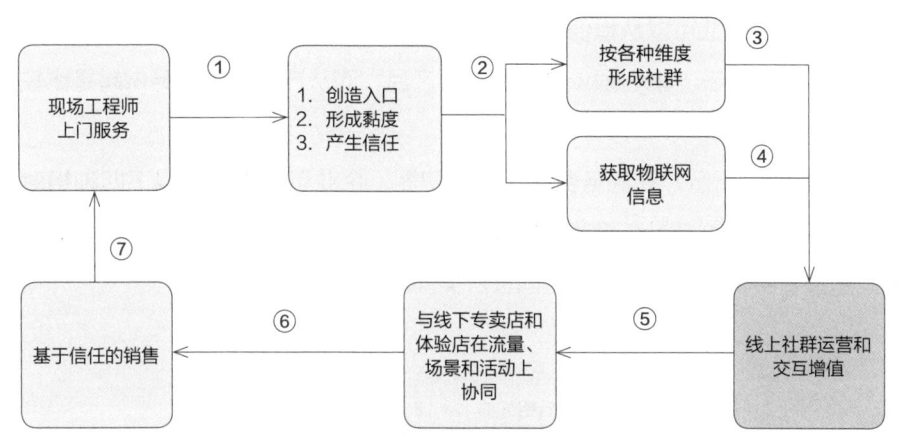

图3-20　生态融合、持续驱动示例

二、赢利模式的创新

服务如何从成本中心转变成利润中心这个话题已经经历了漫长的讨论，但能成功的少之又少。数字化技术为加速服务利润化提供了强有力的支撑。

如图3-21，基础服务往往是保内服务，对企业来说是成本。知识和平台服务利润很高，但难度很大，需要投入巨大的建设费用，还要躲开互联网巨头的碾压。

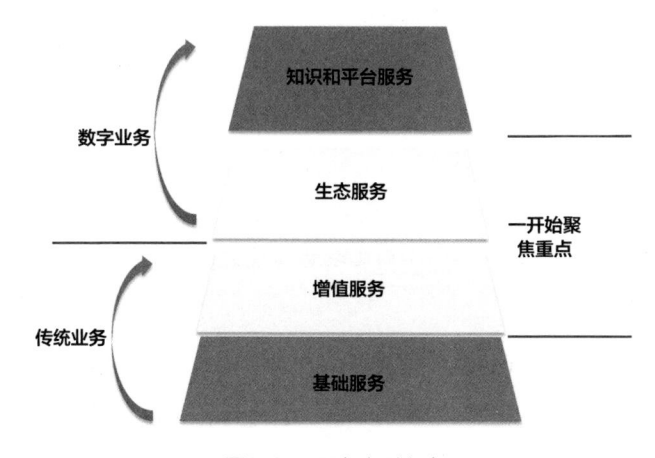

图3-21　服务赢利方式

所以传统企业可以从增值服务和简单生态服务做起。如果想快速取得突破，做到业内排名前三，就必须依靠自己核心产品，而从产品增值服务做起是比较容易成功的。

如图3-22所示，在服务数字化转型初期，企业可以选择从以下四种相对容易的业务入手：①产品在服务社群销售；②产品相关的增值服务；③服务能力释放，承接社会化服务；④承接定向推广类简单生态服务。

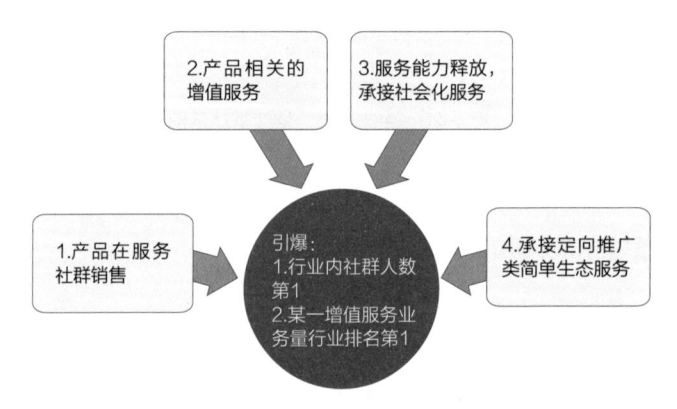

图3-22　服务赢利方式的选择

每家企业所处的行业和自身发展阶段不一样，每家企业的诉求也不一样，所以选择四类业务中的什么业务，以及每类业务中选择什么内容，需要具体分析。但有一点是肯定的，企业必须在短期（1~2年）取得可量化业绩，比如行业内社群人数第一名或某个增值服务领域业务量行业排名第一等。

三、服务支撑体系的创新

服务数字化转型失败一个原因是服务支撑体系的不支持，即组织架构不支持服务数字化转型。

在传统企业内部做战略性和模式性服务数字化转型非常困难，因为传统企业内部的理念和管理机制就像防御系统一样，会排斥和驱逐这种转型。我们可以把服务数字化转型看成一场新的创业，企业做得越多越深入，对企业内部产生的影响就越大，暴露的问题也越多，受到的阻力和非议也越大。所以要想服务数字化转型成功，企业必须将其孕育在合适的土壤和环境中。

图3-23是企业服务数字化转型的组织架构示例。核心有两点：

（1）建立新的服务增值公司或部门，定位于利润中心，包括产品增值部、社群运营部、生态合作部、市场推广部等以收入和用户体验为主责的部门。赋予新公司经营权、人事权和分配权，使其自驱动、自组织、自赢利和自演进。

（2）省级的服务组织采取双向汇报，既要向原服务平台汇报，也要向新服务增值公司汇报，以便使新服务增值公司或部门在启动时有能力使用原有企业的服务资源。

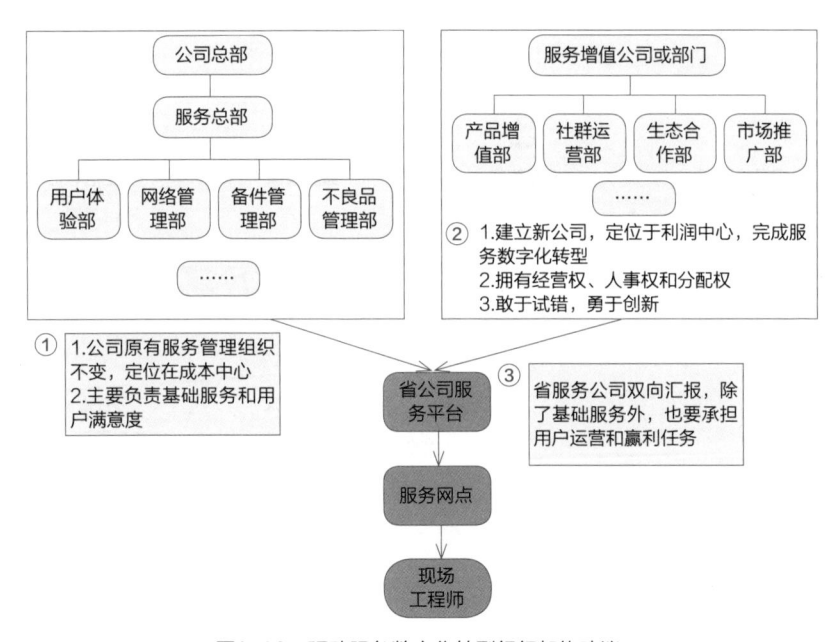

图3-23 驱动服务数字化转型组织架构建议

四、服务人员定位和能力的转型

企业原有的现场服务工程师基本具备对企业已有产品的安装和维修能力，但如果我们想做交互增值和生态收入，这些能力就远远不够了。销售技巧、沟通能力和社群推广能力是现场工程师必须要掌握的。这就要求现场工程师的定位和能力发生一定的转变。所以我们将面临三个问题：①现场工程师定位的变化；②现场工程师服务能力的升级；③现场工程师考核的转变。

如图3-24所示，现场工程师需要逐渐完成从目前的现场工程师到产品管家，到家庭管家，再到生活导师的转变，也就是咨询领域总说的从做客户的学徒，到助手，到朋友，再到导师的转变。我们不要求每个现场服务工程师都能够提升到后面几个阶段，只要其中一定比例的人员能转型成功即可。另外，我们可以从社会上招募一部分精英团队，从而快速完成服务团队的转型过程。

如图3-25所示，现场工程师团队可以通过四个途径逐步完成服务能力的提升，以满足转型要求：①引入新人，构建精英团队；②建立如保险公司一样强大

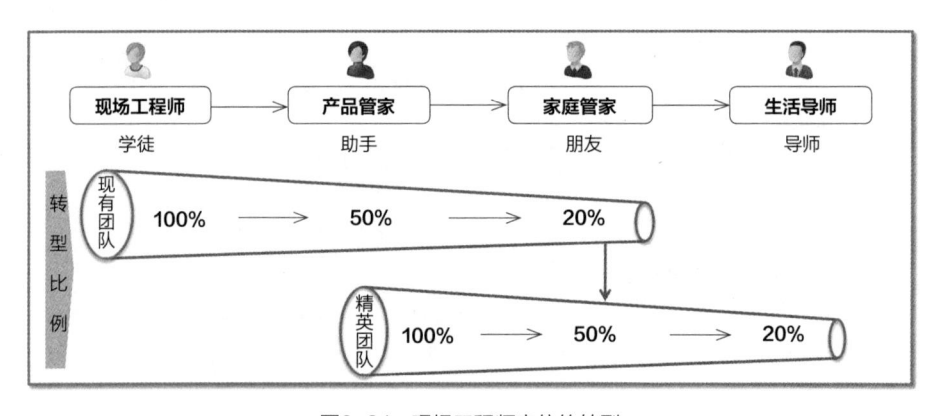

图3-24　现场工程师定位的转型

图3-25　现场工程师服务能力提升途径

的赋能机制和培训团队；③通过职业发展途径引导现场工程师自我提升；④改变考核方式，通过考核这个指挥棒引导现场工程师转型。

如图3-26所示，通过考核这个指挥棒，我们要逐渐引导现场工程师把精力从一次性服务转到永续经营上，考核方式也从只关注服务满意度，升级到社群活跃度，再升级到用户终身价值。

图3-26　现场工程师考核重心的转变

五、社群和生态运营创新

社群和生态运营创新一般通过三步实现：①整合触点；②引爆社群；③并联生态。

1. 整合触点

有的企业可以整合的触点多达数百个，而且跨越很多部门，所以建议企业开发接口应用包，给各类触点提供标准接口，触点通过调用接口可以直接被整合进来。

图3-27介绍了需要整合的五类服务触点。

1）生活场景：产品大屏和语音触点。

2）使用场景：官网、说明书、电器上面的二维码触点。

3）社交场景：公众号、微博等社会化媒体触点。

4）服务场景：呼叫中心。

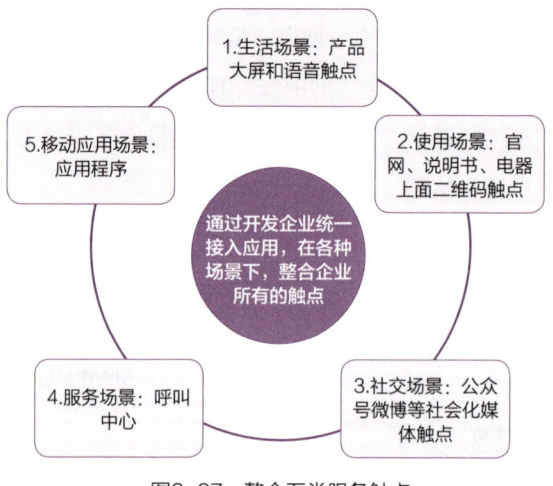

图3-27　整合五类服务触点

5）移动应用场景：应用程序等移动应用。

2. 引爆社群

如图3-28介绍了引爆社群的一种方法，即通过服务代言人，让产品在社交网络快速传播。当然，使用这种方法也需要内容运营、激励机制和任务管理等落地措施。更多内容见下节"引C端用户之水浇灌B端之万物"。

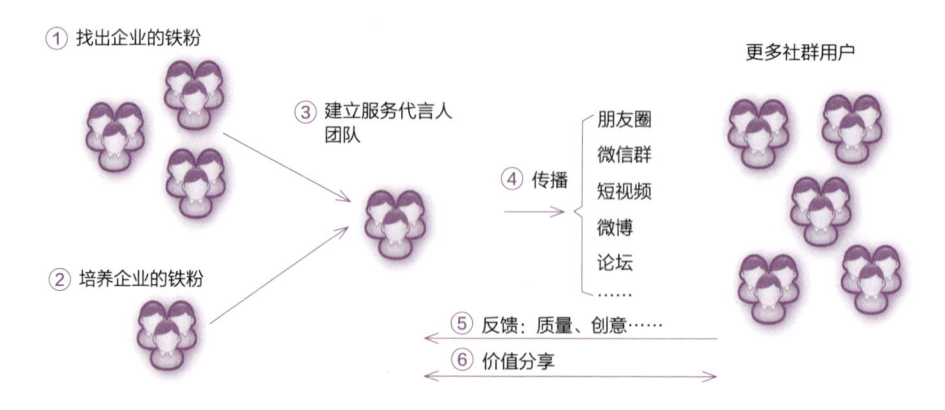

图3-28　服务社群引爆

3. 并联生态

如图3-29所示，要想构建并联服务生态，需要构建新的机制（服务机制、第三方资源机制、考核机制、超值分享机制和终端培训机制）和新的资源（团队资源、信息技术资源、运营资源、产业资源和生态品牌资源）。更多内容见下节"引C端用户之水浇灌B端之万物"。

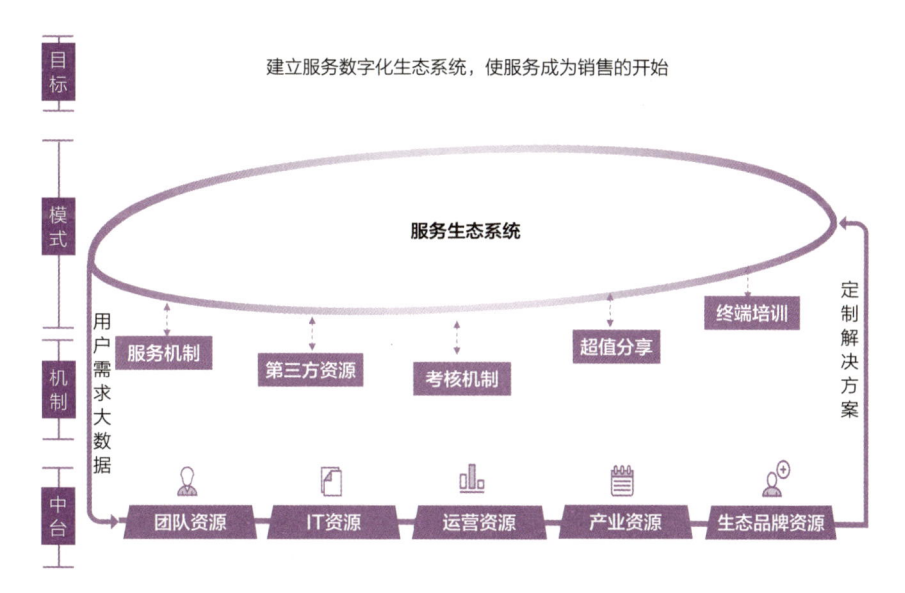

图3-29　并联服务生态

六、数字化工具创新

如图3-30，服务数字化平台一般由四部分组成。

1. 服务人员创客平台

就是前面章节"数字化时代CRM产品创新"中的CRM智能终端。主要帮助服务人员实现3个转变：1. 中心化->去中心化，2. 被动接单->主动创业，3. 卖货赚提成->经营用户赚佣金。该平台是现场工程师的工作平台、学习平台和创业平台。

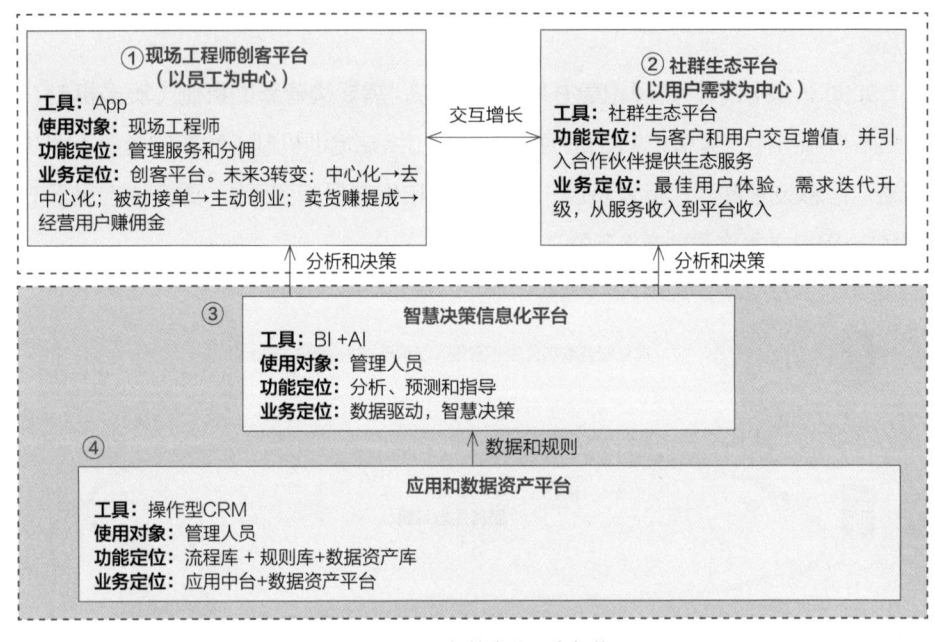

```
┌─────────────────────────────────────────────────────────────────────┐
│  ① 现场工程师创客平台            ② 社群生态平台                      │
│    （以员工为中心）                （以用户需求为中心）              │
│  工具：App                  交互增长  工具：社群生态平台             │
│  使用对象：现场工程师      ←─────→  功能定位：与客户和用户交互增值，并引│
│  功能定位：管理服务和分佣           入合作伙伴提供生态服务          │
│  业务定位：创客平台。未来3转变：中心化→去 业务定位：最佳用户体验，需求迭代升│
│  中心化；被动接单→主动创业；卖货赚提成→   级，从服务收入到平台收入    │
│  经营用户赚佣金                                                      │
└─────────────────────────────────────────────────────────────────────┘
         ↑ 分析和决策                        ↑ 分析和决策
┌─────────────────────────────────────────────────────────────────────┐
│  ③              智慧决策信息化平台                                   │
│         工具：BI +AI                                                │
│         使用对象：管理人员                                           │
│         功能定位：分析、预测和指导                                   │
│         业务定位：数据驱动，智慧决策                                 │
│                          ↑ 数据和规则                                │
│  ④              应用和数据资产平台                                   │
│         工具：操作型CRM                                             │
│         使用对象：管理人员                                           │
│         功能定位：流程库 + 规则库+数据资产库                         │
│         业务定位：应用中台+数据资产平台                              │
└─────────────────────────────────────────────────────────────────────┘
```

图3-30　服务数字化平台架构

2. 社群生态平台

就是前面章节"数字化时代CRM产品创新"中的CRM共创共赢平台。是现场工程师、客户、用户和生态合作伙伴交互增值的平台。该平台主要用来达成最佳用户体验、需求迭代升级和交互增值。

3. 服务数字化云平台

就是前面章节"数字化时代CRM产品创新"中的CRM智慧大脑。利用机器学和人工智能所获得的经验，通过七大指挥中枢，对所有服务相关事项进行预测、决策和指挥。

4. 应用和数据资产平台

就是前面章节"数字化时代CRM产品创新"中的CRM应用中台和CRM数据资产平台。完成服务过程中各种能力的输出和流程的管理，以及各种经验的积累和应用。

数字化平台需要应用各种数字化技术，下面举例介绍一下新的IT技术是如何推动服务数字化创新的：

（1）**物联网** 在产品上安装传感设备，基于物联网的智能服务，做自动检测、自动诊断、自动反馈。

（2）**移动应用** 可以自动记录现场工程师工作轨迹，可以通过移动设备在距离用户家几百米范围内自动打卡等。

（3）**地图** 高德地图、百度地图等可以用作现场工程师移动端，要是后台应用，比如给服务网点分派负责的区块，可能要使用企业地图服务。

（4）**数据人工智能** 在制造业，数据AI应用一直是个盲点，ERP和其他专业性软件在预测的准确性和易用性上都相差很远。在服务领域的备件预测，在供应链领域的排产规划和产能标定，以及在市场领域的营销预测方面，都需要大量数据AI应用。

（5）**云服务** 很多产业服务存在淡季和旺季，所以服务数字化系统是尖峰应用，即旺季的业务量是平时的几倍甚至几十倍，所以他需要即需即供的云服务，这样可以大大节省成本和提升效能。

（6）**人脸识别** 现场工程师上门人单不符的现象比较普遍，很大地影响了用户体验和服务质量。企业可以通过人脸识别等技术，确保上门服务的工程师就是被派单的工程师。

新时代，新服务。新的一代逐渐成为消费的主力，他们更重视体验和感受，对服务和购买的要求也不一样。时代在变，服务也需要与时俱进，服务数字化转型是企业迟早要面对的一关。服务数字化转型说难也难，说不难也不难，主要看企业决策者的决心和魄力，只要做好三件事就能成功：①走对路；②选对人；③分好钱。

小结 > 本节介绍了支撑服务数字化转型的六类创新：①服务方式的创新；②赢利模式的创新；③服务支撑体系的创新；④服务人员定位和能力的转型；⑤社群和生态运营创新；⑥数字化工具创新。

引 C 端用户之水浇灌 B 端之万物

本节将会介绍一个服务数字化转型的应用。由于社交软件和新零售的崛起，近些年来，国内对C端的软件应用已经到了极致。但对于B端的软件应用，如ERP、CRM、PLM等，数字化创新和转型的步伐并不大，而且始终没能与C端打通。从2018年开始，市场开始聚焦B端应用，阿里巴巴、腾讯等企业巨头，以及高瓴等资本巨头都在布局B端应用市场，今后十年会是B端应用的"黄金十年"。

无数人在思考如何依靠C端的能力和流量赋能B端应用，从而使企业"弯道超车"，迅速获得B端市场的优势。这方面的需求是实实在在的，而且非常巨大。例如，在制造领域，需要收集海量用户的需求和订单去大规模定制；在研发领域，需要收集用户的反馈和建议去设计；在销售和供应链领域，需要根据用户未来购买意向去制订排产计划。如果企业可以对C端用户进行把控的话，就可以在产品设计、定制灵活性和产销协同上占据绝对优势。

但从哪一块入手可以"引C端用户之水浇灌B端之万物"一直是困扰所有企业的难题。以我的经验，突破口一定在服务领域。因为如果你要引C端用户之水为B端所用，那前提必须是有地方可以蓄水，形成一个大的用户蓄水池。以制造业为例，在制造、研发、供应链等领域，他们极少与用户接触，所以不可能形成用户蓄水池。在营销领域，企业基本通过电商和渠道或门店去销售，与用户隔着一层，就算自己有专卖店，但在销售过程中，销售人员和客户（注意是客户，不是用户）很难形成信任关系，建立持续的联系。很多产品是低频消费，几年内客户不会复购，所以哪怕是通过赠送会员权益等方法，也没有什么吸引力。只有在服务的环节，用户需要了解和关注产品保养信息，你和用户可能会有面对面单独相处的一段时间，这时候是建立关联和信任，形成用户蓄水池的最好时机。

如图3-31所示，通过三个步骤可以完成"引C端用户之水浇灌B端之万物"：①通过服务创造入口，形成用户黏度和产生信任；②引入用户，形成用户蓄水池，通过持续的内容运营，产生依赖和活跃度；③价值产出，即把用户蓄水池中的用户需求导向企业内部的研发部门、线下专卖店、产品事业部、工业4.0平台、物联网平台、企业生态平台等。

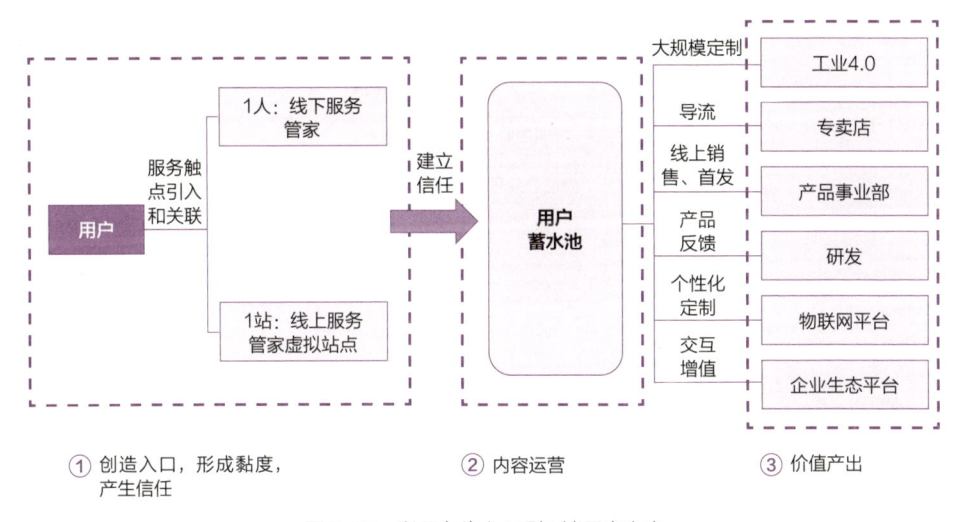

图3-31　以服务为入口引C端用户之水

这里最难的是第一步和第二步，即如何通过服务把用户引进来，以及如何运营用户蓄水池。至于第三步，只要有了用户蓄水池，企业各部门是最了解如何进行价值产出的。

下面介绍如何通过五个步骤，来完成引入用户和运营用户蓄水池。

步骤1：去中心化、经营服务人员个体品牌

如果要引用户之水，一定要靠服务人员，而且服务人员还得积极主动做这件事，否则引进来的就是死水。如果想要服务人员心甘情愿地做这事，就得让服务人员感觉是为自己而做。所以这个过程一定要去中心化，从对外是一个公司的服务品牌，转变成对外是成千上万服务人员的品牌，服务人员所做的一切就是在经

营自己的品牌。当然，服务人员个体品牌背后有公司品牌的背书。

如图3-32所示，通过服务去中心化，服务人员经营自己的品牌。但如果要经营自己的品牌，就得有服务人员与用户建立管家关系这一场景，从而使服务人员经营自己的用户。而且，一旦建立管家关系，用户的任何消费，服务人员都可以获得相应奖励，这样也会大大激发服务人员运营自己品牌的积极性。

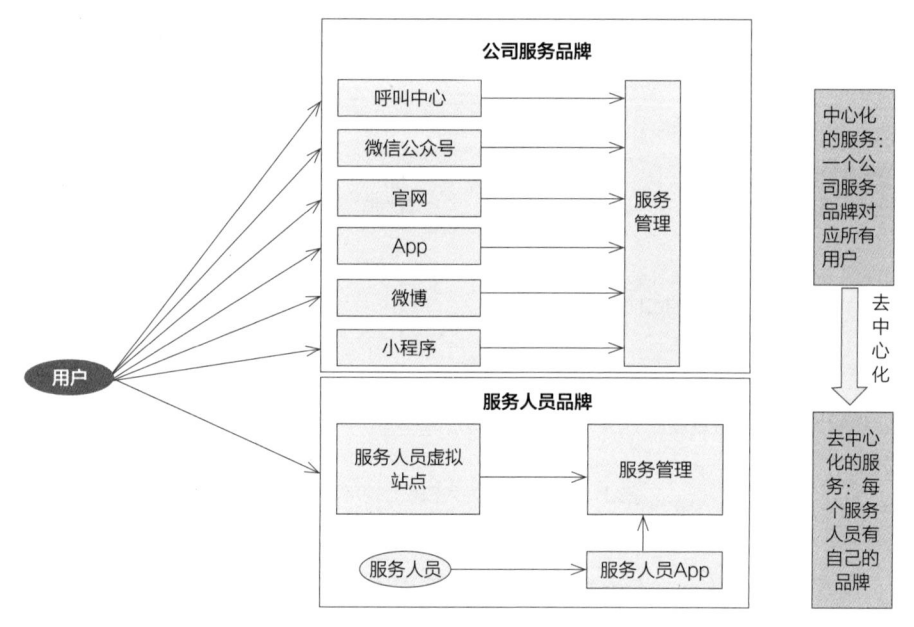

图3-32 服务去中心化示例

场景设计：

图3-18是以上门服务作为一个建立管家关系的场景示例，通过这个场景，介绍一种把一次性服务转变成长久交互的渠道。在设计服务场景时，为了能达到预期效果，需要关注的要点在前文图3-18处已介绍过了，此处不再赘述。

步骤2：整合触点、构建智慧服务平台

如图3-33所示，仅仅通过服务人员提供服务这一场景引入用户是远远不够

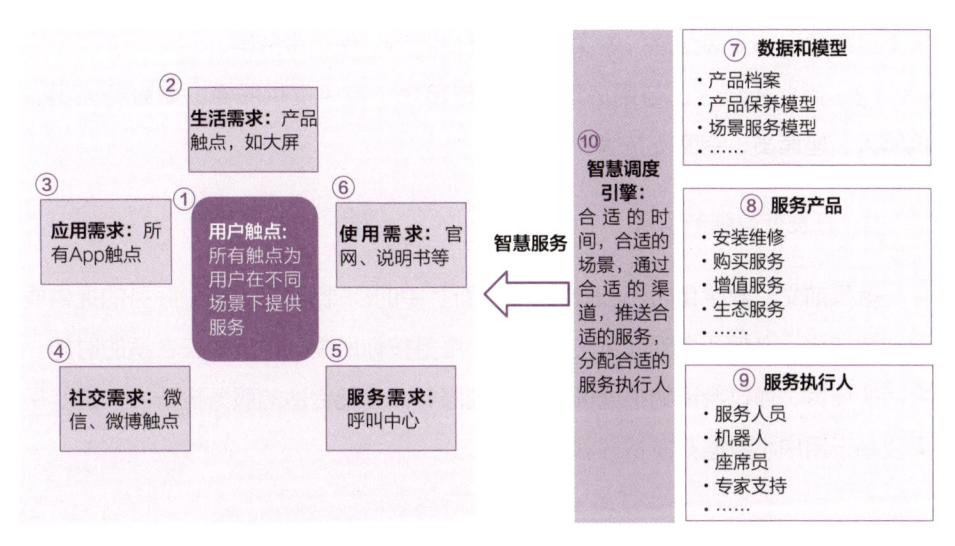

图3-33 整合触点构建智慧服务平台

的，我们需要整合所有触点，构建服务中台和开发智慧服务引擎。

1. 整合所有触点

（1）生活需求　整合产品上的触点，如大屏。

（2）应用需求　整合所有App触点。

（3）社交需求　整合所有微信、微博触点。

（4）服务需求　整合呼叫中心等语音、短信和邮件触点。

（5）使用需求　整合官网、说明书等触点。

2. 构建服务中台

就是前文"数字化时代CRM产品创新"中的CRM应用中台和CRM数据资产平台。

（1）数据和模型　单靠服务人员的主动服务是远远不够的，企业要建立数据驱动机制，通过建立用户小数据来自动触发服务。用户小数据包括产品档案、产品保养模型、场景服务模型等。

（2）服务产品　与用户建立稳定连接后，企业为用户提供持续稳定的服务来交互增值，如安装维修、购买服务、增值服务、生态服务等。

（3）服务执行人　与用户建立稳定连接后，谁来提供服务，如服务人员、机器人、座席员、专家支持等。

3. 开发智慧服务引擎

就是前文"数字化时代CRM产品创新"中的CRM智慧大脑。服务的提供要做到智能化，必须要做到服务无处不在，服务按你所需，也就是在合适的时间，合适的场景，通过合适的渠道推送合适的服务，分配合适的服务执行人。这就是需要基于用户小数据开发智慧服务引擎。

步骤3：服务代言、引爆社群

整合了所有触点，有了智慧服务平台后，企业的下一步就是要有自己的铁粉，也就是服务代言人，帮助企业在社群中传播推广，替企业造势。

如图3-34所示，就是前文"数字化时代CRM产品创新"中的CRM共创共赢平台和CRM智能终端。

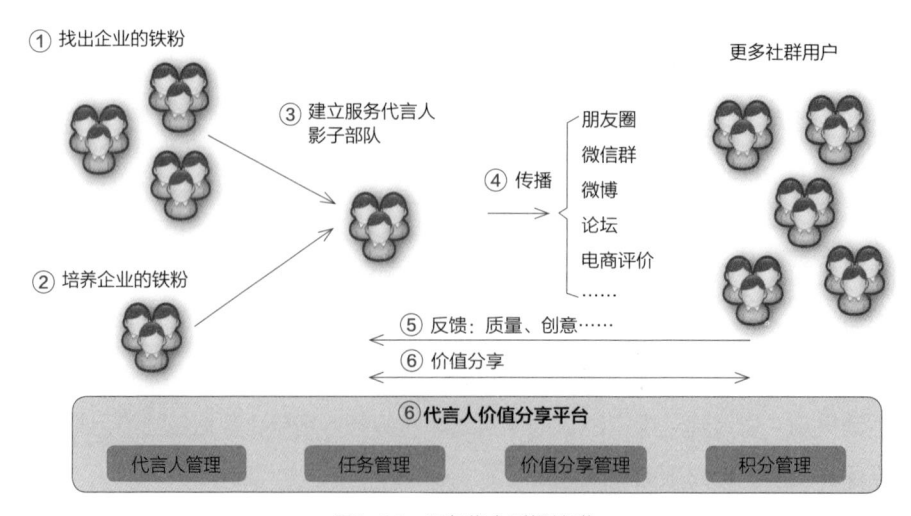

图3-34　服务代言引爆社群

（1）如何找出第一批服务代言人　建议企业首先发展服务人员作为第一批代言人。

（2）如何扩展服务代言人　可以发展企业的忠实会员成为服务代言人，如金卡、银卡会员；也可以让第一批代言人发展自己身边的亲朋好友来扩展服务代言人群体。

（3）代言人价值分享平台　代言人管理必须有一个配套的数字化平台。

1）代言人管理。管理代言人申请、批准、升降级、权限等。

2）任务管理。给代言人布置各种任务去执行，比如推广任务、活动通知等。

3）价值分享管理。需要针对代言人的贡献给予相应奖励。

4）积分管理。通过积分和积分兑换保持代言人的忠诚度和活跃度。

步骤4：生态并联、共创共赢

如图3-35所示，当用户量达到一定数量时，必须并联生态来维持用户的黏度和活跃度，就是前面"数字化时代CRM产品创新"中的CRM共创共赢平台。

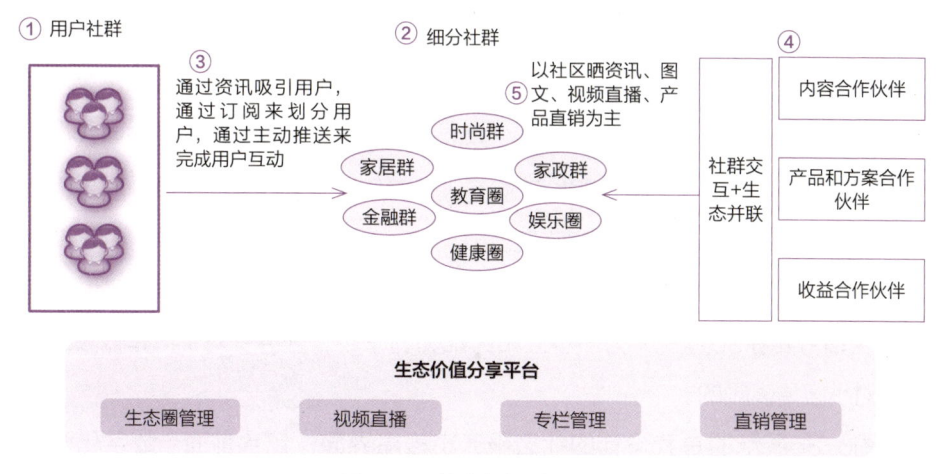

图3-35　并联生态共创共赢

1. 内容为王

在生态运营之初，一定是"内容为王"，企业要通过内容细分用户，把用户分流到不同社群中。

2. 合作伙伴多样化和互补

合作伙伴要多样化，有提供内容的伙伴，有提供产品和解决方案的伙伴，有提供收益的伙伴，生态是需要多样性和互补性。

3. 建立生态价值分享平台

CRM企业应该是生态规则的制定者和监管者，而不应是执行者，不必对所有的事都亲力亲为。所以，我们需要建立一个数字化平台，允许合作伙伴来管理自己的用户，提供各自的内容和产品。

步骤5：服务调频、聚焦小区

最后一步是针对把用户吸引上来后，如果活跃度还是太低的话，企业应该怎么做。

很多企业的服务是低频的服务，几个月甚至几年才提供一次服务。由于产品本身的特性，不管企业如何设计基于产品的增值服务，也不可能变成像餐饮或社交一样的高频需求。低频服务限制了服务人员对用户需求的深入了解，也不容易使用户对服务人员产生强依赖和信任。

所以我们可以变换一下思维，服务对象由1个用户变成1个物理小区。中国14亿人口分布在30万~50万个小区和约70万村子中，服务针对个人是低频的，但针对小区是高频的。

图3-36展示的是我设计的社区服务小程序界面，包含前面"数字化时代CRM产品创新"中提到的CRM共创共赢平台的部分功能。

图3-36 社区服务小程序示例

1. 小程序功能建议

为全国30万～50万个小区分别建立小区实体，显示小区相关的服务内容、服务人员互动信息和活动信息等。

（1）互动　小区用户可以提出任何服务相关问题，现场工程师、客服或机器人会在线回答。用户也可晒出服务相关照片等。

（2）服务　小区用户可以选择各类服务，也可以根据现场工程师的评价，直接选择派单给该现场工程师。

（3）现场工程师　小程序上应该显示该小区所有现场工程师的相关信息，用户可以对现场工程师进行评价。小程序能够按照现场工程师为该小区服务的质量和数量对工程师进行综合排序。

（4）通知：现场工程师去小区服务、最近活动等都会以消息模板形式通知小区中每个用户。

（5）优惠　根据小区的评级、业务量、地理位置等给出不同优惠，千区千面。

（6）考核　以小区为基本单位考核，如千户服务量、千户投诉量、同比和环比等。

2. 服务人员相关功能建议

（1）每个小区可由一个或多个现场工程师负责。

（2）现场工程师回复所负责小区用户的问题。

（3）现场工程师按综合积分排名显示。

（4）现场工程师到该小区服务，相关信息应以消息方式通知该小区用户，用户可以下单接续排期。

3. 用户相关功能建议

（1）用户可以绑定多个小区。

（2）用户可以在绑定的小区中提问、点评服务（可添加照片）、给现场工程师点赞（申请过服务的）、申请服务（可优先选择某个现场工程师）、领券、活动报名等。

（3）小区服务上门或优惠活动等信息，用户会得到消息通知。

（4）用户积极参与小区活动或点评服务，可获得优惠券。

小结 > 本节介绍了如何以服务为抓手，通过五个步骤，引C端用户之水浇灌B端之万物。这五个步骤分别是：①去中心化、运营服务人员个体品牌；②整合触点、构建智慧服务平台；③服务代言、引爆社群；④生态并联、共创共赢；⑤服务调频、聚焦小区。

B2B 服务数字化创新和转型

前面章节里主要聚焦在B2C的服务转型上。数字化时代B2B转型应该怎么做，一直是业界一个很大的困惑。十几年前做咨询时，我就对客户说B2B服务转型就是要做服务产品化、服务定价以及变成本中心为利润中心等。但说了十多年，一直就没有特别好的落地方案和成功案例。

我将数字化转型定义为数字化技术驱动模式的改变，数字化创新定义为对已有模式和流程的优化和高效化。后面介绍的内容有些属于创新，有些属于转型。

说到B2B服务，我们的基本要求就是：降本、增效和提升客户满意度。在数字化时代除了这三点要求外，我们还把服务定位成销售的开始：通过服务产生信任和依赖，通过信任和依赖产生持续的交互，通过持续交互了解更多的客户需求从而产生持续的销售，以及对产品和方案的迭代创新。由于以上过程会遍布全生命周期，所以服务的数字化创新和转型不仅仅发生在售后，同时也向前延伸到售前和售中。

如图3-37所示，完整的B2B创新和转型应该包括三个领域：①B2B销售过

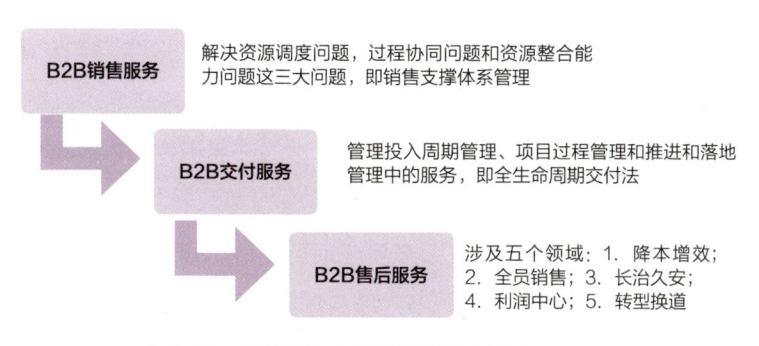

B2B销售服务：解决资源调度问题，过程协同问题和资源整合能力问题这三大问题，即销售支撑体系管理

B2B交付服务：管理投入周期管理、项目过程管理和推进和落地管理中的服务，即全生命周期交付法

B2B售后服务：涉及五个领域：1. 降本增效；2. 全员销售；3. 长治久安；4. 利润中心；5. 转型换道

图3-37　B2B服务创新和转型的三个领域

程服务；②B2B交付过程服务；③B2B售后过程服务。

一、B2B售后过程服务

因为说到B2B服务创新和转型一般首先想到售后服务，所以从售后过程说起。

如图3-38所示，B2B售后服务创新和转型的五个领域是：

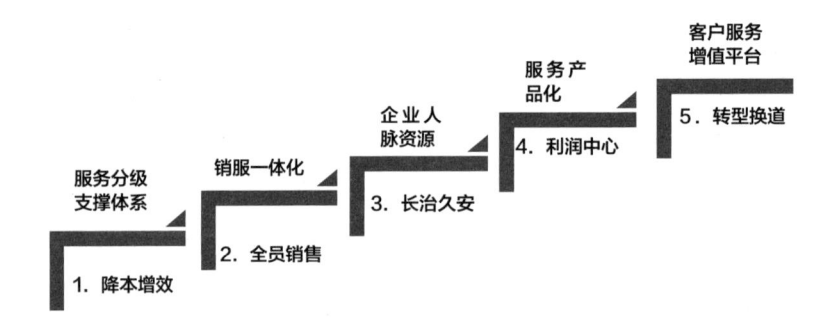

图3-38　B2B售后服务创新和转型的五个领域

（1）服务分级支撑体系　就是服务的适配，即根据不同客户、不同项目提供不同服务资源和服务标准，以便最好的资源流向最好的客户和项目，即好钢要用在刀刃上，投入产出比要最大。

（2）销服一体化　就是服务部门也承担销售任务，在服务过程中发现新的销售机会，主导或参与销售过程，在销售成功后按贡献度获得奖励。

（3）企业人脉资源　就是把企业人脉数字化，并加以完善和利用。

（4）服务产品化　即如何根据客户需求定制服务产品，既能帮助客户解决痛点，也能帮助公司完成转型，从一次性的产品销售收入转变为持续的服务收入。

（5）客户服务增值平台　即产品或项目交付后，也有一套完善机制在公司层面全盘持续监控客户需求，以及对服务创新产品的推出和运营进行有效管理。

1. 服务分级支撑体系

图3-39举了一个比较复杂的示例。公司A从管理架构上来说是矩阵式管理，既有横向的地区分公司，也有纵向的各个行业事业部；从产品来说，既有针对大客户的咨询，软硬件结合的方案型大项目，也有针对中小客户且以安装交付为主的中小项目，还有在卖场销售针对小企业和民用的产品；从销售模式上来说，有本公司主导的项目销售，也有合作伙伴主导的项目销售，还有以电商或经销商为主的产品销售。

针对具有多样化产品和方案，而且客户群又横跨各类规模企业和民用用户的大型企业，我建议采用分级支撑的服务体系。例如：

（1）一级支撑　一级支撑针对本公司主导的大型项目。建议采用交付中心模式，即建立交付中心，售前、售中和售后由一个团队提供一站式服务，也就是除了销售外，其他资源统一由交付团队管理和协调，包括产品线的资源和地区分公司的资源。交付中心可以是独立的部门，也可以隶属于行业事业部，这主要取决于交付中心主导的方案是只为一个行业事业部服务的，还是为多个行业事业部服务的。另外，交付中心可以和行业事业部采取双算机制，也就是交付中心也要考核项目交付的金额，这样有助于交付中心向以市场为中心转化。

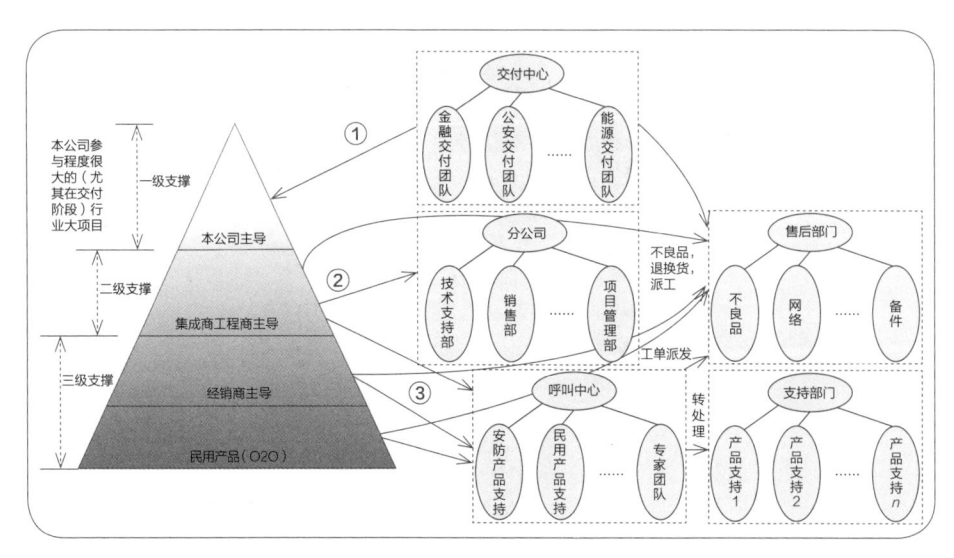

图3-39　服务分级支撑体系示例

（2）二级支撑　二级支撑针对合作伙伴主导的项目。针对大一些和复杂一些的项目，可以采用项目所在分公司的技术团队提供支持的方式，针对小项目和简单项目可以直接采用呼叫中心客服的方式。

（3）三级支撑　三级支撑针对直接从本公司或从经销商处购买产品的客户。此时可以直接采用呼叫中心客服的方式，在呼叫中心之后有技术部门提供专家支持，并且有售后部门负责提供安装、维修和退换货管理。

2. 销服一体化

如图3-40所示，销售和服务需要做到六个一体化：

（1）**全闭环流程一体化**　销售提供好服务，好服务带来口碑传播，口碑传播产生更多销售，销售后需要售后服务。

（2）**全媒体交互中心一体化**　交互中心既是服务的出入口，也是销售的出入口。交互期间，企业可以在服务中做销售，比如增值产品销售、其他品类产品销售、产品组合销售等；也可以在销售中做服务，比如销售产品中对产品使用中碰到的问题做支持、提建议等。

图3-40　销服六个一体化

（3）数据资产一体化　客户的信息、产品和项目的信息、销售信息等统一管理、统一建模、统一分析和预测。

（4）应用场景一体化　销售和服务的场景互相融合，比如在销售过程中推荐项目上线后的专家服务，在服务过程中挖掘客户新的需求，服务新的商机。

（5）人员的职责一体化　销售人员的职责和考核中要有服务的指标，销售人员需要负责全生命周期；服务人员的职责和考核中要有销售的指标，给予相应激励。

（6）人员的培训一体化　销售人员的培训中要进行交付和服务知识的培训，服务人员培训中要进行销售技巧、产品价格和销售流程等与销售相关的培训。

每个企业都有自己独特的基因，具体如何实现销服一体化，需要针对企业情况进行具体分析，对症下药。在这个过程中可以遵循一些原则，即图3-41中的销服一体化关键五要素（PKITT）:

（1）产品（Product）　定义服务中简单易销售的产品（短线），比如专家服务、硬件、软件等。

（2）考核（KPI）　对服务人员和服务部门进行销售指标量化和考核。

（3）激励（Incentive）　服务和销售激励量化，实时可见，快速兑现。

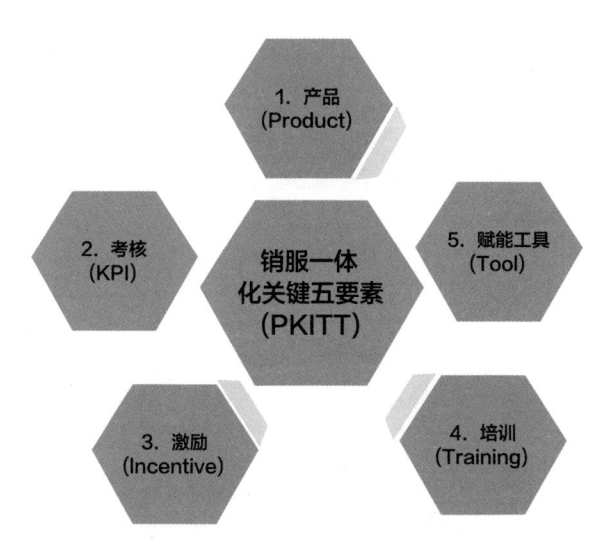

图3-41　销服一体化关键五要素（PKITT）

（4）培训（Training） 对服务人员进行大量产品销售培训。

（5）赋能工具（Tool） 使用AI和移动化工具指导服务人员完成产品销售过程。

3. 企业人脉

B2B生意最重要和最有价值的数据是企业人脉资源数据和项目历史信息数据，即企业商业关系（BRM）数据。大多数B2B企业没有认真收集和管理这两方面的数据，致使B2B销售主要靠销售人员的经验和感觉。

售后服务阶段是最容易建立相互信任的客户关系阶段，也是最容易收集企业商业关系数据的阶段，因为这个阶段甲乙方攻守易位，而且客户也没必要隐瞒一些信息。在售后服务阶段，哪怕是多投些资金和时间成本，企业也一定要把客户关系维系好，把企业人脉资源信息和项目关系数据资产收集好。相关内容在商业关系管理、企业人脉资源管理和项目关系管理等章节已有详细介绍，此处就不赘述。

4. 服务产品化

如图3-42所示，B2B服务产品化分成增值业务、协作业务、平台业务和知

图3-42 四类服务产品化业务

识业务四类。我们要做服务产品化，可以从以下四类业务入手。

（1）增值业务（Value-Added Business）

增值业务是一种可以快速赢利的业务，可以实现对客户需求的全面覆盖。客户使用某企业的服务越多、越深，对企业的忠诚度就越高，脱离该企业产品的成本也越高。比如售后服务中收费的专家服务业务，既可以赢利，也可以很好地锁定客户，让他们愿意未来继续使用我司产品。

设计增值业务相关服务产品时，可以遵循以下七个准则：①和企业已有产品和方案相关的；②服务能力可以覆盖支持的；③客户有普遍需求的；④可以量化和定价的；⑤可以快速推广复制的；⑥能赢利并提升客户忠诚度的，如对未来产品购买锁定；⑦对企业其他产品和方案没有负面影响的。

（2）协作业务（Collaborative Business）

协作业务是在服务过程中与销售过程和交付过程协作，协助企业发现商机和赢单，或帮助客户成功的服务。这类服务从投入到收获需要较长时间。

如图3-43所示，这类服务可以从四个方面入手：

1）捕捉新商机的服务 这类服务主要是用来创造和客户多接触的机会，了

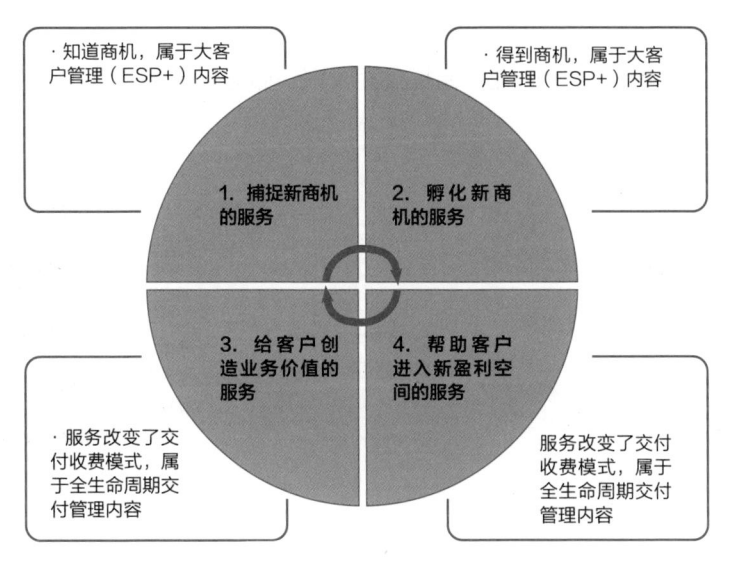

图3-43 协作业务四个方面

解客户需求，捕捉新的商机。比如对已有项目的诊断、每年定期对大客户回访或开"头脑风暴"会了解客户需求、定期带客户参观成功案例等。这是知道商机，属于大客户管理（ESP+）内容。

2）孵化新的商机的服务　这类服务需要企业主动帮助客户规划，从而引导需求，孵化新的商机。例如，通过客户成功经理给客户定期指导，启动或参与咨询项目帮客户进行长期、中期和短期规划。这是得到商机，属于大客户管理（ESP+）内容。

3）给客户创造业务价值的服务　这类服务需要协助客户定义价值产出指标，并通过运营达成业务价值。这类业务有时候会采用对赌的方式，根据业务价值产出分成。例如，以投诉率、备件需求命中率和库存周转天数为标准进行对赌。这个服务改变了交付收费模式，属于全生命周期交付管理内容。

4）帮助客户进入新盈利空间的服务　这类业务需要利用企业自身的资源帮客户进入新的盈利空间。假如企业有全球海量企业客户资源和生态，就可以和某客户达成全球战略合作伙伴，在全球范围内共同推广该客户的产品和方案。企业可以把自身资源助力客户，在客户与客户之间搭桥，促进生意的发展。这个服务改变了交付收费模式，属于全生命周期交付管理内容。

（3）平台业务（Platform Business）

如图3-44所示，平台业务是指公司营销、服务、制造、供应链、物流、研

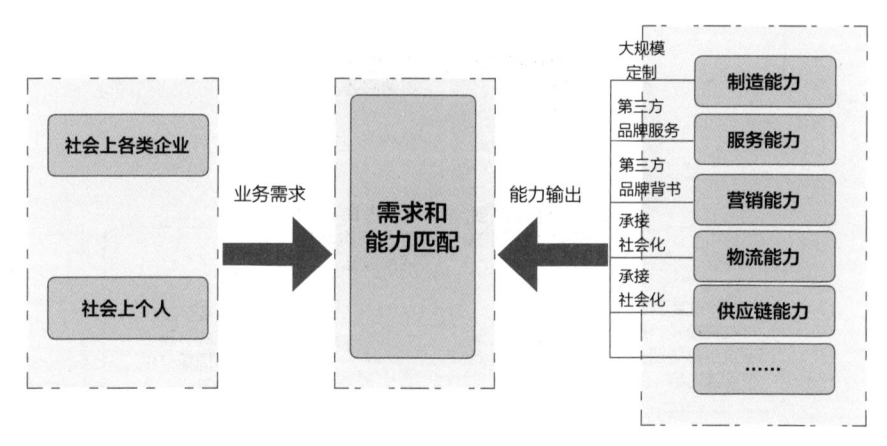

图3-44　平台业务示例

发等能力，在满足企业自身需求的同时，把剩余能力向社会开放。平台业务会跨越品牌，吸引众多合作伙伴和用户，是一个能帮助企业占据市场主导地位的服务业务。

(4) 知识业务 (Knowledge Business)

在数字化时代，随着企业的数据质量和数量的爆发增长，知识业务也处在一个新的风口上。企业需要将积累的海量数据进行加工，通过机器学习等人工智能手段，完成知识积累，形成知识资产，并向社会输出，这就是知识业务。知识业务有较高门槛和独特性，是一个高利润的服务业务。

如图3-45所示，知识业务有三类。企业可以做横向的同类型客户的知识服务，也可以做纵向的上下游企业的知识服务，也可以引入用户和各类企业做生态服务。例如，某企业做了主机厂的备件需求预测，第一步可以通过数据和优化的算法模型做成中台服务，对所有主机厂提供备件预测服务；第二步则针对主机厂上游众多的备件生产厂商提供备件需求知识服务；第三步是引入终端用户，让他们进入平台，收集他们的需求进行大规模定制，也可以为这些用户提供各类衣食住行的服务，构建生态体系。

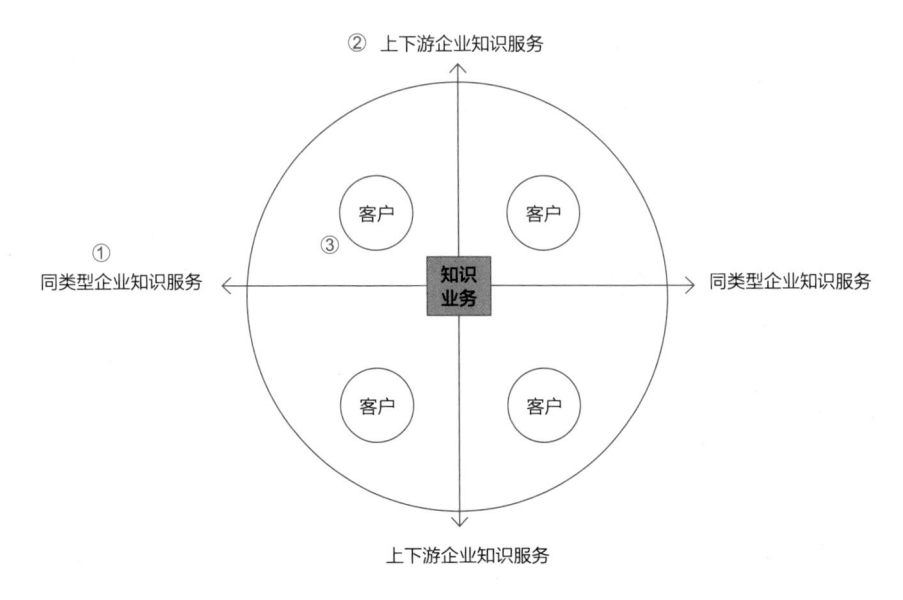

图3-45 三类知识服务

5. 客户服务增值平台

B2B项目一旦完成产品或项目交付,如果对方不是重点客户,基本上资源也就会从客户处撤离,企业对客户和项目的了解基本也到此为止,除非发生了突发事件,客户基本不会再和企业联系。所以销售、交付和售后服务环节是脱节的,CRM企业对客户需求以及体验的感知是脱节的。

数字化时代的生意模式从一次性的销售收益转向贯穿整个生命周期的持续服务赢利模式,从而必须从"片面了解"客户转变到"全面了解"客户,从和客户"有限沟通"到"充分沟通"。我们必须从交付项目和产品,转变成运营客户、项目和产品。因为改变了原来的售后服务模式,所以我称它为转型换道。

为了完成这种转换,CRM企业需要建立项目上线后的客户服务增值平台,以便完成以下任务:①对客户持续需求和意见的获取;②和客户关键决策人的高频互动,并产生高黏度;③客户对相关服务的获取;④客户对各类培训的获取;⑤客户对推荐的定制化方案的获取。

如图3-46所示,客户服务增值平台由三部分组成:

(1)模式 就是以交付后的每个项目为中心,持续运营和交互增值,做到

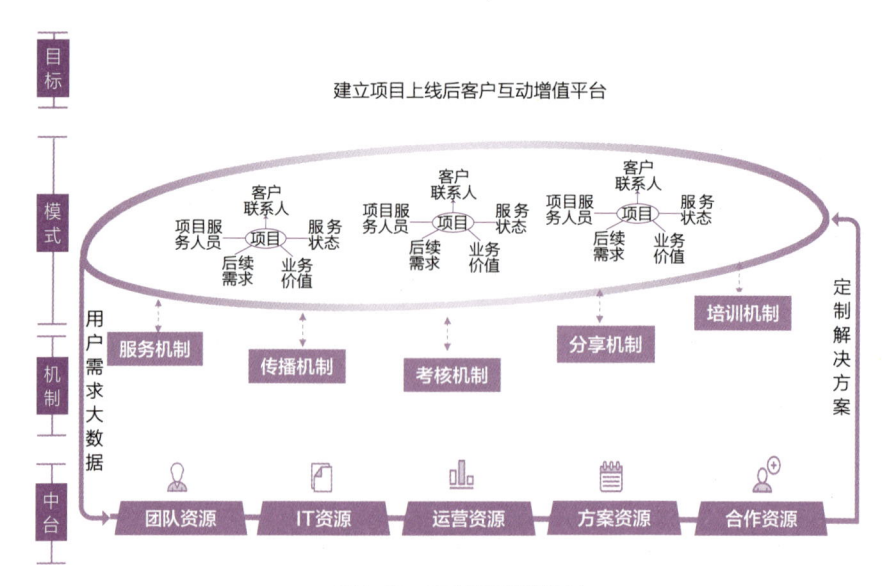

图3-46 客户服务增值平台

项目再小，也有自己的品牌。

（2）机制

1）服务机制。项目上线后，服务种类、标准、流程和负责人等。

2）传播机制。服务接口人与客户中的决策人和关键用户多渠道直接沟通和互动。

3）考核机制。上线后的项目状态评估、考核和整改。

4）分享机制。对服务人员在服务中创造的直接价值和间接价值的激励。

5）培训机制。对客户关键人和关键用户的培训和引导。

（3）中台

1）团队资源。服务团队资源。

2）IT资源。客户服务增值平台的开发资源。

3）运营资源。客户服务增值平台系统和内容运营的资源。

4）方案资源。我司和合作伙伴的新产品、新方案、新趋势和各种活动资源。

5）合作资源。各类合作伙伴资源。

二、B2B销售过程服务

销售过程也需要服务，例如售前专家就是提供这种服务的。销售过程的服务支撑能力很大程度上决定了售前费用的投入产出比。销售团队规模越大，销售服务支撑体系越重要。销售支撑体系管理就是要解决资源调度问题，过程协同问题和资源整合能力问题这三大问题。前面章节已有详细介绍，就不再赘述。

三、B2B交付过程服务

项目的交付过程是一个承上启下的服务过程。对上，即对销售阶段，它承接订单到现金的转化过程，即产品和项目的回款；对下，即对售后阶段，他起到定目标、定方向，引导客户日后购买服务产品的作用。例如，企业在交付阶段定下了业务价值运营指标，才容易促使客户在售后服务阶段购买"协作业务"中"给客户创造业务价值的服务"。

　　交付服务管理可以采用全生命周期交付法，其中包括投入周期管理、项目过程管理、推进和落地管理，里面都包含服务。全生命周期交付法在后面章节中会有详细介绍，在此就不再赘述。

小结 > 本节内容介绍了数字化时代的B2B服务创新和转型中B2B销售过程服务、B2B交付过程服务和B2B售后过程服务这三个主要服务阶段，并着重补充了售后服务创新和转型的五个领域：①降本增效；②全员销售；③长治久安；④利润中心；⑤转型换道。

服务商业模式和服务满意度的矛盾

很多时候企业做的管理决策是被压力和恐惧驱动。就像发生事故时，人们往往会惊慌失措，到处乱跑，却忽略了正确的方向。在服务上企业应该追求零投诉，让用户百分之百满意，但一些企业总是聚焦改善流程和服务标准，但却没有仔细考虑服务管理的方向是否正确，比如服务的商业模式是否合理，以及服务的标准是否需要制定得那么高。

一、传统服务商业模式介绍

现在无数厂家抱怨服务投入越来越多，但用户满意度越来越低，服务人员的荣誉感和忠诚度也越来越差。而且不管企业如何转型、创新和投入，好像都不见好转。其实这一问题的根源往往是服务商业模式出现了问题。也就是厂商、用户、服务网点和服务人员四者的利益是对立的，从而导致不管企业如何投入，服务满意度都很难提升。

如图3-47所示，企业的真正问题是服务网点和服务人员的赢利模式。很多厂商的服务网点采用的是外包形式。服务网点和服务人员的诉求是收入，但厂商和用户的诉求是体验和满意度。服务网点和服务人员收入的诉求与用户体验和满意度之间存在很大冲突。

1. 网点收入分析

网点收入= 工单数 × 每单平均收费-厂商扣款（如投诉）-员工工资-其他成本

① 收入=工单数×每单平均收费－厂商扣款（如投诉）－员工工资－其他成本

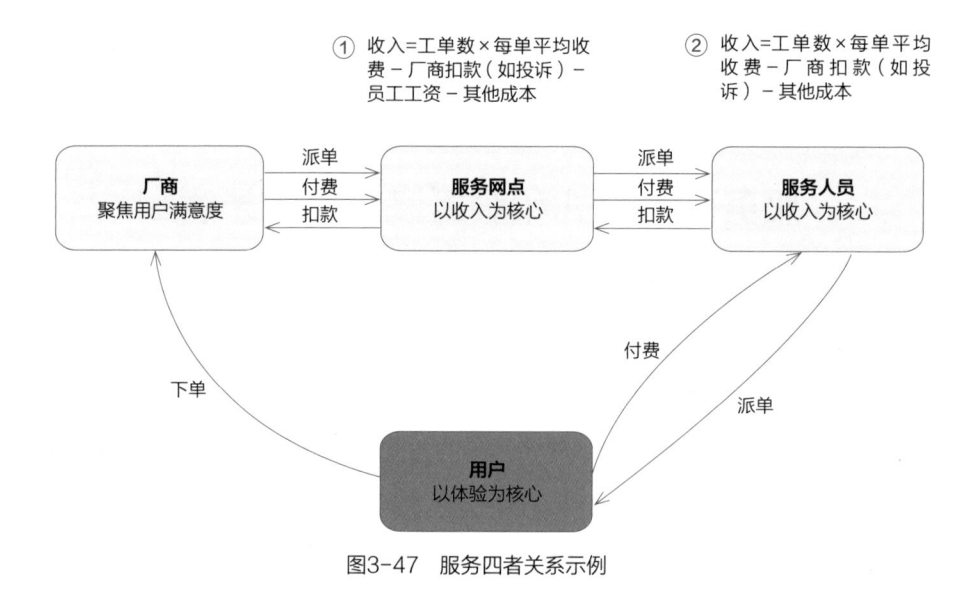

② 收入=工单数×每单平均收费－厂商扣款（如投诉）－其他成本

图3-47 服务四者关系示例

（1）工单数　一般网点都是有覆盖区域的，所以工单数不会有太大的上升空间。

（2）每单平均收费　备件种类和不同种类的服务都有不同的收费标准。

（3）厂商扣款　针对客户投诉等，厂商会对网点有很高的处罚。

（4）员工工资　员工工资和社保是网点成本的重要组成部分。

（5）其他成本　比如备件采购、仓储、物流、物业等费用。

2. 服务人员收入

服务人员收入=工单数×每单平均收费－厂商扣款（如投诉）－其他成本

（1）工单数　每个服务人员每天能处理的工单数量是有限的。

（2）每单平均收费　备件种类和不同种类的服务都有不同的收费标准。

（3）厂商扣款　针对客户投诉等，网点会对服务人员有很高的处罚。

（4）其他成本　比如服务人员领用的一些备件和增值产品成本。

综上所述，服务网点和服务人员收入中的这些要素都是有标准和有限制的，如果网点想通过这些要素大幅提升服务网点和服务人员的收入，就有可能采取不正确的手段，从而严重降低用户满意度和损伤厂家利益。我们无须片面责怪服务网点和服务人员，赢利本来就是他们的主要目的。厂商首先要考虑的是如何找到好的机制，可以使服务网点和服务人员收入与用户满意度成正相关，也就是用户越满意，网点和服务人员的收入越高。

二、新服务商业模式介绍

如图3-48所示，数字化时代我们可以构建新的服务商业模式。如下图所示，我们可以通过"三化"的方法来理顺这种新模式：①服务网点平台化；②服务人员创客化；③收入生态化。

1. 服务网点平台化

网点需要重新定位，厂商可以整合某一地区若干服务网点，形成地区运营中心，由原来仅仅以服务收费为主，转变为运营整个地区的服务支撑体系（如备件、库房、车辆等）。新服务网点主要任务是提升用户和服务人员满意度，构建

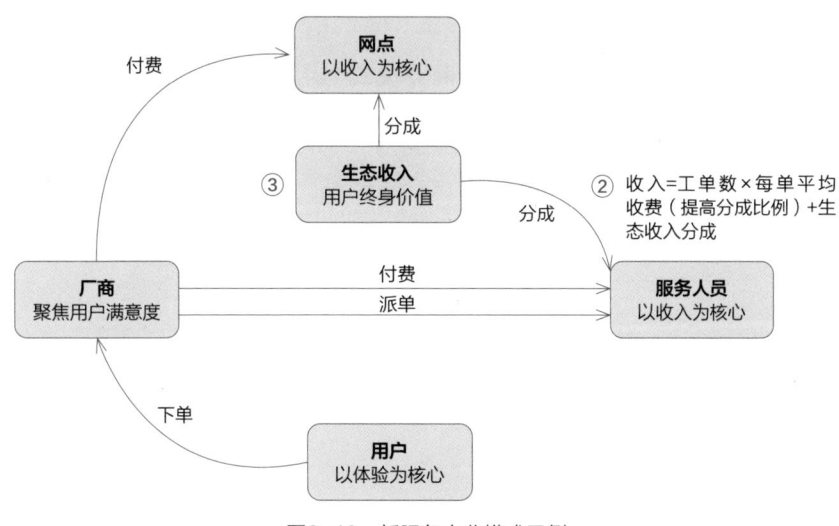

图3-48 新服务商业模式示例

生态体系，策划活动和运营服务业务等。服务人员收入也不再以工单量为主要评定标准，而是根据运营效果、用户满意度、服务人员满意度和生态收入等综合评定。

2. 服务人员创客化

服务人员创客化，独立经营。厂商直接派单给服务人员并直接付相应费用，去掉服务网点这个中间环节，从而大幅提升对服务人员的管控力。每个用户都根据服务关系分配服务管家，今后该用户在生态体系中购买任何物品，该服务人员都可得到分成，从而从简单的一次服务变成长期经营。此外，提升服务人员收入中生态收入的比例，服务人员收入多样化后，为了获得用户持续收入，就会更注重用户满意度。

3. 收入生态化

厂商要给用户提供更多产品和服务，满足用户日常生活的需要。厂商可以从产品、产品的保养服务、相关备件销售及以旧换新入手。再逐步过渡到一些自身品牌容易背书的高频服务，比如家政、教育、旅游等。

小结 > 本节介绍了传统的服务商业模式与用户服务满意度之间的矛盾。并且提出了一种新的服务商业模式，通过服务网点平台化、服务人员创客化和收入生态化来建立更合理的服务商业模式，以便提升用户满意度。

如何正确认识和管理服务满意度

上节介绍的是服务提供方，即厂商由于服务商业模式设计的问题，致使服务网点和服务人员的诉求与厂商和用户的诉求出现矛盾，导致厂商提升用户满意度的努力很难见到成效。本节将从用户服务体验的角度提出如何换个思路提升用户满意度。

大部分厂商都认为服务标准定义得越高，用户满意度也越高，其实这是一个误区。用户要的是好的服务体验，要的是效果，而不是文字上和宣传上的高服务标准。"洼则盈，敝则新，少则得，多则惑"说的就是这个道理。厂商服务标准定得低些，就容易达到要求，而且可以经常给用户带来惊喜；将服务标准定得少些，就更容易聚焦，容易将服务做得更加完善。

下面让我们看看服务满意度由哪些因素决定的。

如图3-49所示，用户对服务的实际满意度源于用户差距，就是用户期望的服务与感知到的服务之间的差距。绝大多数企业在制定服务标准时是根据企业差

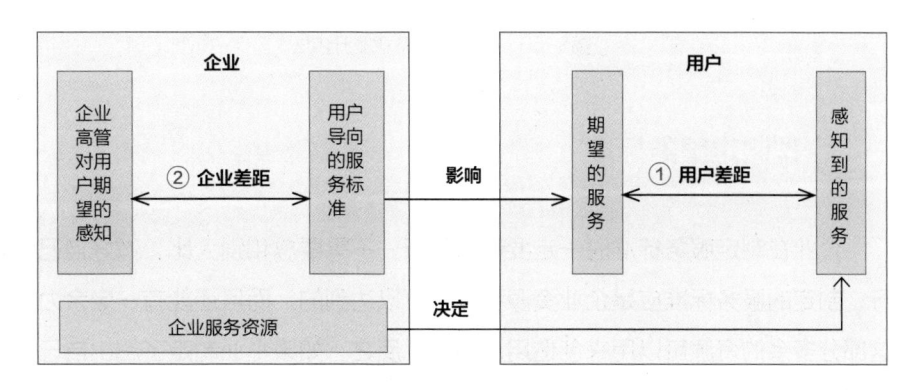

图3-49 用户满意度示例

距制定的，即企业高管对用户期望的感知，与目前制定的用户导向的服务标准之间的差距。因为企业高管对服务的要求往往高于一般用户，所以他们往往会制定很高的服务标准。很高的服务标准又往往会提升用户对服务的期望值，但企业的服务资源决定了实际服务的用户感知。所以导致用户的服务期望值被提高，但企业自身能力和资源又跟不上，进而导致用户体验差，引发大量的投诉。

如图3-50所示，通过五个步骤，企业可以更合理且更有回报地管理用户满意度。这五个步骤是①合理制定服务标准；②适当降低用户期望值；③提升用户忍受阈值和适当为用户创造感动；④理性解决投诉；⑤全面监控突发事件。

图3-50 管理服务满意度五步法

一、合理制定服务标准

企业在制定服务标准时一定要量力而行，不需要总和别人比，做好自己的就行。制定的服务标准应是企业资源和能力可以达到的，而且还能有一定余力的，这部分多余的资源可以用来创造用户感动。反之，如果企业制定了超出自己能力的服务标准，只能满足90%的用户，那么其余10%的用户就会不满意。因此，企业还不如降低标准，满足所有用户的服务需求，并且投入资源给其中部分用户提供增值服务，给他们创造惊喜。

企业在制定服务标准时一定要量力而行，要是标准高于当前企业的资源和能力，要么继续投入更多资源，要么降低标准。因此，企业在制定服务标准前，要进行系统和全面的服务标准与资源匹配分析。

二、适当降低用户期望值

企业在对外宣传服务时，最好不要为了市场效果而夸大服务标准，如果把用户期望值抬高了，但服务能力又达不到，那市场评价将是灾难性的。"零延误"，"100%用户满意"之类的宣传口号最好被具体的服务标准和用户权益宣传所替代。用户享受的服务与用户支付的费用成正比，这也符合商业规律。

三、提升用户忍受阈值和适当用户创造感动

碰到不尽如人意的服务时，用户对熟人的忍受阈值要远远高于陌生人。所以，企业一定要想方法建立服务人员与用户之间的紧密关系，比如管家关系，一旦用户碰到不满意的服务，用户首先想到的是找管家解决，而不是找其他渠道投诉。

企业的服务标准要留出一定的余地，这部分资源可以直接给一线服务人员自主调动，可以用来为用户创造感动，也可以用来处理用户投诉。如果服务人员有现场处置权，那么现场花1元钱能达成的效果，事后100元也未必能达到。好事要尽早提供，坏事要尽快解决。

四、理性解决投诉

对待投诉一定要理性，投诉不是什么洪水猛兽，而是一种正常现象。处理投诉时要关注两点：一是投诉数量是否在合理的比例范围内，不要因为一两件投诉

就对服务质量整体否定，而是要关注整体服务质量；二是一定要区分投诉是否属于恶意投诉，要有标准和原则，并进行区别对待。该坚持原则的时候一定要坚持原则，处理也要尽可能一次到位，否则就是变相鼓励更多的人参与投诉。

五、全面监控突发事件

服务过程中非常容易出现突发事件，企业往往容易被一两个事件的负面影响打乱整个服务转型和提升的布局。尤其在移动互联的今天，任何一点火星就可能很快在媒体上引起一场大的灾难。规模较大的企业最好建立一个舆情管理团队，在这方面投入资金，察觉突发事件，对其迅速反应，快速处理。

小结 > 本节介绍了企业如何更合理且更有回报地管理用户满意度。这五个步骤分别为：①合理制定服务标准；②适当降低用户期望值；③提升用户忍受阈值和适当为用户创造感动；④理性解决投诉；⑤全面监控突发事件。

客户满意度的价值产出评估

客户满意度评估并不难，拿问卷去回访一下就可以了。但满意度带来的价值如何评估，一直是一个很大的难题，这也在某种意义上限制了企业对服务的投入。所以在这里简单探讨一下两种客户满意度的价值评估方法：2C客户满意度的价值评估方法和2B客户满意度的价值评估方法。2C客户的满意度的价值评估以社区为基本单位评估，价值体现在销售额提升上；2B客户的满意度的价值评估以个体客户为单位，价值体现在客户关系紧密度上。

一、个人客户的满意度价值评估

我之前负责过一段2C客户的售后服务，深感个人客户的售后服务满意度价值评估有三大难点。

1. 无法评估价值产出

很多2C产品不是高频消费产品，比如家电、汽车通常几年才购买一次，所以满意度与新购或复购产品的关系根本无法评估。另外就算是高频消费产品，也很难评判销量上去了是因为市场推广、渠道布局、产品设计、产品促销，还是因为客户满意度提升。

2. 无法确认满意度的可信性

不管用什么客户满意度模型；不管是自己评测的，还是第三方评测的，就算企业做了再多工作，投入再多资源，但满意度是否合理，是否有人为操作，其可信性是很难证明的。

3. 任何问题都可归咎于服务

正因为满意度和价值产出是隐性关联，很难评估，所以一旦销售等环节出了问题，大家也都可以归咎于服务，归咎于客户满意度低下。

鉴于此，我认为比较完善的评估方法需要满足三个条件：

1. 因果关系明显

就是样本能比较明显地显示出满意度与新购或复购之间的关系，作为单个C端客户，这种因果关系不太明显，但我们可以把小区做样本。中国14亿人口分布在30万~50万个小区和约70万个村子中，服务针对个人是低频的，但针对小区是高频的。所以以小区为单位，因果关系是非常明显的，即服务满意度高是否带来了新购和复购。

2. 降噪

因为很多其他因素也会引起销售业绩的变动，所以需要尽量把其他因素引起的变化删除。建议通过拿两个圈层相近、地理位置也相邻的小区作参照，去除其他因素的影响。市场推广、渠道布局、产品设计、产品促销带来的效果对相似圈层、相邻小区的群体的影响应该是类似的，那么不同的销售业绩就更有可能是客户满意度引起的。

3. 样本够大

就是选取的参照小区的数量足够多。比如1000或10 000个小区。

下面介绍一下"CRM3.0之社区参照价值评估法"。这只是一个简单的示例，未来肯定需要更多参数和更复杂模型来对这一方法进行完善和优化。

CRM3.0之社区参照价值评估法如图3-51所示。

步骤一　找出足够多的对照小区，对照组中每对小区要满足圈层相近，地理位置也相邻的条件。

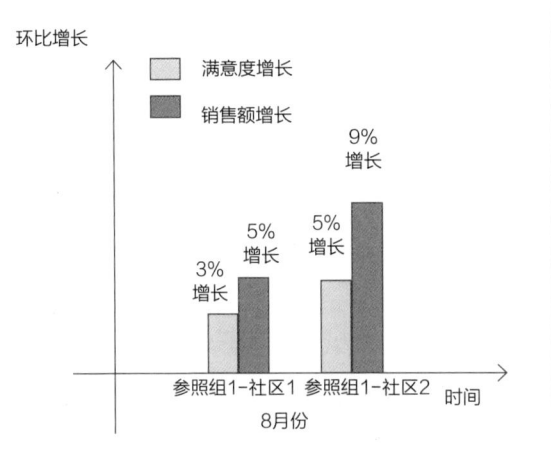

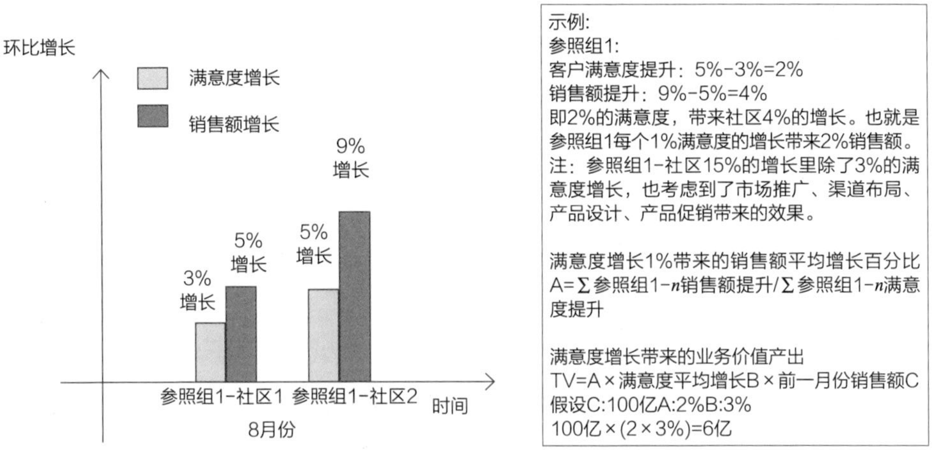

图3-51 CRM3.0之社区参照价值评估法

步骤二 统计每组对照小区中月度满意度环比增长和销售额环比增长。假设满意度增长低的是社区A，高的是社区B。以社区B满意度增长减去社区A满意度增长得到C，以社区B销售额增长减去社区A销售额增长得到D。我们假设销售额增长D就是满意度增长C带来的。这一前提是假设市场推广、渠道布局、产品设计、产品促销等带来的效果对社区A和社区B的销售提升产生的效果是一样的。

步骤三 把所有对照组中每1%的客户满意度提升带来x%销售额提升求平均值。

步骤四 根据某月销售额×某月客户满意度提升比例×某月客户满意度提升带来的销售额比例平均值×100，计算得到本月客户满意度带来的销售额提升。

以上评估方法仅仅是一个雏形，需要我们根据数据和评估结果，不断迭代更新。

二、企业客户的满意度的价值评估

企业客户是很难评估客户满意度的，也很难评估客户满意度带来的销售收入提升。因为：①企业拥有的大客户数量不多，样本太少，而且有可能属于不同行业，所以很难做对照，找出满意度和销售收入的对应关系。②企业客户的采购行为非常复杂，并不是仅仅靠满意就能达成交易的。

所以企业客户满意度价值评估可以不使用营业收入，而是用客户关系紧密度来评估，也就是企业客户的满意度的价值体现在客户整体关系紧密度和关键决策人个体关系紧密度上，具体如下：

1. 客户整体关系紧密度评估

就是找出该企业中所有权力重要性个体和影响力重要性个体，并根据所有个体关系紧密度得分对客户整体关系紧密度打分，然后加权求平均。

2. 关键决策人关系紧密度评估

就是找出企业中权力高并且对我公司影响大的个体，如首席执行官、销售VP和首席信息官等，并对其关系紧密度打分。

3. 高影响力人关系紧密度评估

就是找出客户中对关键决策人有很大影响力的个体。找到影响力中心后，对其关系紧密度打分。

小结 > 本节介绍了个人客户和企业客户的满意度价值的评估方法。针对个人客户可以使用"CRM3.0之社区参照价值评估法"，以两个圈层相近、地理位置相邻的小区为基本参照单位评估，价值体现在销售额提升上；企业客户用企业人脉资源管理（ECM）的方法来评估，价值体现在客户关系紧密度提升上。

第 4 章
构建CRM3.0支撑体系

CRM3.0 全生命周期交付法

目前，各个CRM公司的交付方法与二十年前我在Siebel Canada工作时使用的交付方法大同小异。那时，我们把CRM看成一个软件，上线后只要能共享数据和完成流程自动化就可以；但二十年后数字化时代的今天，企业普遍把CRM与客户管理、市场推广、产品销售、客户服务、渠道管理等各个领域的数字化转型、模式变革和流程创新挂钩，企业普遍要求业务价值的产出。所以在数字化时代，CRM交付方法也需要与时俱进。在CRM3.0时代，项目的交付有三个方面的转变：①由聚焦软件选型到聚焦数字化创新；②由聚焦软件功能到聚焦业务产出；③由聚焦项目上线到聚焦一个较长周期内的持续投入产出。

目前CRM交付方法最大的缺陷是：只管生，不管养。就像照顾孩子一样，出生前我们要进行胎教，出生后我们更要持续投入，生孩子贵，但养孩子更贵。现在CRM项目绝大部分的资金和资源都投入到CRM开发和上线阶段，但上线后，资源基本都撤了。也就是在该好好投入，体现业务产出的阶段，我们放弃了投入，那孩子能成为优等生的概率也就很小了。例如，如果花1000万（不包括使用许可和硬件费用）做CRM的话，很多企业会花七八百万元在项目开发上线阶段，之后几年就仅仅支付很少的运维费。其实这种项目从一开始就注定很难成功，因为剩下的二三百万元还不够项目上线之后几年修复问题和完善性能的，更别提持续对数字化创新和业务价值产出进行投入了。

要做CRM项目，我建议以6年左右为一个周期，做出完整预算。花30%的费用在开发上线阶段，剩下的费用花在系统上线之后的系统运营、优化和业务价值产出上；另外，为了达到更大业务产出，企业可以引入业务运营服务。业务运营的投入中的一部分可以通过对赌方式，按照业务价值产出的比例分成来支付。

在数字化时代，我提出全生命周期的CRM交付法供大家参考。

如图4-1所示，全生命周期CRM交付法以两个基本点为基础，通过三个支撑，完成三个转变。

（1）两个基本点

1）从交付目的来看，CRM不仅仅关注软件功能，而是以软件功能、数字化创新以及可量化的业务价值三者并重。

2）从交付过程来看，CRM不仅仅以开发为主，而是规划、开发和运营三者并重。

（2）三个支撑点

3个支撑点是下文重点介绍的部分。

1）投入周期管理：介绍了从项目规划到项目交付，再到上线后1到5年，CRM项目应该分成几个阶段，以及每个阶段的投入预算建议。

2）项目过程管理：介绍了CRM在规划阶段、交付阶段和运营阶段的管理方法、流程和交付物。

3）推进和落地管理：介绍了在传统CRM项目管理架构基础上，我们如何通过变革来适应全生命周期CRM交付法的要求。

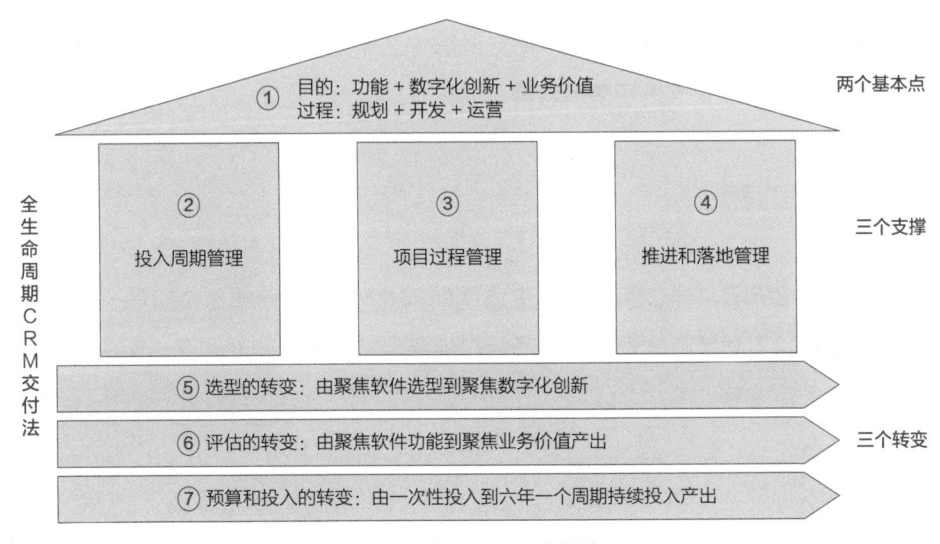

图4-1　全生命周期CRM交付法

（3）三个转变

1）选型的转变。由聚焦软件选型到聚焦数字化创新。在十年前，CRM仅仅是企业内部员工在用，主要作用就是数据共享和对销售进行有效管理。但近些年来，随着移动应用、大数据、人工智能、社交软件、云计算、物联网、区块链、地图等一系列数字化技术的普及，使得在技术上实现企业管理智慧化、经营场景化和业务数字化成为可能，也使得在业务上进行数字化创新和转型成为必选项。

2）评估的转变。由聚焦软件功能到聚焦业务价值产出。CRM交付的很大问题是CRM企业往往聚焦SOW（Scope of Work工作说明书）的功能，以SOW中的功能作为验收和付款标准。但软件功能的实现和业务价值的产出是两回事，而且企业的经营瞬息万变，半年前制定的需求可能早就发生了变化。所以我们要把核心的功能和短期内能产生业务价值的功能首先提供给买方，主要关注本期是否实现了项目要求的业务价值产出，而不要过分纠结几个功能点。多出的功能可以每年不断进行迭代开发。

3）预算和投入的转变。由一次性投入到聚焦以每六年一个周期持续投入产出。在投入周期管理中我会详细介绍这个问题，CRM是个马拉松，而不是50米短跑，我们需要的是持续的投入和持续的业务价值产出。CRM项目要做六年一个周期的完整预算，而不是先投点钱做一个项目，再视项目效果决定下一步投入。

下面将要介绍全生命周期CRM交付法中三个主要支撑：①投入周期管理；②项目过程管理；③推进和落地管理。

一、投入周期管理

如图4-2所示，一个完整的全生命周期CRM交付法分成七个阶段，持续大约六年左右。下面所有的预算是指项目实施费用，不包括硬件购买、用户许可购买、云服务租赁等。

1. 规划阶段

最好把规划和交付分开做。因为一旦项目规划和交付放在一起做，项目经理

一个完整 CRM 交付周期	预算比例	付款方式建议
规划	10%	周期 2 到 4 个月，4 阶段：预付占 30%，诊断和高阶规划占 20%，详细规划和培训资料占 30%，交付阶段的功能需求设计占 20%
交付	30%	周期 6 到 12 个月，4 阶段：预付占 30%，功能需求设计占 20%，用户接受测试占 20%，上线稳定运行 1 到 2 个月占 30%
上线第 1 年	15%, x	15% 中的 5% 是运维费用，按季度或月付；15% 中的 10% 用于需求变更，按开发量付；x：按运营业务产出付，按月付
上线第 2 年	10%, x	10% 中的 5% 是运维费用，按季度或月付；10% 中的 5% 用于需求变更，按开发量付；x：按运营业务产出付，按月付
上线第 3 年	15%, x	15% 中的 5% 是运维费用，按季度或月付；15% 中的 10% 用于需求变更，按开发量付；x：按运营业务产出付，按月付
上线第 4 年	10%, x	10% 中的 5% 是运维费用，按季度或月付；10% 中的 5% 用于需求变更，按开发量付；x：按运营业务产出付，按月付
上线第 5 年	10%, x	10% 中的 5% 是运维费用，按季度或月付；10% 中的 5% 用于需求变更，按开发量付；x：按运营业务产出付，按月付

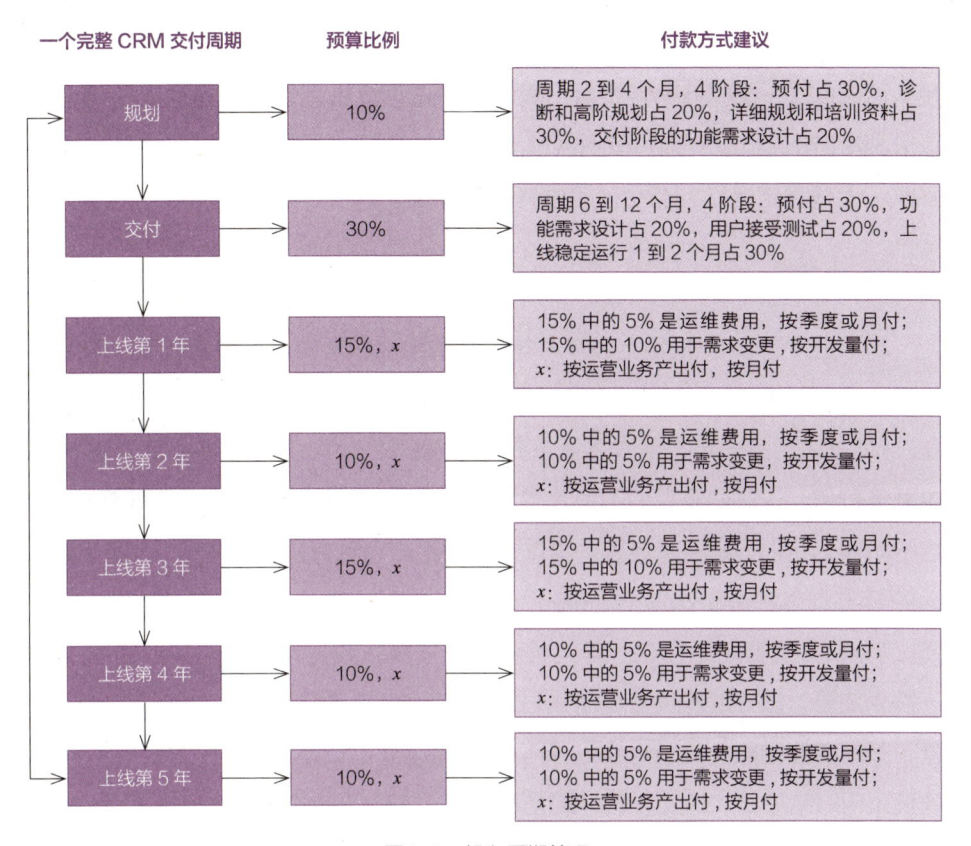

图4-2 投入周期管理

考虑的主要就是控制项目范围，保证项目按时上线，而不会去考虑业务价值。如果担心规划的内容在交付阶段无法落地，可以要求规划阶段中的核心成员参与交付前期阶段，把规划的最后一笔付款放在交付阶段功能需求设计书出来后再付。建议规划阶段预算投入占完整CRM周期投入的10%，一般用时2到4个月，可以分成4阶段付款：预付占30%，诊断和高阶规划占20%，详细规划和培训资料占30%，交付阶段的功能需求设计占20%。

2. 交付阶段

交付阶段是CRM实施公司最擅长的部分，基本上每家实施公司的方法和步骤大同小异。建议在这个阶段开发上线核心功能和短期能提升业务价值的功能，其他功能放在之后阶段持续提升。建议规划阶段预算投入占完整CRM周期投入的30%，一般为6~12个月，具体时间长短可根据项目难易程度变化，可以分成4个阶段付款：预付款占30%，功能需求设计占20%，用户接受测试占20%，上线稳定运行1到2个月后付其余的30%。

3. 上线第一年

基本上所有CRM项目上线第一年付的费用都非常少，有的甚至第一年免费维护。可能很多客户认为CRM上线第一年就应该是稳定的，不应该多付费。往往CRM上线后第一年，甲方才真正开始了解CRM，才开始思考如何改进来产生业务价值，这时如果我们不投入了，效果会很差。这个阶段才是CRM真正产出的阶段，我们一定要多投入。建议上线后第一年预算投入占完整CRM周期投入的15%，也就是CRM交付你花了400万元，那么上线后第一年请准备200万元。其中5%的费用用作这一年运维费用，按季度或月付；另外10%的费用用于需求变更，按开发量付费。CRM上线后，我们除了系统运维，还要有业务运营，即有专业团队负责CRM对业务价值的持续产出，这部分费用很难估算，我建议采用对赌形式，即大家把业务价值量化，按产出的比例分成。所以上图中以X表示。X表示按运营业务产出分成，按月付。

4. 上线第二年

我建议上线第二年的预算投入占完整CRM周期投入的10%，其中5%的费用用作每月运维费用，按季度或月付；另外5%的费用用于需求变更，按开发量付。CRM上线后，我们除了系统运维，还要有业务运营，即有专业团队负责CRM对业务价值的持续产出，这部分费用很难估算，我建议采用对赌形式，即大家把业务价值量化，按产出的比例分成。所以上图中以X表示。X表示按运营业务产出分成，按月付。

5. 上线第三年

上线第三年算是一个中期改版，我们需要多投入一些资金。建议预算投入占完整CRM周期投入的15%，其中5%用作每月运维费用，按季度或月付；另外10%的费用用作需求变更，按开发量付。CRM上线后，我们除了系统运维，还要有业务运营，即有专业团队负责CRM对业务价值的持续产出，这部分费用很难估算，我建议采用对赌形式，即大家把业务价值量化，按产出的比例分成。所以上图中以X表示。X表示按运营业务产出分成，按月付。

6. 上线第四、五年

我建议上线第四、五年的预算投入占完整CRM周期投入的10%，其中5%的费用用作每月运维费用，按季度或月付；另外5%的费用用于需求变更，按开发量付。CRM上线后，我们除了系统运维，还要有业务运营，即有专业团队负责CRM对业务价值的持续产出，这部分费用很难估算，我建议采用对赌形式，即大家把业务价值量化，按产出的比例分成。所以上图中以X表示。X表示按运营业务产出分成，按月付。

数字化时代，营销和服务在业务和技术上的迭代速度非常快。CRM项目在五六年后需要重新规划和设计，以应对新的商业环境和业务需求。所以这五六年的CRM生命周期结束后，我们需要再开启一个新的CRM交付周期。

二、项目过程管理

如图4-3所示，全生命周期CRM交付法项目管理过程由三个阶段组成：①规划；②交付；③上线系统运维、功能迭代及上线业务运营。我把几个关键点在图中进行了标记。

（1）在规划阶段要定出可量化的业务价值指标：比如销售额提升、销售周期缩短、成功率提升等。

（2）为了保证规划在交付阶段可以实现，可以要求规划阶段中的核心成员参与交付前期阶段，把规划的最后一笔付款放在交付阶段功能需求设计书出来后再付。

（3）CRM上线后需要始终监控系统运维指标和业务运营指标，一旦偏离需

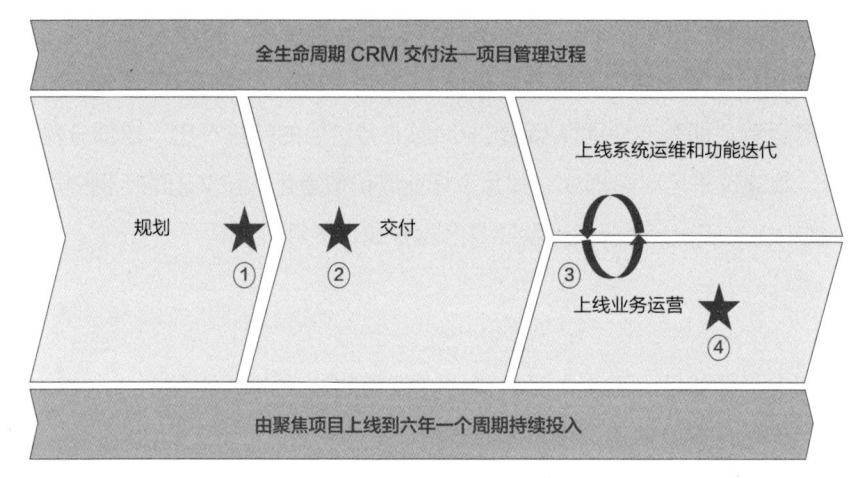

图4-3 项目管理过程

要马上纠偏。

（4）业务运营付款方式建议采用对赌方式，根据业务产出提升的量化价值按比例付款。

下面介绍项目管理的三个阶段：

1. 规划阶段

如前面建议的一样，规划和交付最好分成独立的两个项目。因为只要规划和交付合在一块，那项目经理就会以控制范围、准时上线为基本原则，不会仔细考虑提升业务价值的方法。

图4-4是规划阶段介绍，其中重点如下：

（1）规划阶段重要分成三个小阶段：①问题诊断和高阶规划阶段；②详细规划阶段；③培训和推广阶段。

（2）规划阶段的主要交付物包括：问题诊断报告、高阶规划报告、详细规划报告、培训手册和管理表格等。

（3）规划内容落地：为了确保规划内容可以落地，建议规划阶段的核心成员在交付前期阶段参与进来，把规划阶段的最后一笔付款放在交付阶段功能需求设计书出来后再付。

图4-4 规划阶段示例

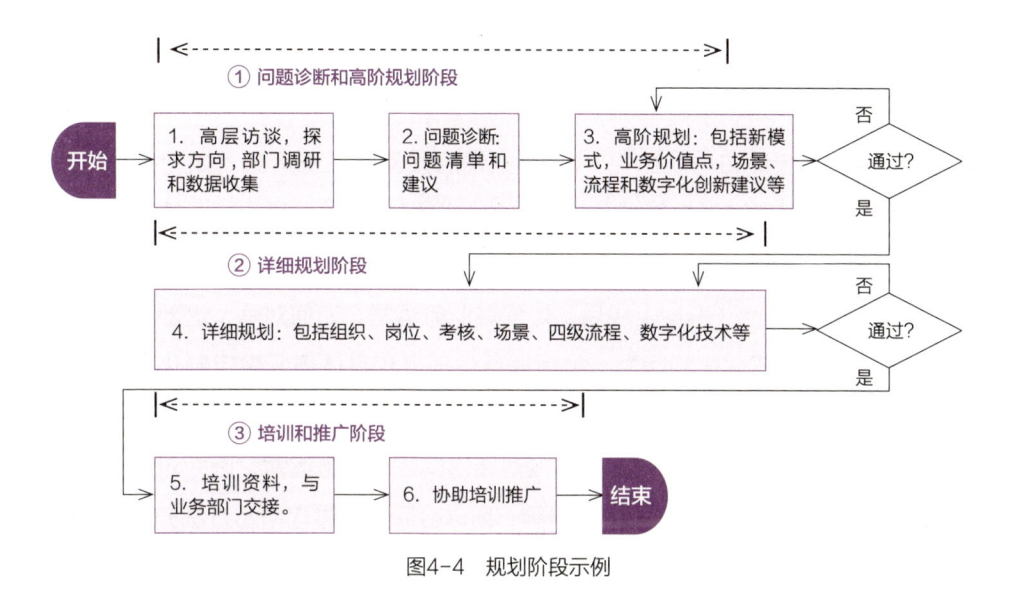

2. 交付阶段

图4-5展示的是CRM交付阶段管理方法示例。交付阶段基本上是目前所有CRM实施公司的强项，而且管理方法也经历了20多年的锤炼，所以此处不再过多介绍。

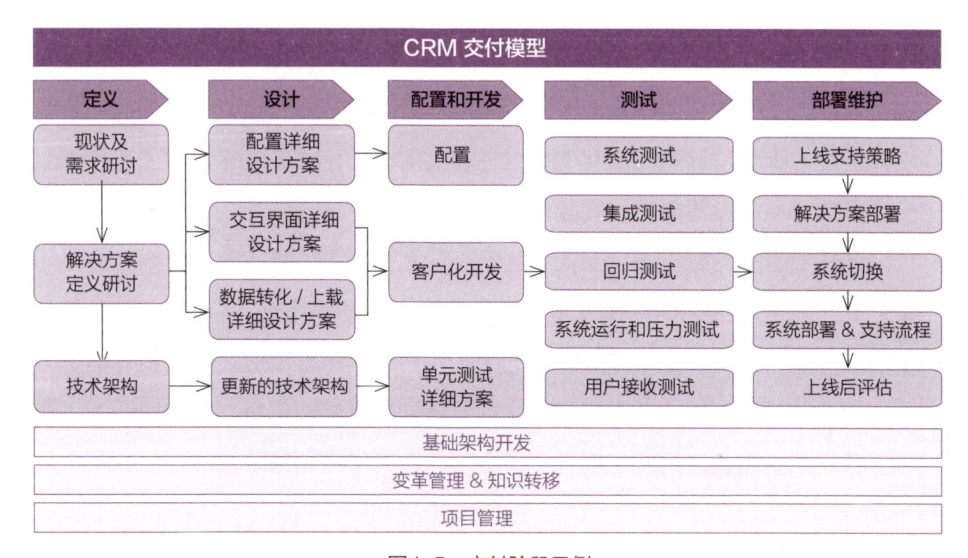

图4-5 交付阶段示例

3. 系统运维和功能迭代及业务运营阶段

（1）系统运维和功能迭代　CRM上线后如何做系统运维，如何提供一线和二线支持，如何进行功能优化迭代，这些流程都非常成熟的，此处不做更多介绍。

（2）业务运营　CRM上线后，如何做业务运营，如何对赌，这部分主要看甲方与乙方的信任程度和魄力，得根据具体项目和具体情况做定制化方案。不过，这里我提两条建议：

1）一般来说，乙方大公司很难按对赌协议去做业务运营。因为对赌协议中的回报很难评估，对乙方存在很大风险，所以合同审核过程中乙方法务部门可能不会批准。

2）要做业务运营和对赌，可以由甲方有闯劲、愿意承担风险的人员承担，也可以在市场上找资深的独立顾问承担这项任务。

三、推进和落地管理

传统CRM项目管理主要由项目管理办公室（PMO）承担。如果客户的诉求是系统上线，由PMO负责没有问题；如果客户的诉求是要产生业务价值和提升业务运营能力，仅仅采用PMO的项目管理架构就显得力不从心了。

如图4-6所示，针对数字化时代全生命周期的CRM交付法，为了能产生业务价值和提升业务运营能力，我建议增加如下组织：

（1）CRM指导委员会　如果想要产生很大的业务价值，没有最高层的参与和推动是无法成功的。所以建议本指导委员会由公司总经理、CRM项目覆盖业务的一把手（如销售一把手或服务一把手）和首席信息官组成。这个指导委员会的目的就是了解最高层的期望和反馈，需要得到最高层的首肯，并在集团内达成共识。在规划阶段建议两周左右开一次会议，在交付和运营阶段可以一到两个月开一次。

（2）业务推进委员会　业务推进委员会由CRM项目覆盖业务的一把手（如

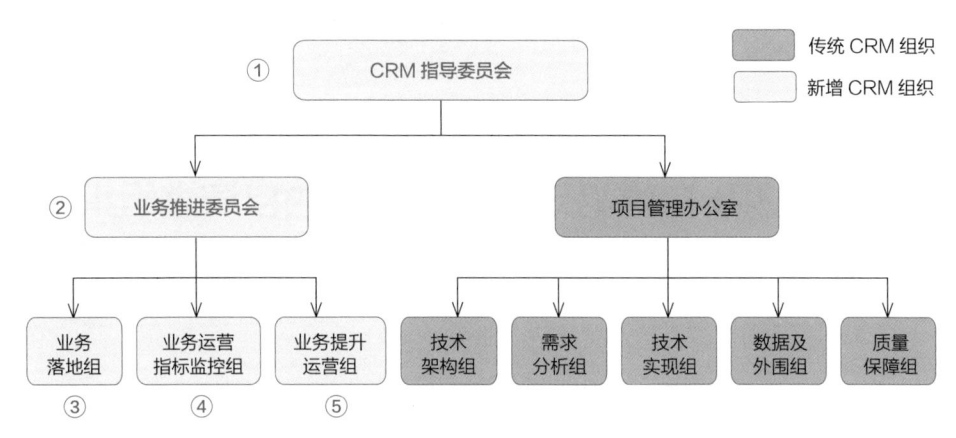

图4-6 CRM项目管理组织建议

销售一把手或服务一把手）组成，负责协调各种资源，以便把CRM涉及的各种变革和创新推进和落地。

（3）业务落地组　业务落地组负责具体执行业务变革和创新措施落地。

（4）业务运营指标监控组　业务运营指标监控组负责CRM上线后的所有业务指标的评估和监控。

（5）业务运营提升组　业务运营提升组就是前面说的负责CRM上线后持续运营，通过对赌产生业务价值的团队。

小结 > 传统的CRM交付方法已经二十多年没有太大变化了，在数字化时代，我们应该与时俱进，对交付方法进行创新和变革。本节详细介绍了数字化时代全生命周期CRM交付法的重要组成部分：两个基本点、三个转变和三个支撑。

CRM3.0 构建驱动数字化转型的自演进组织

我在序言中介绍了数字化转型的三大基石：体、用、势。数字化战略和数字化组织是体，其中数字化组织就是数字化转型的内驱力。本节我将介绍数字化转型中的组织建设和岗位设定。

一、传统信息化部门无法推动企业数字化转型

如图4-7所示，传统信息化部门是以软硬件功能可以使用为目标的，它和业务融合得较差，往往和业务部门是各说各的话，双方只是在一些与业务相关的信息化项目上有交集。

这种信息化部门在十年前是没问题的。那时候数字化技术对客户的体验和购买行为产生的影响不大；另外由于物联网、人工智能、移动互联、社交、大数据

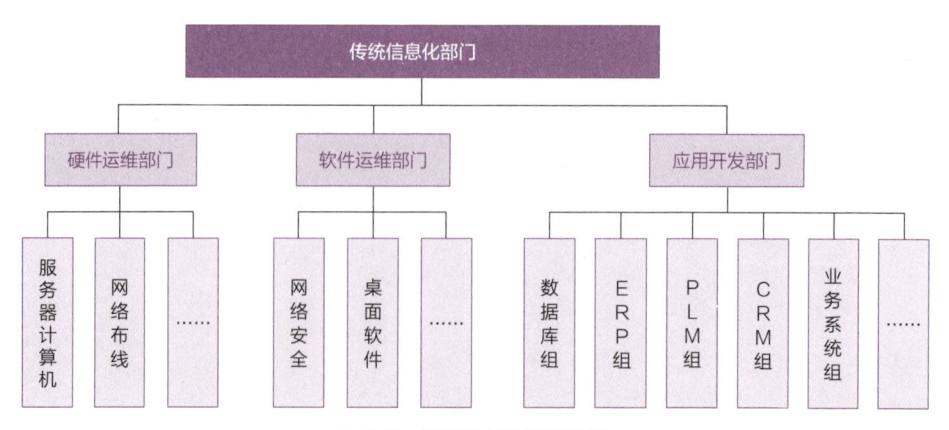

图4-7 传统信息化部门示例

等技术还不普及，对制造、研发和供应链等方面的影响也不大。但在数字化技术已深入到生活的每个角落的今天，如果仍沿用传统的信息化部门架构，就会在数字化时代逐渐丧失企业的核心竞争力。

二、数字化驱动营销和服务转型五部曲

如图4-8所示，数字化驱动营销和服务转型的五个主要步骤如下：

1. 三权：要赋予数字化组织推进数字化转型的必要资源和权力

（1）决策权　不是指仅仅赋予首席数字官或首席信息官数字化部门内部的决策权。而是指数字化部门要参与业务部门的决策，要驱动业务部门通过数字化技术进行业务模式和业务流程的再造。这个需要公司在组织架构和权力决策机制上予以保证。下文会具体介绍如何构建驱动营销和服务数字化转型的组织。

（2）分配权　一方面是指数字化部门要有数字化项目资金投入的分配权，另一方面是指数字化部门对员工薪资和奖金的分配权。尤其是后者，要建立自演进的数字化组织，其前提是让数字化部门有驱动数字化转型的欲望。转型后的高产出会带来自身的高回报，从而产生推动转型的欲望。

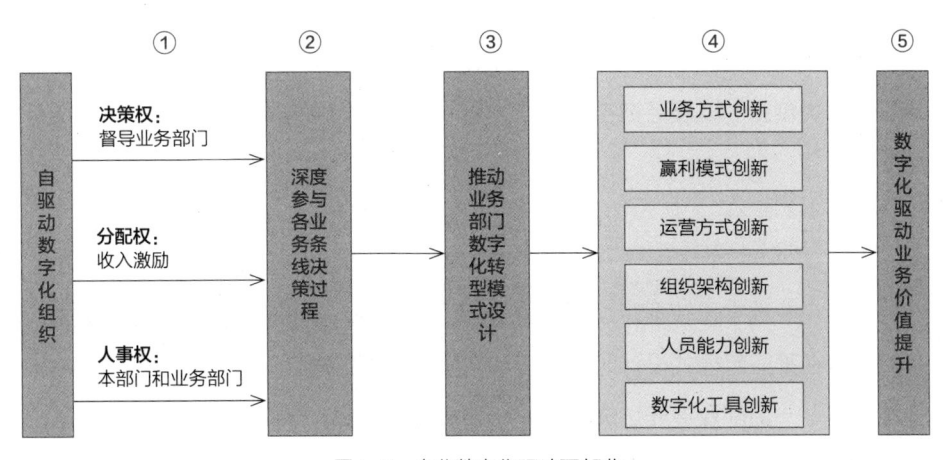

图4-8　企业数字化驱动五部曲

（3）人事权　除了对数字化部门的人事权，也需要有业务部门中与数字化相关岗位的人事权。很多公司业务部门本身是有数字化岗或信息岗的，这部分会与数字化部门产生冲突，致使很多数字化战略推进发生困难，所以需要这些岗位的人事权。

2. 深度参与各业务条线决策过程

如果数字化部门仅仅是派人支撑业务部门，那是数字化赋能。数字化部门要和各业务条线一起制定数字化战略，并且有相应的组织架构和机制使其能够贯彻下去，而且要对业务条线进行督导和考核，这才是数字化驱动。

3. 推动业务部门数字化转型模式设计

要驱动业务转型，就得根据最新的数字化思维和数字化技术，对传统的业务模式进行改造和创新。第3章"服务管理数字化转型"中的"转型破局，再造添翼"以服务数字化转型为例，介绍了企业如何通过RMB-PT方法去规划业务的数字化转型，此处不再赘述。

4. 推动数字化转型的六类创新落地

为了实现营销和服务业务模式的数字化转型，可以考虑六大类创新：①业务方式创新；②赢利模式创新；③人员能力创新；④组织架构创新；⑤运营方式创新；⑥数字化工具创新。第3章"服务管理数字化转型"中的"支撑服务数字化转型的六类创新"以服务数字化转型为例，介绍了如何进行这六类创新，此处不再赘述。

5. 实现数字化转型的业务价值产出

为了企业数字化转型可以得到业务部门的支持，不断投入，不断迭代升级，我们需要在第三步模式设计时，就设计数字化转型的短期引爆点和业务价值提升衡量方法。一切都要事先达成共识，一切都要可量化，一切都拿数据说话。否则就可能由于一些负面事件，致使数字化转型半途而废。

二、驱动营销和服务数字化转型的组织构建

下面我们谈谈如何构建驱动营销和服务数字化转型的组织。

如图4-9所示，这种组织架构不仅仅是改变数字化部门内部的组织架构，而是要对集团层面做调整。

1. 数字化战略委员会

没有企业最高层的参与和支持，很多事是推进不了的。所以我建议成立数字化战略委员会，由公司最高管理者、各条业务线一把手和首席数字官（或首席信息官）组成。成立这个委员会的目的是要设定短期和长期的数字化战略，在最高管理层的督导下，由各个业务线一把手去推进。

2. 数字化考核部门

在经营管理部下设数字化考核部门，给各个业务线设置数字化转型考核指标，并进行督促和监管。之所以将数字化考核部门放在经营管理部下面，而不是成立新的部门，是因为经营管理部是最有能力、最有经验、最有效率管理各条业

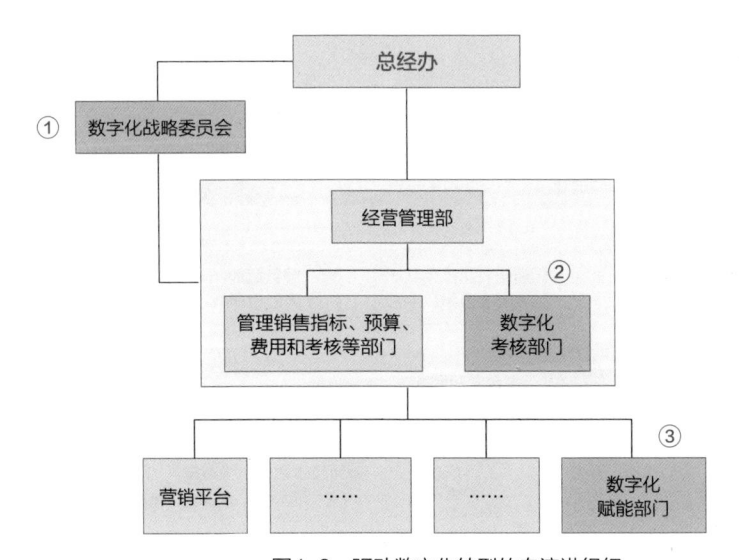

图4-9 驱动数字化转型的自演进组织

务线的部门。

3. 数字化赋能的数字化部门

除了上面提到的数字化战略委员会和数字化考核部门外，我们也需要重构信息化部门，将之改造成为"数字化赋能部门"。

如图4-10所示，数字化赋能部门是按前中台、中后和后台构建的，这样做最大的优势是可以直接和业务部门融合，可以通过数字化技术赋能业务部门。数字化赋能部门与传统信息化部门主要的不同点体现在前台和中台团队。

（1）前台　前台一般是按业务线配备的数字化赋能团队，与业务平台直接对接，比如营销数字化赋能团队，制造研发数字化赋能团队，服务数字化赋能团队。这些团队的作用是深度参与各条业务线的决策和执行过程，推动和完成各业务线的数字化创新和转型。

（2）中台　中台把前台使用的功能设计成一个个通用的中心，供前台调用共享。比如用户中心、订单中心、积分中心、工单中心等。

（3）后台　提供基础软硬件服务，比如基础设施、开发资源池、信息安全和新技术（大数据、人工智能、物联网、区块链等）等服务。

（4）项目管理团队　项目管理团队为前台、中台和后台项目提供项目管理、项目审计、评估和穿刺等服务。

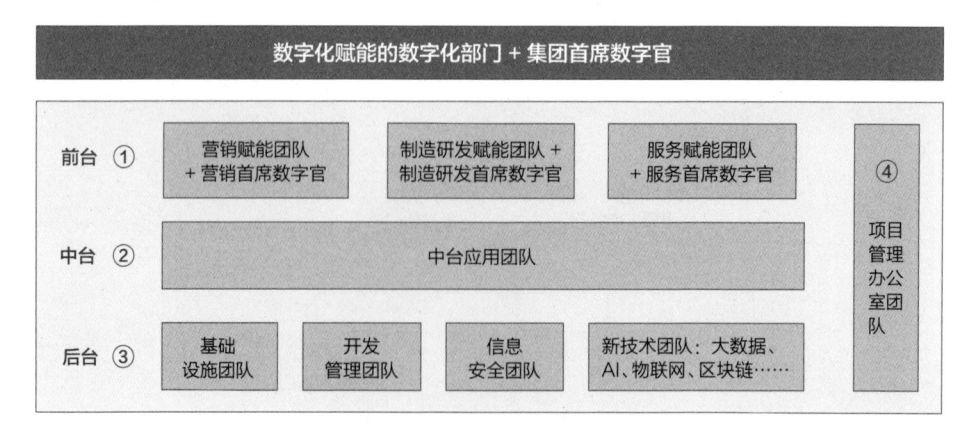

	数字化赋能的数字化部门 + 集团首席数字官	
前台 ①	营销赋能团队 + 营销首席数字官 ／ 制造研发赋能团队 + 制造研发首席数字官 ／ 服务赋能团队 + 服务首席数字官	④ 项目管理办公室团队
中台 ②	中台应用团队	
后台 ③	基础设施团队 ／ 开发管理团队 ／ 信息安全团队 ／ 新技术团队：大数据、AI、物联网、区块链……	

图4-10　数字化赋能部门示例

三、驱动数字化转型岗位设定

前文讲了驱动数字化转型的组织建设,这里再介绍一下驱动数字化转型的岗位设定。如图4-11所示。

1. 集团首席数字官

(1)拥有数字化领域决策权、分配权、人事权。

(2)在由公司最高管理者,各条业务线一把手和首席数字官组成的数字化战略委员会上拥有重要话语权。

(3)通过数字化考核部门把各业务条线数字化转型过程和成果进行指标化和量化。

2. 营销和服务首席数字官

营销和服务领域也要有本领域的首席数字官,他与营销和服务总经理一对一组队,相互配合共同完成营销和服务数字化转型。所以营销领域的首席数字官得具备足够多的业务知识和数字化知识,来做营销和服务总经理的朋友和导师,并对营销和服务领域数字化转型做整体规划。

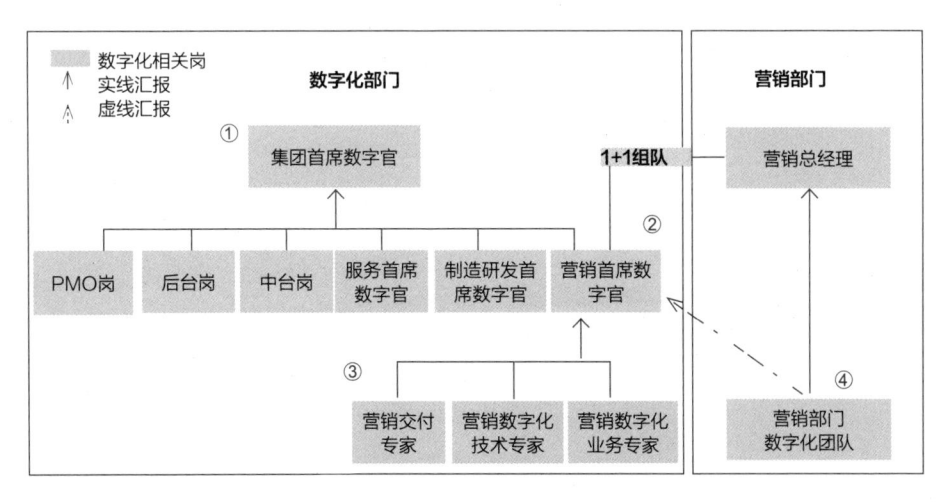

图4-11 驱动数字化转型岗位设定示例

3. 营销数字化团队

营销和服务首席数字官要有自己的数字化团队，他们可以做数字化项目，可以做流程数字化赋能，也可以推广普及最前沿数字化技术。

4. 业务部门数字化团队

营销和服务业务部门一般也都会有自己的数字化团队，这个团队建议虚线向营销和服务首席数字官汇报，这样营销和服务首席数字官才能更好地了解营销和服务业务现状，以及更好地推进落实营销和服务数字化转型。

四、跨业务单元的数字化转型规划和落地

很多时候，业务转型是跨业务单元的。比如销售和服务一体化，就涉及了营销部门和服务部门，我们可以通过下面方法完成数字化转型规划和落地。

如图4-12所示，在前面介绍的企业数字化转型的组织构建和岗位设定中，我们设计的新组织和岗位是可以很好地解决跨业务单元的数字化转型规划和落地问题的。其中涉及的相关单元如下。

1. 数字化战略委员会：达成高层共识

2. 数字化考核部门：下达命令和完成监督

3. 各领域首席数字官：完成数字化转型落地

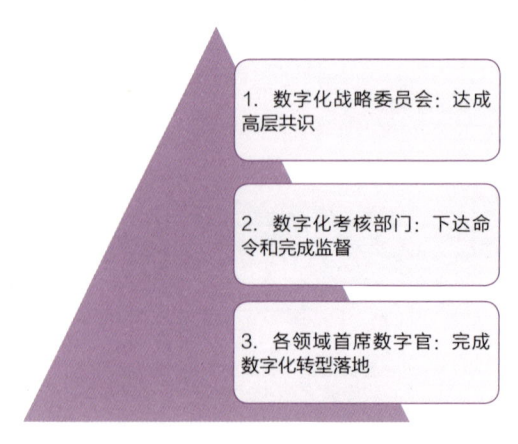

图4-12 跨业务单元的数字化转型规划和落地

（1）数字化战略委员会　针对跨业务单元的数字化转型，由高层达成共识和制定方向。

（2）数字化考核部门　对跨业务单元的数字化转型进行过程和结果监控。

（3）各领域首席数字官　针对跨业务单元的数字化转型制订具体落地方案，通过流程、场景和岗位设计，以及数字化项目完成落地。

小结 > 本节介绍了"数字化转型中的组织建设与岗位设定"的四个重要方面：①数字化转型五部曲；②驱动数字化转型的组织构建；③驱动数字化转型的岗位设定；④跨业务单元的数字化转型规划和落地。

CRM3.0 的价值评估体系

在CRM领域一直缺乏一套标准的价值评估体系，也就是该如何评估CRM是否成功，以及如何运营CRM来保证业务价值持续产出。过去我们总是跟客户解释使用即有用，就是CRM系统上线了，有用户在使用，就表示CRM系统有价值。

在数字化时代，正如前面章节中所述：CRM3.0时代要想成功，必须具备五个关键能力，其一就是需要建立CRM价值评估体系。

CRM价值评估体系与要用到的CRM功能领域、所涉及的行业和客户属性都息息相关，下面我就以CRM中的B2B销售为例，提取行业和客户共性，定义一下价值评估体系。

针对B2B销售的CRM，很多客户之前一直想以销售额或销售周期等作为衡量标准。但B2B的订单很多是取决于客户的预算和客户的立项周期，乙方能起到的作用不大，所以通过CRM想起到缩短销售周期和增大销售额的作用，难度很大。就算个别订单可以，也不具备普遍性。还有些客户以赢单率或商机转换率去考核，但其中哪些效果是由CRM起的作用，哪些效果是由市场销售投入、产品方案、售前团队能力和关系提升起的作用，很难分析出来。所以靠一两个指标很难对CRM在B2B销售中起的作用进行全面的评估。我们需要更系统、更全面和更科学的评估体系。

我们之所以很难建价值评估体系，根源在于我们缺乏一个完善的B2B销售理论体系。过去只有市场到线索、线索到商机、商机到订单、订单到现金的方法论，也就是主要聚焦在LTC的管理上。LTC的管理方法只关注了一条商机主线，而且以流程为主，缺乏很多管理和评估方法，也就很难建立一套完善的

CRM评估指标体系。

我在第2章"CRM3.0之B2B营销数字化转型"中介绍过,B2B销售由五条主线构成:即客户线、商机线(TAS+)、支撑线、人脉线(ECM)和项目线(PRM)。基于CRM3.0这一理论,下面介绍CRM3.0的B2B销售评估体系。

如图4-13所示,CRM3.0的B2B销售评估体系由五个维度组成。

图4-13 CRM3.0之B2B销售价值评估五维度

(1)客户的管理能力 也是客户线的管理能力,以及人脉线(ECM)和项目线(PRM)的数据积累能力。

(2)打单过程的管控能力 也就是商机线(TAS+)的管理能力。

(3)资源调度和管理能力 也就是支撑线的管理能力。

(4)员工的提升能力 也就是员工资源的应用能力。

(5)企业方向的匹配能力 也就是战略的执行能力。

如图4-14所示,接下来我将对B2B销售评估体系的五个维度的二级指标做详细介绍。

CRM3.0 B2B销售评估体系-二级细化指标				
1. 客户的管理能力	2. 打单过程的管控能力	3. 资源调度和管理能力	4. 员工的提升能力	5. 企业方向的匹配能力
1. 关系紧密度 2. 方案渗透度 3. 商机孵化能力 4. 客户覆盖能力 5. 客户的了解力	1. 商机转化率 2. 过程掌控能力 3. 关系管理能力	1. 资源匹配能力 2. 过程系统能力 3. 资源整合能力	1. 新员工的生存能力 2. 员工的进阶能力 3. 员工的自我实现能力	1. 集团业务方向的实现能力

图4-14　B2B销售评估体系——二级细化指标

一、客户的管理能力

大客户管理的目的是在关系和方案上建立优势，压制友商，同时孵化更多的高质量商机。此外，在大客户管理中，客户的有效覆盖，以及对关系能力和项目关系信息的积累和经营，也是大客户管理的重中之重。所以客户的管理能力的考核指标如下：

（1）关系紧密度　用来评估我司的整体关系能力和员工个体的关系能力。我在前文"B2B销售之企业人脉资源管理（ECM）能力"中有详细介绍，在此就不再赘述。

（2）方案渗透度　在客户中使用本公司方案和产品的品类和数量；本公司方案和产品在客户选择中的赢单率。

（3）商机孵化能力　孵化的商机进入立项阶段的数量和金额。

（4）客户覆盖能力　负责的大、中、小客户新增已购产品和方案的客户数量；已购产品和方案客户中流失客户的数量。

（5）客户的洞察能力　客户人脉能力的洞察，即人脉线（ECM）中的客户关系图谱及客户关键人视角的数据完整性和准确性。详情请见前文"B2B销售之企业人脉资源管理（ECM）能力"。客户项目数据的洞察，即是客户项目数据的完整性和准确性。详情请见前文"B2B销售之项目关系管理（PRM）"。

二、打单过程的管控能力

其实就是商机线（TAS+）的管控能力。

（1）转化率　立项通过商机到赢单商机之间的转化率。

（2）过程管控能力　占用客户时间最多的商机占比和参与客户预算和招标文件编写的商机占比。

（3）关系管控能力　项目决策链的数据填写的完整性和准确性；项目关键人价值主张的投射程度；项目数据填写的完整性和准确性。

三、资源调度和管理能力

（1）资源匹配能力　大项目的资源到位效率和能力；小项目的通用资源支撑效率和能力；项目的售前费用占比。

（2）过程协同能力　项目过程中的统一管理能力，即主负责人能否高效调度资源，每个参与人能否清晰明确岗位职责划分；协同考核能力，即主负责人能否公正透明地给每一个项目参与人打分。

（3）资源整合能力　大项目在打单过程中能否高效整合项目每个参与成员，例如售前、测试、交付、售后、二次开发等各个团队成员。

（4）资源回报能力　售前资源ROI提升和整体销售额提升。

四、员工的提升能力

就是如何帮助销售员工成功。在前文"CRM应用之三轮驱动体系"已有详细介绍。

（1）新员工的存活能力　温饱阶段的员工留存率。

（2）员工的进阶能力　温饱和小康阶段的员工的进阶率。

（3）员工的自我实现能力　富裕阶段的员工自我实现率。

五、企业方向的匹配能力

主要指集团业务方向的实现能力，就是CRM能否帮助集团的战略顺利落地。可以拿出集团的重点领域的业绩指标来和使用CRM之前做对比。比如重点一线城市A方案的占有率，合同金额等。

小结 > 本节介绍了CRM3.0的价值评估体系，并以B2B销售的价值评估体系为例，介绍了五个维度，及每个维度的二级指标。五个维度分别是：①客户的管理能力；②打单过程的管控能力；③资源调度和管理能力；④员工的提升能力；⑤企业方向的匹配能力。

CRM3.0 企业数字化战略如何落地及常见问题

本节中我将对企业有了数字化战略后,各个业务单元如何落地,以及价值流、业务流和数据流,或组织、岗位、流程和考核等的先后顺序和之间的关系进行介绍。

如图4-15所示,数字化战略和落地分成三个主要部分,即数字化规划、数字化设计和数字化赋能。数字化落地主要在数字化设计和数字化赋能中,具体分成五个步骤:

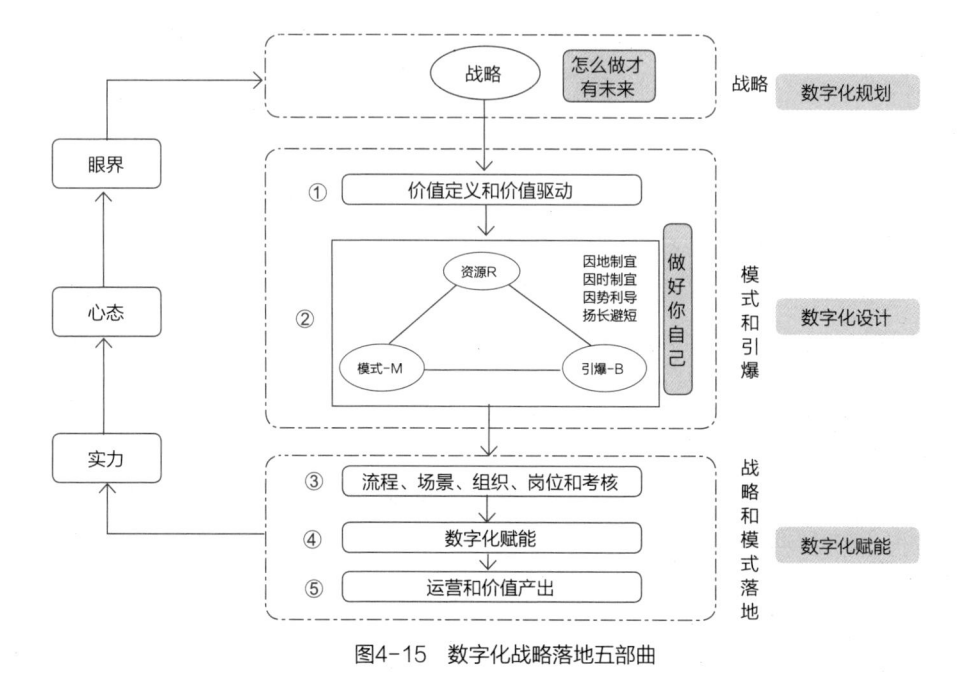

图4-15 数字化战略落地五部曲

一、价值定义和价值驱动

当数字化战略制定后，各个业务单元一定要和集团最高管理层清楚地定义本业务单元在集团战略中的价值定位和价值评估方法。并根据讨论后的集团认可的价值定义和评估方法，去驱动后面的业务模式的设计。

这一步是一定要做的，在这件事上一定不能自以为是。比如说集团把我们业务单元定义为成本中心，只需要我们把本职工作做好就行，但我们把自己定义成了利润中心，那后面所有的设计都会出现巨大的偏差。

二、通过RMB方法定义模式和引爆点

在集团内部对价值定义达成共识后，我们就要基于数字化技术能力，开始设计模式和引爆点。

在模式和引爆点设计中，设计原则是：做最好的自己，而不是盲目的模仿别人。我们设计的十六字方针是：因地制宜，因时制宜，因势利导，扬长避短。

（1）资源（Resource） 我们首先要盘点一下数字化技术可以与哪些资源相融合。比如销售网络、服务网络、品牌知名度、资产、客户数量、客户触点、客户流量等。

（2）模式（Mode） 模式有很多种，比如业务模式、赢利模式和运营模式等。在这里最关键的一点是我们需要根据前面的价值定义来确认我们是要做模式转型还是模式优化。比如原来我们业务单元是成本中心，现在要做利润中心，那就是要做模式转型。这会涉及大量的转变和创新，比如赢利模式创新、业务方式创新、人员能力创新、组织架构创新等。如果我们业务单元的定位没有发生变化，仅仅是对效率和客户体验等提出了要求，那就是模式优化，我们就应该聚焦流程优化和数字化赋能。

（3）引爆点（Breakthrough） 引爆点是短期（比如1年）内可以带来的、可量化的提升指标，而且这些衡量指标是得到集团最高层认可的。因为这么做可以保证你的转型或优化可以持续下去。业务单元转型或优化最怕一些突发事件打

乱你的进程，或者是业务单元定义的成功标准和集团领导对你的评估标准不一致。这种情况下，即使转型或优化已经有了很大的成效，但集团领导从他的消息来源或视角看，也可能会不认可，致使转型或优化半途而废。所以我们需要在短期内达到和超越集团领导认可的评估标准，不断引爆，不断给集团以信心。这样才能得到更多的支持和帮助，消除不必要的杂音。

RMB-PT方法在第3章"CRM3.0之服务数字化转型"中有介绍，在此就不再赘述。

三、流程、组织、岗位和考核的制定

在模式和引爆点制定后，需要开始设计流程、场景、组织、岗位和考核，有时候我们管他叫流程再造（BPR）。

四、数字化赋能

就是选择数字化工具来支撑前面的模式、流程、场景、组织、岗位和考核等的转型或优化。使用哪些数字化技术，应用哪些相关产品，需要因行业而定、因应用而定和因客户而定，存在着巨大的差异性。但交付的方法是有共性的，可以使用之前介绍的CRM3.0全生命周期的交付方法，完成交付的三个转变：1. 选型的转变：由聚焦软件选型到聚焦数字化创新；2. 评估的转变：由聚焦软件功能到聚焦业务价值产出；3. 预算和投入的转变：由一次性投入到几年一个周期持续投入产出。

五、持续运营和业务价值产出

在传统的方法里，数字化系统上线和系统运营是分开来考虑的，而且普遍重交付、轻运营。但这种只管生不管养的方法会造成系统上线了，但业务价值没有生成的结果。我在CRM3.0全生命周期的交付方法里介绍了投入周期管理，其中

介绍了系统上线后每年应如何投入，来进行系统运维和业务运营。

当上面五部曲有效执行后，企业实力会不断增强；实力增强后企业自然会更有信心；有了信心后，眼界也会更长远，自然也会反映在企业战略上，这样形成一个良性循环。

在介绍了"战略落地五部曲"之后，我回答几个在战略落地过程中常见的问题：

问题1：战略落地过程中的重大风险点有哪些？

（1）业务单元和集团对价值定义不在同一频道上　战略容易被突发事件打乱进程，所以一定要在第一步与集团在价值定义和价值驱动方向上达成共识，在第二步与集团在引爆点和评估标准上达成共识。

（2）人走茶就凉　主要领导一变动，原先所做的所有转型和优化就慢慢停顿、淡化或消失。一定要建立长效机制，把模式、流程、场景、组织、岗位和考核等固化在数字化系统中，即使高层变动，原先的转型和优化仍在系统中运转。

（3）只管生，不管养　转型和优化一开始肯定不完美，需要持续运营，不断纠偏和优化。转型和优化需要给予时间、空间和资源，守护其成长。

问题2：成本中心如何转为利润中心？

成本中心要想转为利润中心，一般要经过模式的转型，就是业务模式、赢利模式和运营模式等方面的转型。同时要对业务单元组织架构进行重大调整，把经营权、人事权和分配权赋予利润中心，才能做到自驱动、自组织、自演进和自赢利。

问题3：在组织转型后，前中后台考核模式？

（1）前台　通过给客户带来高体验和高价值，让自身得到高收入。前台考核来自客户和市场，要找到最合理和可量化的指标。

（2）中后台　由管理职能转变成运营和支撑职能，前台调用中后台资源，通过整体运营效果来考核中后台。

问题4：组织、流程、场景、岗位、考核的顺序是什么？先组织后有流程，还是先流程后组织？

（1）如果是做重大业务模式转型，可能需要先考虑组织变革，再看流程、场景等其他要素。就是先看看集团能不能满足对组织变革的要求，比如提升业务单元等级，赋予人事权、经营权和分配权等。

（2）如果业务模式不做转变，只做流程和场景优化的话，可以以流程和场景为优先，设计最佳流程和场景，再看组织、岗位和考核等如何配合优化后的流程和场景。

问题5：价值流、业务流和数据流的前后顺序？

（1）在设计、规划和落地阶段，可以先设计价值流、然后是业务流、最后数据流。

（2）在运营阶段，价值流、业务流和数据流应该是相辅相成，循环向上的。

小结 > 本节介绍了企业战略规划和落地五部曲：①价值定义和价值驱动；②通过RMB方法定义模式和引爆点；③流程、场景、组织、岗位和考核的制定；④数字化赋能；⑤持续运营和业务价值产出。

CRM3.0 四维规划法（MSTT）

前面一节介绍了数字化战略如何落地。当我们在数字化设计中定义了模式和引爆点后，我们接下来可以用四维数字化规划法来设计数字化赋能。

目前大量的数字化技术涌现，比如人工智能、区块链、大数据、边缘计算、AIoT、混合现实，以及众多的移动化和社交化应用。但这些技术主要体现在系统实现落地层面，而企业咨询和规划领域仍然在沿用传统的咨询和规划方法论，这就导致数字化能力没能很好地与企业业务相融合，数字化发挥的效力无法很好地体现。如果企业没在模式、场景和流程的层面去规划，而仅仅是为了数字化而数字化，那就是"穿新鞋走老路"，有可能让企业在错误的道路上越跑越远。

在数字化时代进行营销和服务的数字化创新和转型时，可以采用CRM3.0的MSTT规划法，即模式（Model），空间（Space）、时间（Time）和技术（Technology）四个维度规划。也就是要在规划时把业务模式数字化创新、业务场景数字化创新、业务流程数字化创新和技术数字化创新完美融合。

如图4-16所示，在营销和服务数字化转型规划时，除了传统的咨询规划方法外，我们可以从业务模式的数字化、空间的数字化、时间的数字化和技术数字化四个层面去规划。

一、模式的数字化（Model）
——业务模式数字化创新

创新型企业往往要求套圈换道。套圈是指遥遥领先竞争对手，如数字化创新；换道是指从不同领域、不同维度去竞争，如数字化转型。业务模式的数字化

```
┌─────────────────────────────────────────────────────────────┐
│         模式的数字化（Model）-业务模式数字化创新              │
│                           ↑                                  │
│                          支撑                                │
│         空间的数字化(Space)-业务场景数字化创新                │
│   ┌─────────────┐   ┌─────────────┐   ┌─────────────┐     │
│   │   场景1     │   │   场景2     │   │   场景n     │     │
│   ├──────┬──────┤   ├──────┬──────┤   ├──────┬──────┤     │
│   │子场景1│子场景n│   │子场景1│子场景n│   │子场景1│子场景n│     │
│   └──────┴──────┘   └──────┴──────┘   └──────┴──────┘     │
│                           ↑                                  │
│                          连通                                │
│         时间的数字化(Time)-业务流程数字化创新                 │
│                           ↑                                  │
│                          实现                                │
│      技术的数字化(Technology)-技术的数字化创新                │
└─────────────────────────────────────────────────────────────┘
```

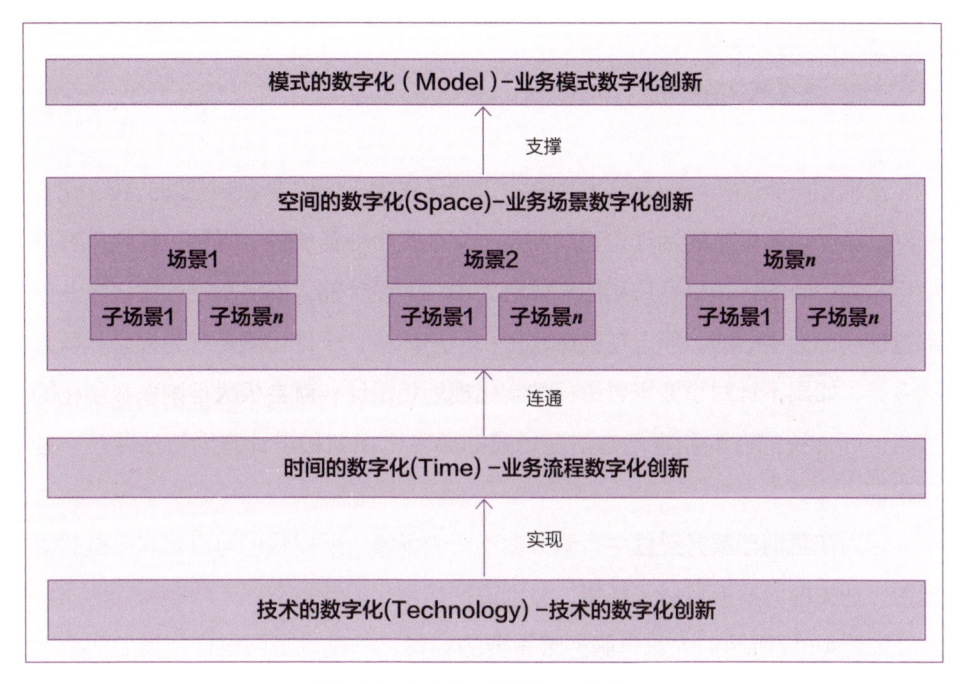

图4-16 四维数字化规划法（MSTT）

创新属于换道，即数字化转型，就是通过数字化技术支撑业务模式、赢利模式和运营模式等的改变，来获取巨大的竞争优势。

模式数字化创新可以从以下两个方面去考虑：

（1）**数字化技术能否创造新的业务模式** 就是由于数字化技术的发展，使原来没有的模式变成了可能。比如电商、新零售、社交媒体、短视频等都是这种情况。在后面"家电汽车和房地产行业数字化转型浅析"将提到，服务要从工单驱动交易型服务转变成需求驱动管家型服务，需要进行服务管家化，人员创客化，网点平台化和收入生态化的模式转型。如果我们用数字化技术承接这四化的转型，进行这方面的规划，就属于业务模式数字化创新。

（2）**数字化技术能否支撑集团新战略下的新业务模式** 比如集团未来定位是"美好生活提供商"或"城乡建设和生活服务商"，那就必然要在业务模式、运营模式和赢利模式等方面做出巨大调整，我们的数字化技术能否有力支撑这一重大调整？

二、空间的数字化（Space）
——场景数字化创新

营销和服务的执行一定会发生在一定的场景中，所以要做到空间的数字化。当然，某一场景发生的活动也可能涉及一个或多个业务流程。场景往往是以客户和用户为中心的，是以客户和用户体验为中心而设计的。而流程往往是以企业内部管理闭环为中心的。所以在强调客户和用户体验，个性化服务等为核心竞争力的今天，如果不针对重要场景进行数字化规划和设计，就会极大地削弱数字化的效果。而传统的咨询和规划方法在场景的数字化规划和设计方面依然存在一些不足。

因为在营销和服务过程中有着太多不同的场景，所以我们可以聚焦一些关键场景，把关键场景拆分成子场景，分别进行数字化设计。

如图4-17所示，大家电服务最重要的场景之一就是上门维修。我们把家电维修场景分成四个子场景，分别是：上门入户、家电维修、管家服务和结算完工。每个子场景都会涉及很多可以进行数字化赋能的点。

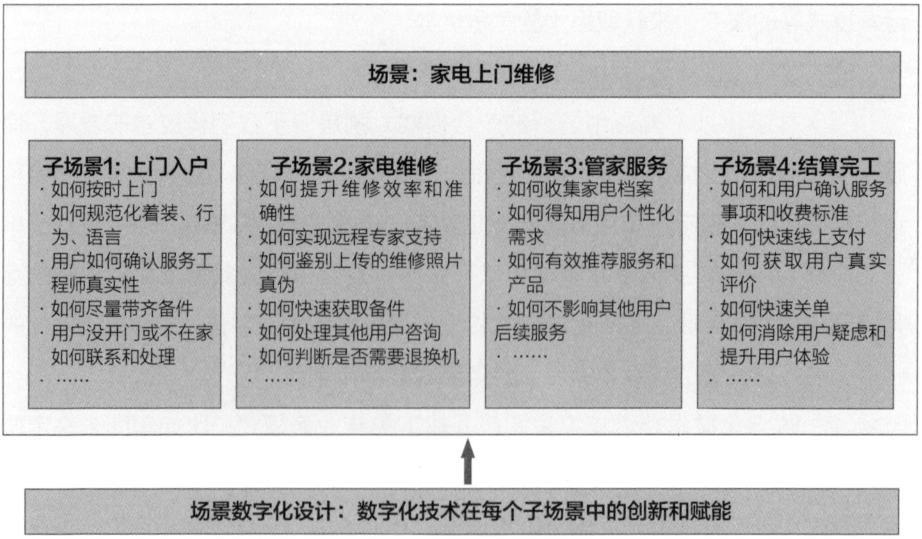

场景：家电上门维修

子场景1:上门入户	子场景2:家电维修	子场景3:管家服务	子场景4:结算完工
·如何按时上门 ·如何规范化着装、行为、语言 ·用户如何确认服务工程师真实性 ·如何尽量带齐备件 ·用户没开门或不在家如何联系和处理 ·……	·如何提升维修效率和准确性 ·如何实现远程专家支持 ·如何鉴别上传的维修照片真伪 ·如何快速获取备件 ·如何处理其他用户咨询 ·如何判断是否需要退换机	·如何收集家电档案 ·如何得知用户个性化需求 ·如何有效推荐服务和产品 ·如何不影响其他用户后续服务	·如何和用户确认服务事项和收费标准 ·如何快速线上支付 ·如何获取用户真实评价 ·如何快速关单 ·如何消除用户疑虑和提升用户体验

场景数字化设计：数字化技术在每个子场景中的创新和赋能

图4-17 家电维修场景数字化设计示例

（1）子场景1：上门入户

- 如何按时上门？
- 如何规范化着装、行为、语言？
- 用户如何确认服务工程师真实性？
- 如何尽量带齐备件？
- 用户没开门或不在家时如何联系和处理？
- ……

（2）子场景2：家电维修

- 如何提升维修效率和准确性？
- 如何实现远程专家支持？
- 如何鉴别上传的维修照片真伪？
- 如何快速获取备件？
- 如何同时处理其他用户咨询？
- 如何判断是否需要退换机？
- ……

（3）子场景3：管家服务

- 如何收集家电档案？
- 如何得知用户个性化需求？
- 如何有效推荐服务和产品？
- 如何不影响其他用户后续服务？
- ……

（4）子场景4：结算完工

- 如何和用户确认服务事项和收费标准？
- 如何快速线上支付？
- 如何获取用户真实评价？
- 如何快速关单？
- 如何消除用户疑虑和提升用户体验？
- ……

可以发现，我们可以先定义关键场景，再把关键场景拆分出子场景。针对每一个子场景，我们再去讨论和分析如何通过数字化技术来创新和赋能。这样做一定能提升维修效率、减少二次上门和提升客户满意度。但传统CRM规划中一般只考虑五级流程，不考虑场景以及场景中的数字化应用。

三、时间的数字化（Time）
——流程数字化创新

流程会把一个一个场景串联或并联起来，形成业务和信息闭环。流程中的节点往往是有时间先后顺序的，所以也是时间的数字化。比如家电维修的全流程涉及需求的接入、派单、上门维修、评价、关单、旧件回退、查假和结算等多个场景。因为每一个场景在场景数字化中已有设计，所有流程数字化会把这些场景串起来，通过数字化技术，把执行效率和管理效率放在第一位。

场景的数字化往往聚焦用户体验和业务效率；流程的数字化往往聚焦管理效率和执行效率。

四、技术的数字化（Technology）
——技术的创新

技术的数字化是每一家产品公司的强项，相关产品和介绍也非常容易获取。我在"数字化时代CRM产品创新"中也介绍了如何用数字化技术重构CRM，以及各种数字化技术在CRM中的应用。

小结 > 本节介绍了营销和服务领域新的数字化规划方法，既CRM3.0的四维规划法（MSTT）：模式的数字化（Model）、空间的数字化（Space）、时间的数字化（Time）和技术的数字化（Technology）。

CRM3.0 应用之三轮驱动体系

CRM产品从诞生之初就面临着一个巨大困境，公司管理层可能对CRM趋之若鹜，认为它是解决销售问题的一剂良方，但一线销售人员却非常抵触，要么不愿意使用，要么录入很多无效信息。我从1999年开始踏足CRM领域，基本上每个客户都在问如何让一线销售人员把CRM用起来。直至今日，这个问题仍然是客户面临的最大难题之一。

当客户问类似问题时，过去我们总是跟客户说，要加强考核，保证使用率，存在既有理，只要员工在用，就表示CRM有价值等。我们经常鼓励客户把员工CRM使用率计入考核，使用率低就扣绩效。但其实这是一种负激励方式，以罚代管，就算CRM使用率高，也并不代表有业务价值。

之所以出现这样的问题，是和CRM设计思想有关。我们从CRM诞生之初，针对销售功能，就采用两轮驱动的模式，即以销售每日工作为中心和以客户需求为中心的设计方法。但我们从来没有认真考虑过销售人员，尤其是一线销售人员真正的需求。

如图4-18所示，我们目前的CRM聚焦在：

（1）**以员工工作为中心**　也就是销售经理如何围绕客户需求来完成自己的工作，常见的功能如活动、线索、商机、合同、报价、回款等。

（2）**以客户需求为中心**　也就是洞察客户需求，通过各种场景和触点给客户提供最好的体验，从而提高赢单率。

这种模式的问题就是聚焦在销售人员如何满足客户，即建立了一种员工和客户的生产关系。也就是以客户为中心，销售人员如何通过每日的工作来满足客户

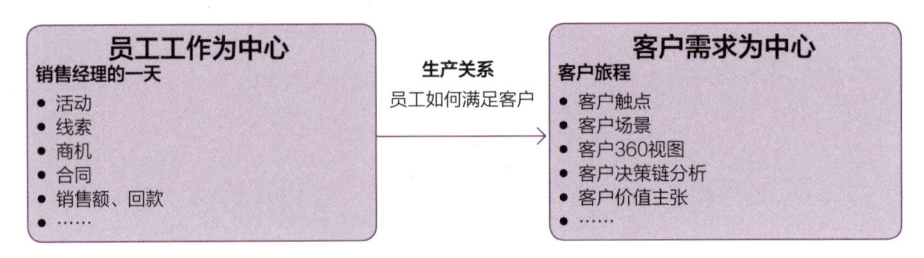

```
┌─────────────────────────┐                    ┌─────────────────────────┐
│   员工工作为中心         │    生产关系         │   客户需求为中心         │
│  销售经理的一天          │ ─────────────────> │  客户旅程                │
│  • 活动                  │  员工如何满足客户   │  • 客户触点              │
│  • 线索                  │                    │  • 客户场景              │
│  • 商机                  │                    │  • 客户360视图           │
│  • 合同                  │                    │  • 客户决策链分析        │
│  • 销售额、回款          │                    │  • 客户价值主张          │
│  • ……                    │                    │                         │
└─────────────────────────┘                    └─────────────────────────┘
```

图4-18　CRM传统的两轮驱动模式

需求，以达成销售任务。

但它忽视了生产力的问题。员工是生产力的源泉。生产力的发展和变化决定着生产关系的发展和变革。只有提升了生产力，才有可能真正改善生产关系，从而提升公司整体销售能力。不开心的销售人员是很难给客户带来高满意度的，所以我们不能只关注客户的需求，而忽略了销售人员的需求。

一、建立三轮驱动模式，通过提升生产力来完善生产关系

如图4-19所示，我认为需要为CRM建立第三个轮子（以员工需求为中心），才能使CRM销售体系达到平衡，从而使销售对CRM产生喜爱和依赖。

很多CRM产品为员工提供了知识库、线上培训等功能，这算不算以员工需求为中心？算，但是这远远不够。

就像在"以客户需求为中心"中，我们通过客户生命周期去管理客户；在以"员工需求为中心"中，我们通过员工生命周期去管理。

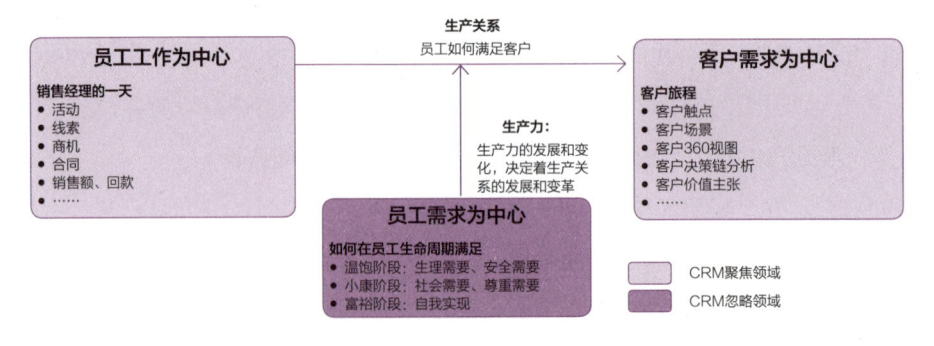

```
┌─────────────────────────┐    生产关系         ┌─────────────────────────┐
│   员工工作为中心         │  员工如何满足客户   │   客户需求为中心         │
│  销售经理的一天          │ ─────────────────> │  客户旅程                │
│  • 活动                  │         ▲          │  • 客户触点              │
│  • 线索                  │         │          │  • 客户场景              │
│  • 商机                  │       生产力：      │  • 客户360视图           │
│  • 合同                  │    生产力的发展和变  │  • 客户决策链分析        │
│  • 销售额、回款          │    化，决定着生产关  │  • 客户价值主张          │
│                         │    系的发展和变革    │                         │
│                         │  ┌───────────────┐ │                         │
│                         │  │ 员工需求为中心 │ │                         │
│                         │  │如何在员工生命周│ │                         │
│                         │  │期满足          │ │     ■ CRM聚焦领域       │
│                         │  │• 温饱阶段：生理│ │     ■ CRM忽略领域       │
│                         │  │  需要、安全需要│ │                         │
│                         │  │• 小康阶段：社会│ │                         │
│                         │  │  需要、尊重需要│ │                         │
│                         │  │• 富裕阶段：自我│ │                         │
│                         │  │  实现          │ │                         │
│                         │  └───────────────┘ │                         │
└─────────────────────────┘                    └─────────────────────────┘
```

图4-19　CRM三轮驱动模式

二、CRM如何实现"以员工需求为中心"

如图4-20所示,员工的生命周期不是指销售人员在公司中工作年限,也不是指他的职位上升路径,而是指他在公司中的生存和需求状态。有的人会在一个阶段停留很久,也有的人可能会迅速通过。销售人员一般会处在以下三个阶段之一:

(1)温饱阶段 往往是销售人员刚入职不久的状态,既缺订单,也缺对方案的理解、还缺相关的支持资源。

(2)小康阶段 往往是销售人员有了稳定的客户,每年会有持续的订单进来,完成数字的压力不大,进入了良性循环。

(3)富裕阶段 这是大部分销售人员无法企及的阶段。这个阶段的销售往往完成业绩指标已相对容易,他在行业中也有了很多积累和沉淀,他更关注业内的知名度和大家对他的肯定,希望成为业内的影响力中心。

当销售处于这些阶段时,我们如何设计CRM来满足他们不同的需要呢?在温饱阶段我们要帮助销售存活下去,即通过CRM帮助销售找到商机,推荐最合适的方案,在打单过程中提供最好的售前支持;在小康阶段CRM要提供各种资源帮助销售维系一些重要客户,在关系和方案上取得优势,加快商机的孵化;在富裕阶段,CRM要帮助销售与集团内部和社会化的各种资源对接,来体现销售的自身价值,成为业内大咖和影响力中心。

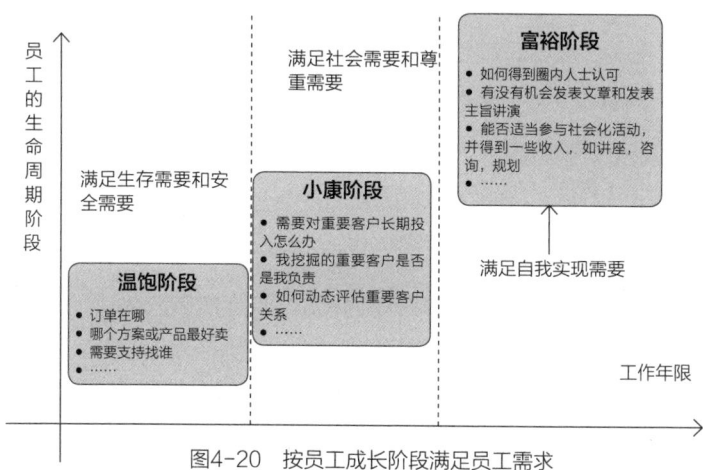

图4-20 按员工成长阶段满足员工需求

如图4-21所示，我们以员工需求为中心，构建创客平台，在销售过程管理、销售支撑体系管理、大客户管理和企业资源共享平台里，加入更多以员工需求为中心的功能。

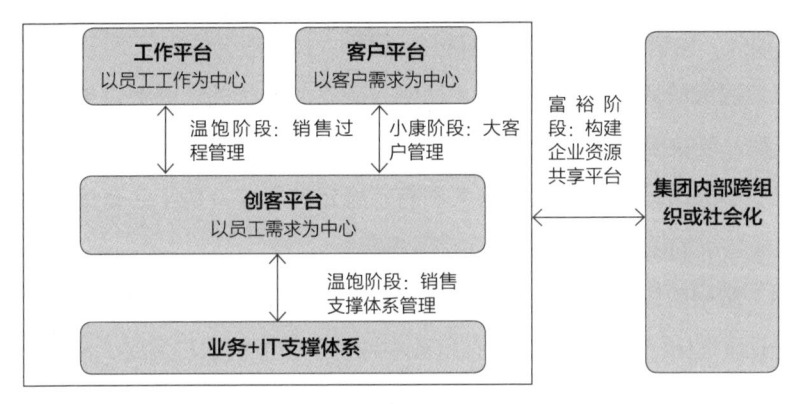

图4-21 实现以员工需求为中心的CRM功能

（1）温饱阶段　我们可以在销售过程管理商机分配的节点更合理地分配商机给新员工，以及通过CRM系统为他推荐最畅销和匹配的方案；我们也可以通过销售支撑体系管理为新销售进行资源倾斜。

（2）小康阶段　我们可以在大客户管理中提前布局，为销售提供各种资源，建立关系和方案优势，压制竞争对手，从而加速商机的孵化。

（3）富裕阶段　对于这个阶段的销售，我们应该把销售的资源和关系在集团内部跨组织共享，也可以对社会开放，给他机会成为业内大咖和影响力中心。可以通过前面章节中"企业资源共享平台"中介绍的方式把这个阶段销售的人脉资源、项目资源和专家资源优势充分发挥出来。

小结 > 本节介绍了CRM三轮驱动模式（以客户需求为中心、以员工工作为中心和以员工需求为中心），以及如何根据销售成长阶段，通过销售过程管理、销售支撑体系管理、大客户管理和企业资源共享平台来实现CRM以员工需求为中心的功能。

第 5 章
最佳实践和案例浅析

案例浅析

如何从业务价值角度去做 CRM 规划

在开始本章内容阅读之前,先声明一下:写案例浅析并不是评判过去的项目做得好还是不好,因为每个项目都有时间局限性,在当时可能是最好的选择。我写这些案例是为了介绍在数字化时代分析和规划CRM的一种思路。

下面介绍一个CRM经典的整体规划的案例。

图5-1展示的是经典的CRM规划方法,即水平的CRM规划方法。按战略规

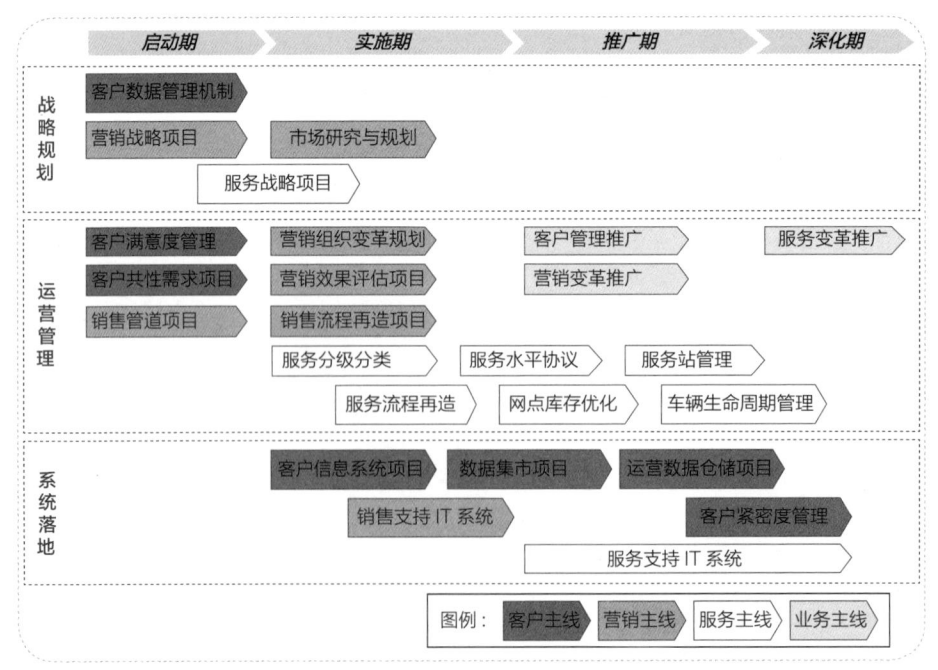

图5-1 传统CRM规划示例

划、运营管理和系统落地三个维度，从客户、营销、服务和业务四条主线进行CRM规划。

水平的CRM规划方法的优点是考虑得非常全面，覆盖了CRM方方面面，放之四海皆可，可以通过该方法给各种客户做CRM规划。但这种方法的问题也很突出：

（1）不是业务价值驱动，没有业务价值引导，很多时候为了做而做，很多功能产生不了业务价值。

（2）因为从一开始就不知道自己想得到什么，所以无从判断CRM规划是否有用，经常会导致一个咨询做完了又接一个咨询的结果。

那让我们换个角度，从业务价值角度去考虑如何做CRM规划。

先放弃从功能入手的传统方法，而是从业务价值入手去规划一下CRM，分成四个步骤：探寻、定位、模式和行动。

1. 探寻：从业务分析入手，挖掘核心业务价值提升点

在CRM项目中，很多BA（Business Analyst，业务分析师）都会避免探讨业务，而是从CRM功能上去引导客户，比如问客户管理流程是什么，客户购买流程是什么，以及痛点等。这个也很好理解，一是BA会担心客户发现自己对业务不熟悉，二是怕把范围扩大，无法结项。但问题是如果我们连业务方向都没弄清，又如何判断我们细化的CRM功能是否有用呢？

如图5-2所示，在以业务价值为导向的CRM规划中，我们首先要了解客户的业务分布，找出客户的核心业务和未来潜力最大的业务。从这些业务中发现哪些地区、哪些领域、哪些行业、哪些产品和方案存在问题。下图示例中，企业是在一、二线城市中，核心业务遇到了巨大挑战。

2. 定位：分析原因，寻找方向

定位过程是个性化的过程，一般要与企业业务高层会谈才会知道原因。假设案例中，公司A是做B2B生意的，在一、二线城市碰到的问题是由于这类项目金额大、周期长。在很多一、二线城市中，竞争对手一般提前几年就布局，进行

```
                          ┌─────────┐
                          │  A 公司  │
                          └────┬────┘
          ┌────────────────────┼────────────────────┐
      ┌───┴───┐            ┌───┴───┐            ┌───┴───┐
      │业务线1│            │业务线2│            │业务线3│
      └───────┘            └───────┘            └───────┘
                          稳定市场，短期内格     夕阳市场，需求
                          局不会发生太大变化     正在逐渐消失
```

① 找到核心业务

公司核心业务，占收入50%以上，未来2年市场会有爆发增长

三、四、五线城市 — 市场占有率遥遥领先

一、二线城市 — 面临新势力的巨大挑战，市场占有率下滑

② 挖掘核心业务价值提升点

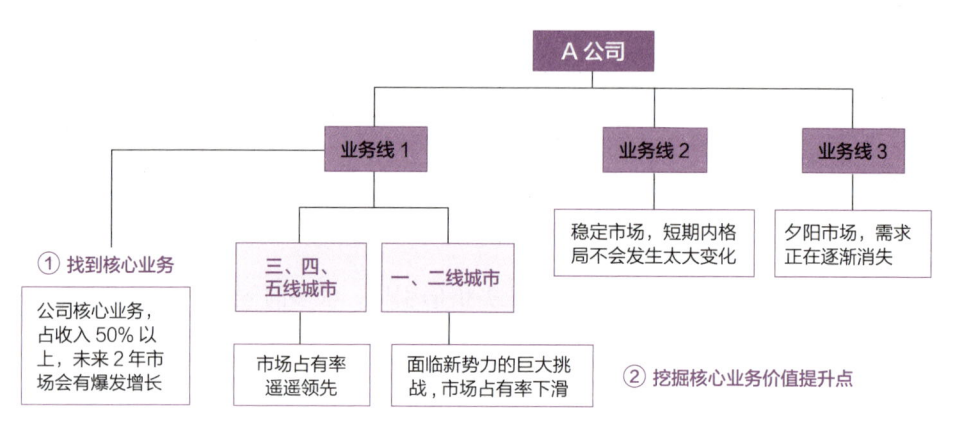

图5-2 挖掘核心业务价值提升点示例

大规模投入，到招投标时已形成很大优势，从而使公司A在这些城市中很难赢得大单。

3. 模式：用RMB-PT模型寻找解决方向

我们可以根据第3章"CRM3.0之服务数字化转型"介绍的RMB-PT来规划如何实现业务价值。

（1）洞察与资源

分析：我们的能力以及和对手的差距。

已有资源：A公司"核心业务线1"有独立事业部负责，一线城市都有独立销售团队和售前团队。

洞察差距：主要竞争对手与重点一、二线城市有战略性协议，有固定资产投入承诺，有知名专家团队，提前参与规划。

（2）模式

建议：我们如何转型才能赢得市场。

1）管理模式创新　由分散式，即每个一、二线城市销售团队独立打单，变成全国统筹模式。建立全国营销和交付中心，对重点一、二线城市，由营销和交付中心统一协调和管理大客户及项目售前、售中和售后过程。

2）资源协调模式创新　抽调公司内部最优秀的专家团队到营销和交付中

心，针对重点一、二线城市，专家资源由营销和交付中心统筹安排。

3）合作模式创新　除了传统合作伙伴外，与各大科研院所、标准组织等建立合作关系，参与其标准制定和预研规划项目。

4）投入模式创新　对营销和交付中心的投入不与项目金额挂钩，不要求短期回报，而是与一、二线重点城市市场规模成正比。

5）人员能力创新　除了公司本身专家团队外，建立外聘团队，聘请国内外知名专家，形成强有力的外援团队。

6）考核模式创新　对营销和交付中心的考核，不以短期销售额为主要标准，而是基于与竞争对手相比，针对一、二线重点城市，在方案上、关系上的优势和紧密程度，以及未来两年孵化商机的大小和数量去考核。

（3）引爆点　未来2～3年从竞争对手手中拿下3～5个一、二线重点城市，同时确保本身拥有的一、二线重点城市项目不丢。

4. 行动：通过CRM3.0管理模型落地

（1）流程、场景、组织和考核　传统CRM规划一般都会推荐销售过程管理功能。但我们从业务价值角度去分析，可以发现目前客户急需的是大客户管理功能。所以我们应围绕着大客户管理去设计流程、场景、组织和考核等相关内容。第2章"CRM3.0之B2B营销数字化转型"中有大客户管理（ESP+）的详细介绍，此处就不赘述。

（2）数字化工具　在业务价值探寻、问题定位、模式创新及转型、业务改进和提升重点等问题想清楚后，我们进入数字化平台的选择阶段，也就是软件选型的阶段。

所以如果我们不做前面业务的价值分析，就无法指引软件选型。企业进行CRM软件选型时，往往自己也没想清楚怎么做才能实现企业价值，也就是不知道自己真正需要什么。这时候他们通常就对比软件的功能、技术和架构，但头部厂商CRM产品功能不会相差太大，所以企业会很纠结。但在本节示例中，如果我们通过业务价值角度去分析评估，去规划CRM，就很容易得出结果了，CRM大客户管理功能是当务之急，需要的功能就是要围绕如何更好地支持六类模式创新：管理模式创新、资源协调模式创新、合作模式创新、投入模式创新、人员能力创新、考核模式创新。

小结 > 本节介绍了基于业务价值的CRM规划的方法与传统CRM规划方法的不同。并且通过一个示例，从探寻、定位、模式和行动四步介绍了如何基于业务价值方法去做CRM规划。

B2B 销售诊断和规划

本节将通过一个案例介绍如何分析企业在B2B销售过程中的问题，如何找到问题背后的根本原因，以及如何通过销售过程管理和销售支撑体系管理在模式、组织、流程、场景、考核、数字化工具等层面帮助企业解决问题，提升企业核心竞争力。

一、问题诊断和高阶建议

（一）现状分析和问题诊断

本案例中的客户是一家上市大型企业，具有万人左右的规模，销售团队在3000人左右，在全国各个地区都有分支机构，客户分布在电力、金融、政府等很多领域。

如图5-3所示，在问题诊断和高阶建议阶段，我们通过七个方面进行现状梳理，从五个维度进行现状分析。这五个维度分别是：①大客户管理；②销售过程管理；③销售支撑体系管理；④交付管理；⑤信息技术系统。现状梳理的七个方面如下：

（1）管理需求与问题　与客户高层针对大客户管理、销售过程管理、销售支撑体系管理、交付管理和IT系统这五个方面进行宏观需求和问题的访谈。

（2）销售业务现状评估　与销售负责人针对市场、销售、方案等全局性问题和现状进行评估，进行价值、资源和模式等问题评估。

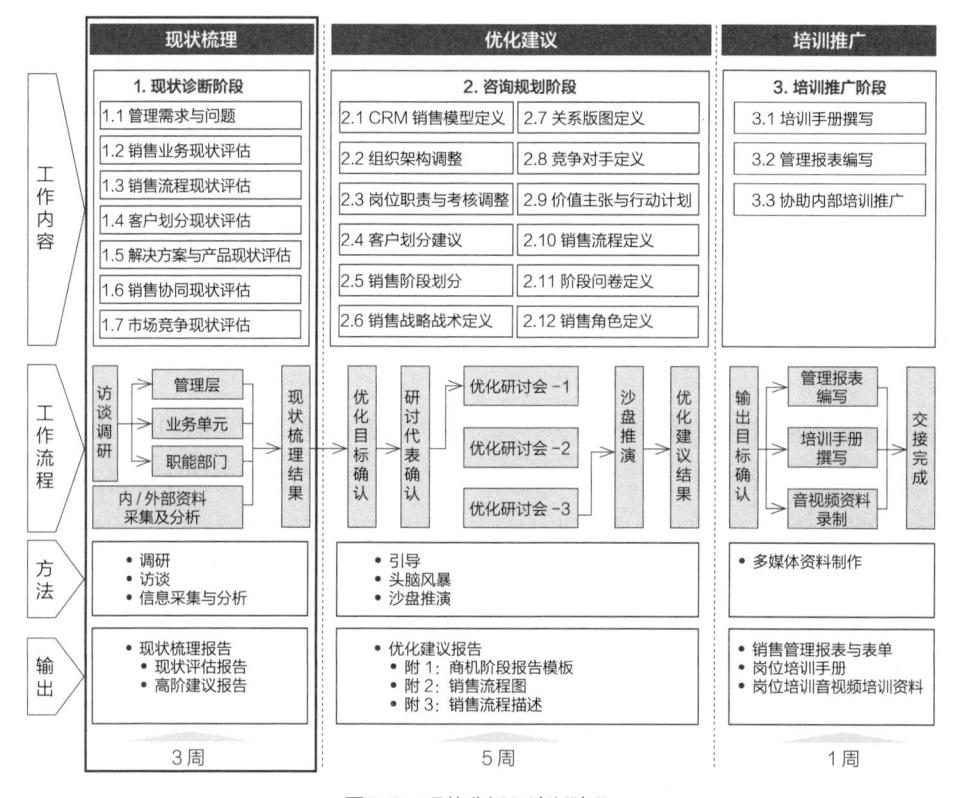

	现状梳理	优化建议	培训推广
工作内容	**1. 现状诊断阶段** 1.1 管理需求与问题 1.2 销售业务现状评估 1.3 销售流程现状评估 1.4 客户划分现状评估 1.5 解决方案与产品现状评估 1.6 销售协同现状评估 1.7 市场竞争现状评估	**2. 咨询规划阶段** 2.1 CRM 销售模型定义　2.7 关系版图定义 2.2 组织架构调整　　　2.8 竞争对手定义 2.3 岗位职责与考核调整　2.9 价值主张与行动计划 2.4 客户划分建议　　　2.10 销售流程定义 2.5 销售阶段划分　　　2.11 阶段问卷定义 2.6 销售战略战术定义　2.12 销售角色定义	**3. 培训推广阶段** 3.1 培训手册撰写 3.2 管理报表编写 3.3 协助内部培训推广
工作流程	访谈调研：管理层、业务单元、职能部门；内/外部资料采集及分析 → 现状梳理结果	优化目标确认 → 研讨代表确认 → 优化研讨会-1/-2/-3 → 沙盘推演 → 优化建议结果	输出目标确认 → 管理报表编写、培训手册撰写、音视频资料录制 → 交接完成
方法	• 调研 • 访谈 • 信息采集与分析	• 引导 • 头脑风暴 • 沙盘推演	• 多媒体资料制作
输出	• 现状梳理报告 • 现状评估报告 • 高阶建议报告	• 优化建议报告 　附1：商机阶段报告模板 　附2：销售流程图 　附3：销售流程描述	• 销售管理报表与表单 • 岗位培训手册 • 岗位培训音视频培训资料
	3 周	5 周	1 周

图5-3　现状分析和诊断阶段

（3）销售流程和场景现状评估　与销售相关人员针对销售流程和场景管理（TAS+）进行访谈。

（4）客户划分现状评估　与销售相关人员针对大客户管理进行访谈。

（5）解决方案与产品现状评估　针对销售和交付人员进行产品竞争力和交付过程管理的访谈。

（6）销售协同现状评估　与销售、售前、服务和交付相关人员针对销售支撑体系管理进行访谈。

（7）市场竞争现状评估　向高层、销售和售前相关人员了解市场竞争格局和竞争对手情况。

关于IT系统，以上所有访谈中都能了解信息技术系统现状和支撑能力，下面我们从五个维度对现状分析进行评估。

1. 大客户管理

现状和问题1：客户划分

（1）每个行业、区域的重点大客户定义标准不同，每个团队、每个管理层考虑的角度也不一样。有的从影响力、资金投入程度、需求的连续性去考虑；有的认为老客户、有钱的客户、需求明确的客户、持续性比较强的客户是 A 类客户，持续性不强的客户、资金不充裕的客户、需求不强烈的客户是 B 类客户；没有深入接触的、信息化程度不强但是未来有提升空间的客户，以及从来没有接触过的客户是C类客户；有的就是按上一年度销售收入评估客户等级；也有的是根据当年销售预期来评估客户等级。

（2）给销售分配客户时，不同分公司和行业部有不同的标准，有先到为主的，也有看之前该客户是属于谁的，或者销售自己去资源池里认领客户。

（3）目前尚没有统一的客户管理渠道，难以形成对目标客户的整体分析，所以不能系统地判断哪些客户是战略客户、哪些是重点客户、哪些是潜在客户。

分析

客户划分有不同维度：一种是基于客户购买产品的权益划分，也就是根据服务等级协议（SLA），这是客户付出后应该得到的，我们叫权益分级；一种是基于贡献度、潜力、能赢能做、示范作用等维度综合计算评分而划分，这种往往是为了定义负责关系，即该客户由哪个团队中的谁来负责，我们叫管理分级；第三种是按九宫格划分的，往往是为了定义客户维系战术的，如重点要提升哪类客户，维持哪类客户等，我们叫战术分级。所以客户划分一定首先确定是按什么维度划分，然后要定义明确的划分标准。

现状和问题2：客户覆盖和市场开拓

（1）区域覆盖中存在大量未发掘的市场，受制于当前团队构成、费用机制与资源，目前没有更多的人力和资金投入到这部分，尚没有好的商业模式去覆盖。

（2）竞争对手在差异化市场布局，重点项目的价格竞争对公司的相应业务构成极大挑战。

（3）依托渠道的业务目前是项目级别的，大部分有渠道参与的项目仍然以厂商销售团队为主。从公司级别发起的渠道体系建设工作刚刚起步。

（4）部分销售的主要精力放在老客户、现有项目的跟进和维系上，开发市场动力不足。

（5）访谈中未采集到统一的市场进攻策略。

分析

公司整体销售策略不明确，客户覆盖和KPI引导划分模糊，致使一线销售无所适从。

2. 销售过程管理

现状和问题3：销售阶段和相关动作的管理

（1）不同的团队对于各自的市场客户需求有不同的理解，在销售活动中有独特的心得体会和章法套路，个性大于共性。

（2）大多数受访对象（不同的团队和销售）善于调用资源支持销售活动，但对在什么时候，投入什么样的资源，给什么样的客户，并未明确的区分。

（3）不同受访者对于大客户的采购流程有一定理解，但在对应的销售流程中，对于所处的进度、位置、走向、赢单率有不同的感知。

分析

我们支持有丰富经验的销售专家掌握一些个性化的方法。但我们必须得在公司层面做到一些关键管理点的统一和最佳实践的固化：如销售阶段、关键动作、打单战略战术、价值主张等。

现状和问题4：销售管理方法

（1）运营管理平台主要关注不同维度的财务表现。

（2）运营管理平台对业务单元的管理周期正在从以季度为单位向以周为单位过渡，但采集数据的时效性、规范性和准确性存在一些问题。

（3）各访谈单元使用各自定义的管理逻辑和工具，在销售管理的节奏上也有差异，其中有周度复盘、不定期复盘等，复盘内容也有差异。

分析

在销售术语的统一，以及销售的互动机制和回顾机制上需要统一和优化。

3. 销售支撑体系管理

现状和问题5：服务资源技能评定、投入与调度方法

（1）资源调度过程中不同团队、人员采用不同的资源分配和调度机制，甚至有的团队没有资源调度机制，没有可遵循和标准化的文件和流程描述。

（2）各个项目所能调用的资源和团队，有时候依赖于项目销售负责人或者销售经理对公司内部的了解和拥有的人脉资源。

（3）沟通方式以电话、邮件、微信为主。

（4）现有机制较难统一协调各团队资源，形成合力，支撑力量未完全发挥作用。

分析

在B2B销售中方案能力的争夺越来越重要，合理有效地调度资源对提升赢单率至关重要。

现状和问题6：从产品到市场的支撑

（1）行业部作为产品到市场的中场，对整体业务职能有规划，但受限于现实的情况，过多陷入到具体的项目中，分身乏术。

（2）知识的积累更多体现在每个业务单元中的每个人身上，尚未形成知识的整合和分享机制。

（3）某些产品迭代速度慢，一年交付两个版本，难以充分满足市场需求。

（4）对于成规模的需求，目前没有统一的通道将其由前场传递到后场，而是仅基于项目情况向后场提供零碎的需求。

（5）新兴的技术和业务支撑能力微弱。对新兴的技术和业务，如大数据、云计算、虚拟化、态势感知等，公司尚未有可落地的成熟的产品和解决方案支撑，和竞争对手相比存在一定劣势。企业在市场中属于跟随者。

（6）产品部门相对独立，协同相对有限，对于快速响应、满足行业的综合性的需求有一定难度。

分析

该问题的本质就是前中后台信息如何打通和中后台资源如何对前场销售过程

提供支撑。

现状和问题7：关于部分业务单元/岗位的定位和责权利

（1）矩阵行业与区域的协作效果在不同的区域和行业差异大，通常大区领导所辖范围内的行业区域协作具有良好效果。

（2）总部与下属平台的日常协作中，存在有些管控多、有些管控少，有些管控严、有些管控松的现象。

（3）技术资源配比在不同地区和行业有不同的分布和分工方式，需要规范化培训。

（4）行业、区域售前技术人员与销售人员配比通常由各单元管理者确定，部分行业、区域配比不足。对于技术人员分工，有的业务单元分工较细，有的分工较粗，且存在人员复用情况。

（5）售前、售后、实施、产线的各个团队对市场，行业，客户，项目理解不同。

分析

岗位职责、权利定义就是指销售过程中各个岗位如何协同，以及资源如何调用。

现状和问题8：技术团队的能力和效率透明性和有效评价

（1）售前技术人员的绩效参照团队销售业绩达标情况进行匹配。绩效分配的结果目前不能直接反映售前人员的业务表现，无法体现每个售前人员的实际贡献。

（2）多数受访的反馈结果，为售前人员的调度与管理参考领导或者协作部门的评价，以定性为主。

（3）不同团队技术人员的工作任务分配有不同的办法。例如，根据领导的经验确定，根据人员能力确定，根据销售团队的对应关系确定，根据技术方向确定等。

分析

问题的本质还是资源如何有效使用的问题。

4. 交付管理

现状和问题9：交付环节项目管理和周期，以及质量、成本、满意度的有效控制

（1）前场考核利润，而交付环节主要采用工时制的协作机制，以及基于工作量的考核办法，这种方式可能造成项目成本增加，影响利润目标的达成。

（2）如果基线产品部门在项目打单前期参与方案制订，就有可能减少一部分定制实施的项目数量，交付环节难题也可缓解。

（3）口碑对于客户复购很重要，交付环节不顺利，销售通常要充当救火队员的角色。

（4）复杂项目交付环节通常涉及多个交付团队，统筹协调的角色目前多数由业务单元的销售或售前承担，但项目总体交付效率和质量的责任没有落实。

（5）服务项目完成后工作交接不出去，存在上下游协作的流程空白情况。

分析

交付阶段的问题往往源自售前阶段埋下的隐患，但失败的交付又会引起未来销售机会的丧失。问题的本质还是销售协同的问题。

5. IT系统

现状和问题10：关于业务流程和场景的技术支撑

（1）现有的业务系统从销售过程的后半程开始，未实现全面覆盖。

（2）流程中存在线上与线下并行的情况，并未完全实现线上自动流转。

（3）系统孤立，并未有效地与其他系统流转对接，部分情况下需要手工操作系统衔接，存在数据对接的错配情况。

（4）流程长，涉及人员多，业务层面的协同机制有优化空间。

分析

需要做到全流程闭环，主要体现在销售过程管理和销售支撑管理上。

（二）聚焦和定位

本项目我们会聚焦销售过程管理和销售支撑体系管理上，理由如下：

1. 现状和问题推断

上面的10个主要问题中，第3到第8个问题都与销售过程管理和销售支撑体系管理相关。第1个问题和第2个问题与大客户管理相关，但大客户管理涉及客户覆盖和市场扩展，如要调整，会比较耗时耗力。由此可见，我们可以先聚焦销售过程管理和销售支撑体系管理模式的转变。

2. 行业经验推断

在第2章的"B2B销售之不同市场选择不同销售策略"中介绍过，在快速成长的市场，我们应该更多聚焦销售过程管理和销售支撑体系管理，该客户正好处在快速成长的市场中。

（三）纵向穿刺分析

之前的10个主要问题分析是横向的。如果我们要聚焦销售过程管理和销售支撑体系管理，为了稳妥起见，我们需要进行纵向穿刺分析，即对销售过程管理和销售支撑管理的流程和场景做详细分析，看看是否存在问题。

因为客户目前采用矩阵式管理，有本部发起方案型项目，区域发起方案型项目，也有标准产品小型项目，比较复杂，我只拿本部发起方案型项目举例。

如图5-4所示，本部发起的方案型项目，其管理过程中暴露了很多问题，总结起来就是责任、权利不清，人人都负责，却又人人都不负责。团队中每个成员都只顾完成自己的任务，不关注项目整体的结果，所以埋下了很多隐患。

如图5-5所示，在本部发起的方案型项目的销售支撑过程中，主要的问题就是复杂、不合理、不透明、刷脸。谁人缘好、职位高，谁能得到好资源；而并不是哪个项目好，哪个项目就能得到好资源。所以形成了资源和项目的错配。又由于售前资源没有考核工时和成本，所以又形成了售前资源的浪费。

通过纵向穿刺分析，验证了我们之前的结论：该公司应聚焦销售过程管理和销售支撑体系管理。

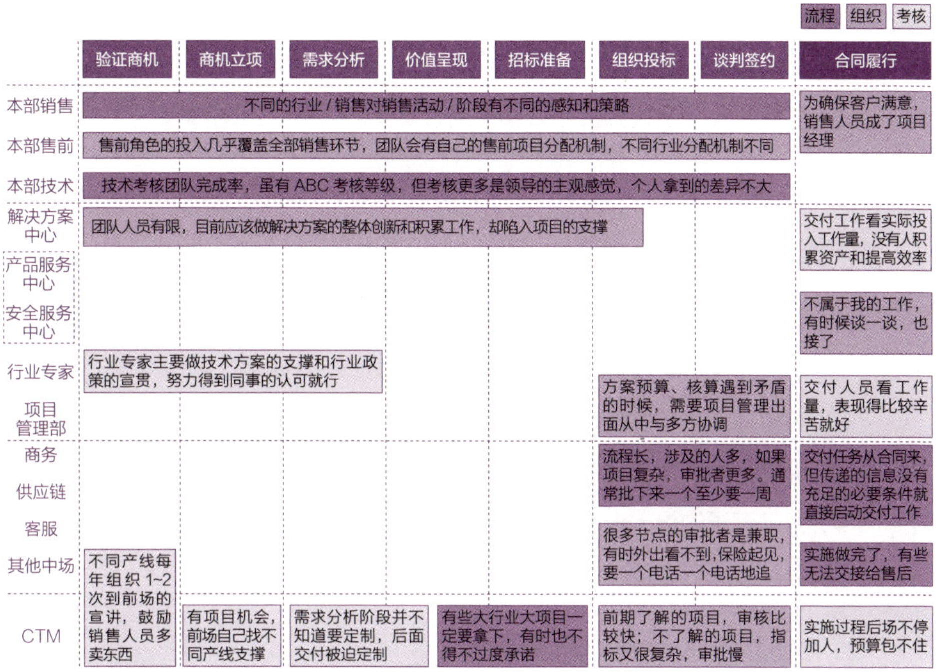

图5-4 本部发起的方案型项目示例

	验证商机	商机立项	需求分析	价值呈现	招标准备	组织投标	谈判签约	合同履行
本部销售	不同的行业/销售对销售活动/阶段有不同的感知和策略							为确保客户满意，销售人员成了项目经理
本部售前	售前角色的投入几乎覆盖全部销售环节，团队会有自己的售前项目分配机制，不同行业分配机制不同							
本部技术	技术考核团队完成率，虽有ABC考核等级，但考核更多是领导的主观感觉，个人拿到的差异不大							
解决方案中心	团队人员有限，目前应该做解决方案的整体创新和积累工作，却陷入项目的支撑							交付工作看实际投入工作量，没有人积累资产和提高效率
产品服务中心								
安全服务中心								不属于我的工作，有时候谈一谈，也接了
行业专家	行业专家主要做技术方案的支撑和行业政策的宣贯，努力得到同事的认可就行							
项目管理部						方案预算、核算遇到矛盾的时候，需要项目管理出面从中与多方协调		交付人员看工作量，表现得比较辛苦就好
商务 供应链						流程长，涉及的人多，如果项目复杂，审批者更多。通常批下来一个至少要一周		交付任务从合同来，但传递的信息没有充足的必要条件就直接启动交付工作
客服								
其他中场						很多节点的审批者是兼职，有时外出看不到，保险起见，要一个电话一个电话地追		实施做完了，有些无法交接给售后
CTM	不同产线每年组织1~2次到前场的宣讲，鼓励销售人员多卖东西	有项目机会，前场自己找不同产线支撑	需求分析阶段并不知道要定制，后面交付被迫定制	有些大行业大项目一定要拿下，有时也不得不过度承诺	前期了解的项目，审核比较快；不了解的项目，指标又很复杂，审批慢			实施过程后场不停加人，预算包不住

图5-4 本部发起的方案型项目示例

图5-5 本部销售和交付过程中资源调度

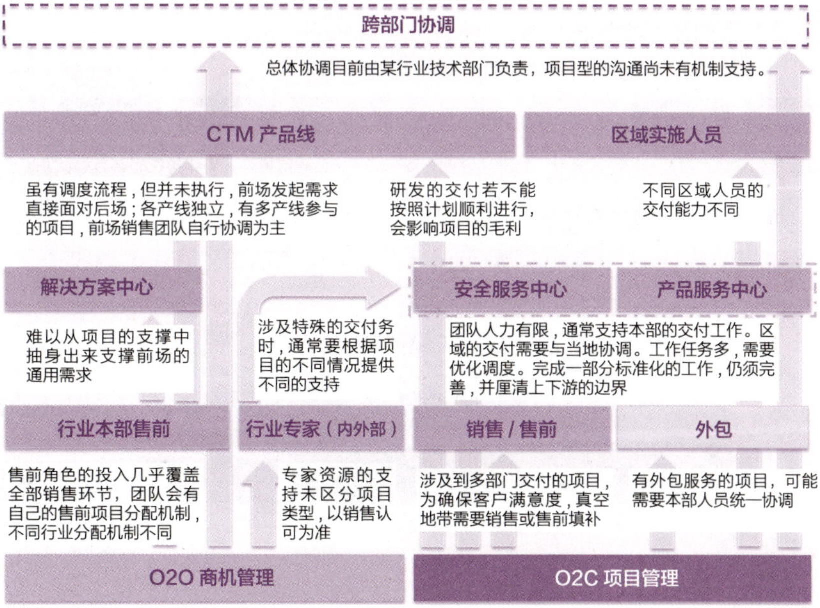

跨部门协调

总体协调目前由某行业技术部门负责，项目型的沟通尚未有机制支持。

CTM 产品线：虽有调度流程，但并未执行，前场发起需求直接面对后场；各产线独立，有多产线参与的项目，前场销售团队自行协调为主

研发的交付若不能按照计划顺利进行，会影响项目的毛利

区域实施人员：不同区域人员的交付能力不同

解决方案中心：难以从项目的支撑中抽身出来支撑前场的通用需求

涉及特殊的交付务时，通常要根据项目的不同情况提供不同的支持

安全服务中心 / **产品服务中心**：团队人力有限，通常支持本部的交付工作。区域的交付需要与当地协调。工作任务多，需要优化调度。完成一部分标准化的工作，仍须完善，并厘清上下游的边界

行业本部售前：售前角色的投入几乎覆盖全部销售环节，团队会有自己的售前项目分配机制，不同行业分配机制不同

行业专家（内外部）：专家资源的支持来区分项目类型，以销售认可为准

销售/售前：涉及到多部门交付的项目，为确保客户满意，真空地带需要销售或售前填补

外包：有外包服务的项目，可能需要本部人员统一协调

O2O 商机管理 | **O2C 项目管理**

图5-5 本部销售和交付过程中资源调度

（四）高阶建议

根据前面三步：现状分析和问题诊断、聚焦和定位、纵向穿刺分析，再根据行业经验，我们提出了如图5-6所示的高阶建议。

1. 本期优化的议题

（1）标准化销售过程：销售阶段划分，行业化问卷，标准动作，合规检查项，协作角色的参与点及考核点。

（2）与销售活动相关的协作单元/岗位的定位、责权利定义，与协作规则。

（3）标准化的销售管理规则与方法。

（4）售前资源的投入评估方法。

（5）售前资源的透明化考核机制。

2. 本期部分优化的部分：

（1）与销售流程相关的流程和场景的优化。

（2）与销售流程相关的交付环节协同优化。

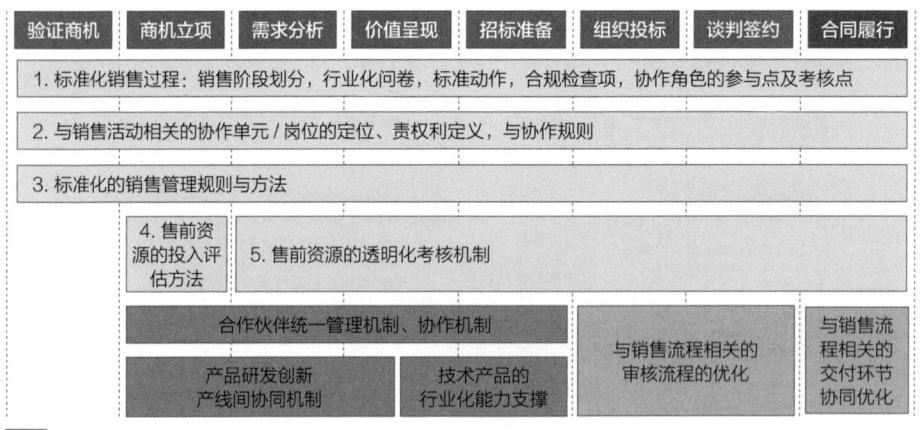

图5-6　高阶建议

二、优化建议和详细规划

在问题诊断和高阶建议被客户认可后，我们进入了优化建议和详细规划阶段。下面介绍如何通过销售过程管理和销售支撑体系管理模型对业务进行优化。

如图5-7所示，我们进入第二阶段，优化建议和详细规划阶段。本案例将从销售过程管理和销售支撑体系管理的优化，组织、岗位和考核的优化，以及管理和业务流程的优化这三个方面给出详细的规划建议。

（1）销售过程管理和销售支撑体系管理的优化：

- CRM销售模型定义。
- 客户划分建议。
- 销售阶段划分。

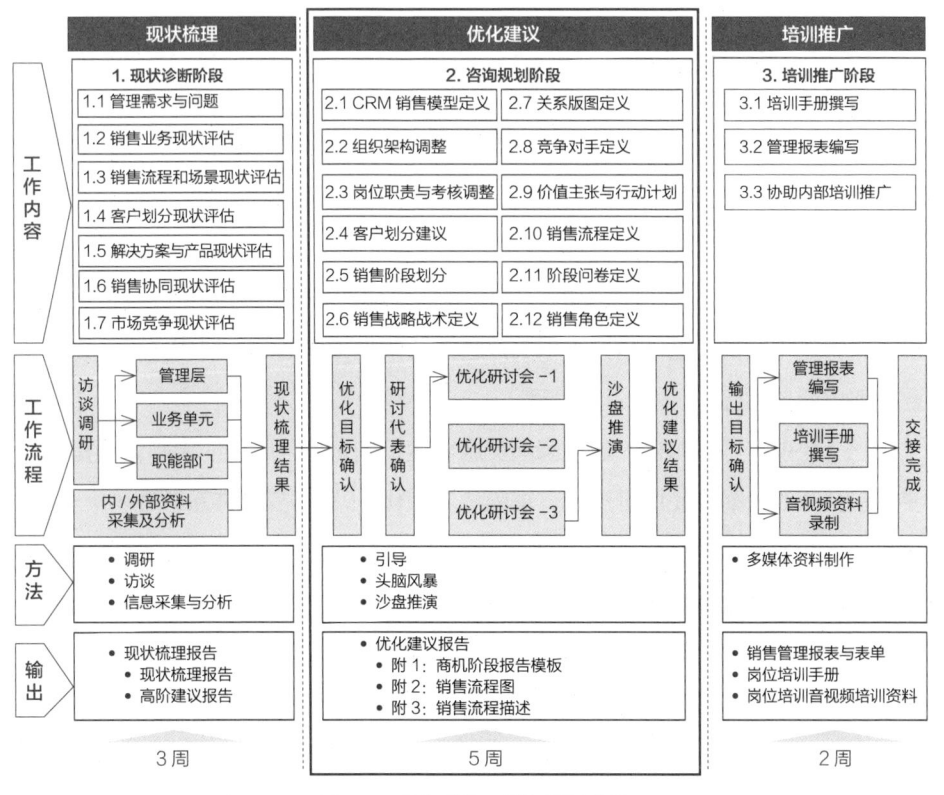

图5-7 优化建议和详细规划阶段

- 销售战略战术定义。
- 关系版图定义。
- 竞争对手定义。
- 价值主张与行动计划。
- 阶段问卷定义。

（2）组织、岗位和考核的优化：

- 销售角色定义。
- 组织架构调整。
- 岗位职责与考核调整。

（3）管理和业务流程的优化：销售流程定义。

通过以上三个方面的优化，帮助客户实现以下五个方面的任务和业务目标。

（1）建立统一、可复制的销售管理机制：建立营销单元销售管理的最佳架构和流程，使管理统一、可复制。企业可不依赖于个人，只需遵循管理机制，前场销售活动即可有效运作。（销售过程管理）

（2）优化矩阵行业与区域协作的模式，优化行业资源调度方法：区域中的矩阵行业项目，基于不同的商机级别，采取不同的资源调度策略，加强矩阵行业与区域的协作。（销售支撑体系管理）

（3）理清销售活动过程中相关角色的责权利：基于不同的商机级别及协作模式，界定不同销售活动场景中相关角色的阶段化工作活动、协作方式，以及必要的新增考核指标。（销售过程管理）

（4）售前资源透明化：建立售前资源调度机制，引入必要的售前管理指标，使售前资源的分配及使用可视化，售前成本量化。（销售支撑体系管理）

（5）借助辅助管理工具，实现销售预测和过程监测：建立运营管理反馈机制，通过销售管理报表模板，可视化销售机会，实现不同维度销售预测，对销售过程的关键活动进行周期性监测。（数字化工具支撑）

想完成以上任务，生成详细规划，需要完成以下五个步骤：①销售过程管理的优化；②销售支撑体系管理的优化；③组织和岗位的优化；④考核指标的优化；⑤管理和业务流程的优化。

（一）销售过程管理的优化

我们根据销售过程管理模型来优化销售过程，先从静的部分开始。

1. 销售过程管理静的部分个性化定制

如图5-8所示，我基于销售过程管理方法论，结合客户销售活动的典型销售业务进行梳理，定义了以商机金额为主要维度的5类商机，8个销售阶段，以及4种跨团队协作场景，形成统一的销售活动机制，解决了商机与资源合理、有效匹配的问题。图中的1个模型就是指销售过程管理模型，但当时模型的定义还比较简单。

（1）5类商机　商机按金额大小、战略意义以及由谁主导分成5类。每类商机等级定义的阈值金额可以根据行业变化，但类型就这5种。如表5-1所示。

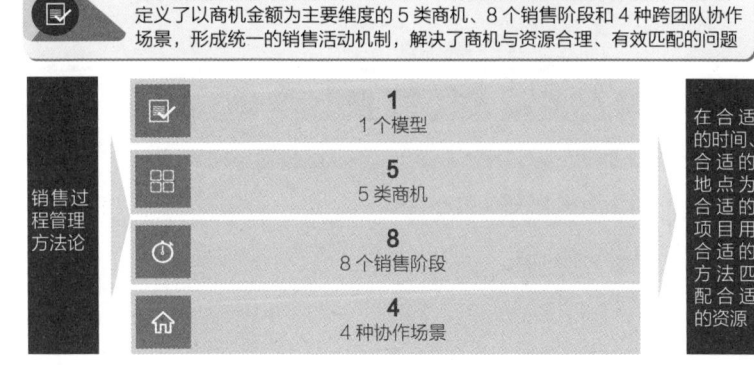

图5-8　销售过程管理静的部分个性化设计示例

表5-1　5类商机

商机等级	预测项目金额（元）	战略意义	其他条件
A	200万以上	不满足金额条件，但意义重大的项目，支持手动升级	公司主导销售过程
B	100万~200万		
C	50万~100万		
D	50万以下		
E	报备商机，快速通道		合作伙伴主导销售过程

（2）8个销售阶段　本案例把项目分成：①验证商机；②商机立项；③需求分析；④价值呈现；⑤招标准备；⑥组织投标；⑦谈判签约；⑧合同履行。同时，通过流程和管控点来提升赢单率，缩短销售周期，管控项目风险。如图5-9所示。

仔细查看就会发现，其中很多流程和管控点是属于销售支撑体系管理，即用来实现：①分层的售前资源调度机制；②售前资源成本核算制；③售前阶段唯一负责制；④售前阶段人人考核制。

所以销售过程管理和销售支撑体系管理往往是相辅相成，融为一体的。

（3）4种跨团队协作场景　4种跨团队协作场景分别是①行业AB类项目协作场景；②非行业AB类项目协作场景；③CD类项目协作场景；④E类项目协作场景。

第2章中介绍了相关内容，在"售前阶段唯一负责制示例"中展示了行业A类和B类项目协作场景。在项目8个阶段中，通过不同角色，不同工作内容，以及在每个内容中每个角色各自承担的工作，定义了整个工作协同场景。

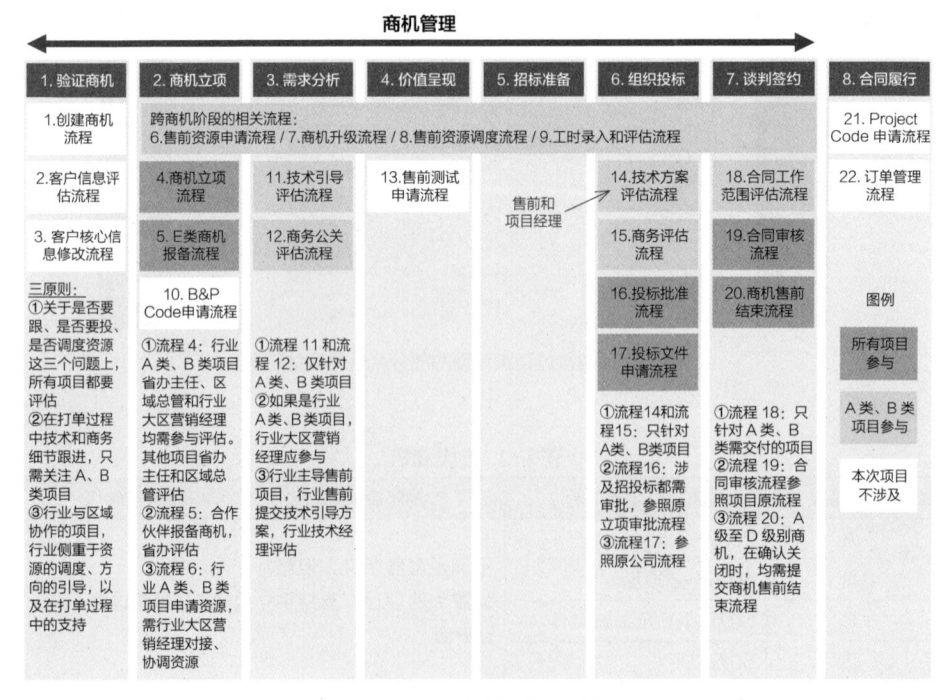

图5-9　8个商机阶段示例

2. TAS+动的部分个性化定制

如图5-10所示，案例中针对TAS+动的部分的个性化设计的方法是：TAS+方法论提供多种适用于机构客户销售的工具，帮助销售人员明确不同销售阶段需关注的主要议题，根据不同的项目竞争情况制定有针对性的竞争策略和关系策略，明确该项目独特的价值主张，通过行动计划付诸实践，推进销售阶段至赢单。

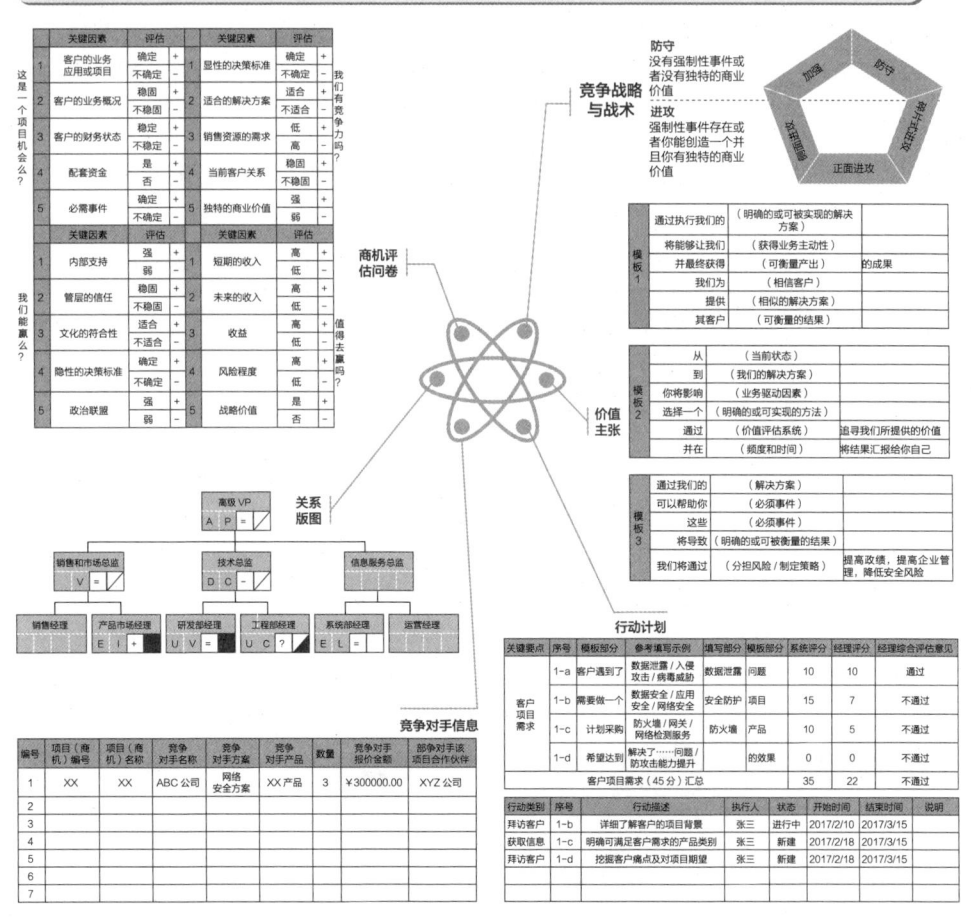

图 5-10 TAS+动的部分个性化设计示例

现在复盘该案例，我认为当时竞争对手信息、竞争战略与战术、价值主张和行动计划没有太大问题，但对于商机评估问卷和关系版图，我感觉当时的设计不太准确，还有一些重要项目遗失。

（1）商机评估问卷：过于理想化　如图5-11所示，商机评估问卷的设计思想是：商机评估问卷用于描述该阶段企业需关注的关键要点和关键信息，并生成商机阶段报告。报告中每个关键信息对应一至多个商机评估问卷问题，并基于该阶段特征进行了细化，作为销售周报模板使用，帮助销售人员明确销售过程中需要推进的工作。此外，销售管理人员对报告的评估可作为商机阶段的评估依据，实现统一的销售管理。

但是，通过标准化的问题模型对商机进行评估难度很大，很难仅仅通过一个项目实现。之前设计方案时在这个问题上消耗了太大的资源和精力，却忽略了其他更重要的方面。

少则得，多则惑。我建议用更少、更个性化的问题定义商机评估问卷。例

图5-11　商机评估问卷

如，标书中的内容是否加入有利于我方产品的技术参数等。这些问题都在老销售的脑子里，经过总结就可以生成企业的个性化问卷，甚至不同行业和地区都可以不同。

（2）关系图谱（图5-12）：设计有缺陷　当时采用的是传统CRM中标准的关系版图。但现在想起来，这样做其实是有问题的：我们没有仔细考虑客户内部的关系和项目内部关系的区别。客户内部是有汇报关系和影响力版图的；商机里只有决策关系，当时我们把这三种关系混为一谈了，我们把应该属于大客户管理的汇报关系和影响力版图都放在商机上，又把汇报关系和决策关系混在一块管理了。

客户和商机共有三类关系和四类个体画像维度。具体的内容请参考第2章中关于大客户管理和销售过程管理的内容。

（3）必要条件：缺失　必要条件是指可以确认客户一定要做这个项目的原因。这点是销售是否进行商机推进最基本的判断依据。当时没有设计这一环节。

（4）赢单率：设计有缺陷　当时采用了通用的根据商机阶段推进而逐渐提升赢单率的方法，但这个方法其实是脱离实际情况的。很多项目开始的时候形势乐观，但后来会有更多竞争对手进入。此外，也包括对项目情况更了解之后，才发现机会渺茫，不存在阶段越往后赢单率越高的情况。赢单率越来越高的假象使我们无法根据其动态变化采取不同策略和行动。

我们可以采用竞争对手对比法来计算赢单率。详细方法在第2章中的销售过程管理中有介绍。

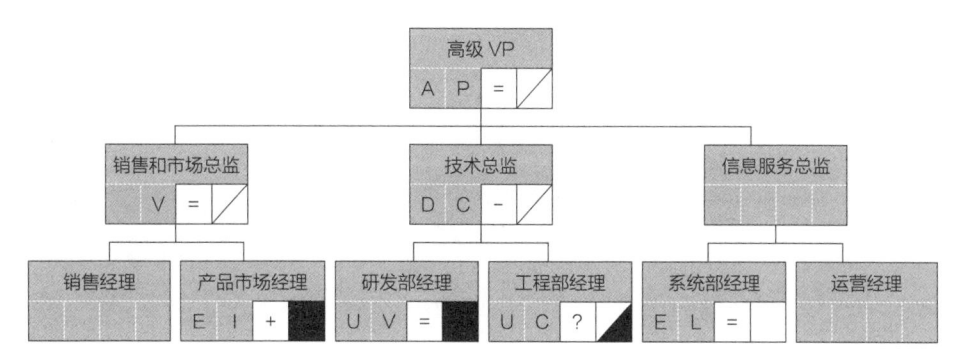

图5-12　关系版图示例

（5）督导推进：缺失　销售过程管理绝不是销售一个人的独角戏，当时我们没有好好设计如何通过主管与销售人员的督导互动机制，使销售过程执行得更有效。

（二）销售支撑体系管理的优化

在销售过程管理优化中的8个销售阶段介绍中，我们可以看到其中很多流程和管控点属于销售支撑体系管理优化的内容。下面，我举例来展示一下我们的优化方法。

1. 分层的售前资源调度机制

在"问题诊断和高阶建议"中，客户原来的资源调度过程异常复杂，而且主要靠关系、靠熟悉内部情况和职位。现在他们转变成根据项目等级由矩阵行业本部统一协调（如图5-13所示），大大降低了资源调度的复杂度，使一线销售能

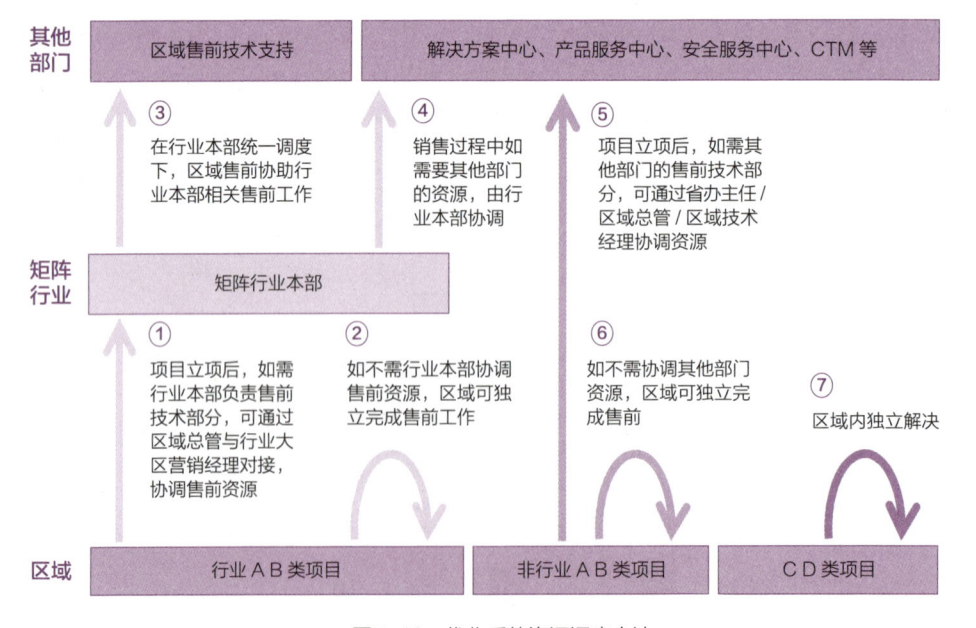

其他部门	区域售前技术支持	解决方案中心、产品服务中心、安全服务中心、CTM 等
	③ 在行业本部统一调度下，区域售前协助行业本部相关售前工作	④ 销售过程中如需要其他部门的资源，由行业本部协调	⑤ 项目立项后，如需其他部门的售前技术部分，可通过省办主任/区域总管/区域技术经理协调资源
矩阵行业	矩阵行业本部	
	① 项目立项后，如需行业本部负责售前技术部分，可通过区域总管与行业大区营销经理对接，协调售前资源	② 如不需行业本部协调售前资源，区域可独立完成售前工作	⑥ 如不需协调其他部门资源，区域可独立完成售前	⑦ 区域内独立解决
区域	行业A B 类项目	非行业A B 类项目	CD 类项目

图5-13　优化后的资源调度方法

把更多的精力放在客户身上。

2. 重点行业方案交付中心制

资源再如何有效调用，但只要是分布在各地，并未进行集中管理，由于各自的利益不可能完全一致，就很难产生蜂聚效应，即自组织、自驱动、自演进、自赢利的组织效应。针对公司重点行业和重点方案，我建议把所有相关资源整合在一起，建立多位一体的交付中心。例如，我原来为一位安防客户建立了五位一体的交付中心，即售前、测试、交付、售后、二次开发一体，针对大项目提供一站式服务，形成整体优势，也就是势能。并在管理上提供以下特色：

（1）项目经理制：全面激活主观能动性。

（2）项目范围控制。

（3）项目成本管理。

（4）全员销售，以服促销。

（5）建立解决方案部PMO（项目管理办公室）制度。

（6）可视化管理。

（三）组织和岗位的优化

为了能有效运用销售过程管理和销售支撑体系管理，我们也帮客户优化了组织结构，增加了四类岗位：①区域——区域行业经理；②区域——运营管理专员；③矩阵行业——行业大区营销经理；④矩阵行业——运营管理专员。

如图5-14所示，通过设立相关岗位，加强区域与行业的协作，提升矩阵行业的营销业绩，同时也提升销售漏斗和售前资源可视化。岗位定义如下：

1. 行业大区营销经理

行业大区营销经理负责某几个区域的行业业务推广、推进和管理工作，负责该行业在其所负责区域的营销业绩的提升。行业大区总监与区域行业经理进行协作，原则上不直接负责客户，主要为区域行业经理提供知识输入，咨询交付中心

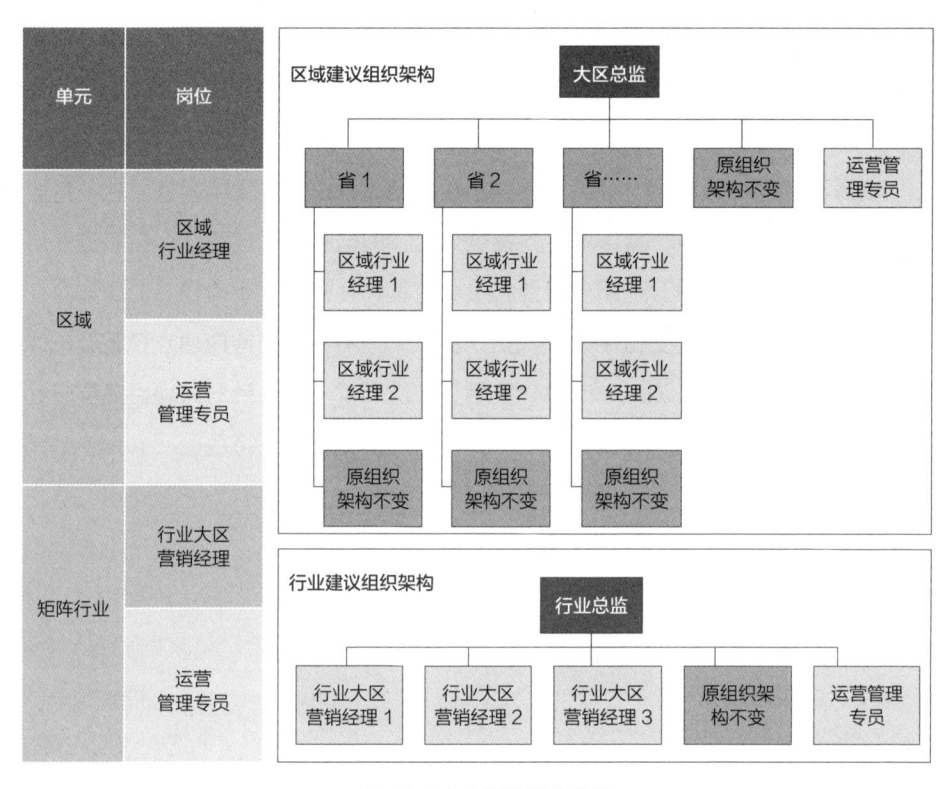

图 5-14 组织和岗位优化示例

资源协调，以及在商机不同阶段进行支持。

2. 区域行业经理

区域行业经理，负责所在区域的该行业销售机会的发掘和跟进工作，负责所在区域内该行业的营销业绩的提升。区域行业经理原则上主导所负责区域内该行业商机的商务销售过程，在重点商机上与行业大区营销经理协作，达成商机的赢单。

3. 运营管理专员

运营管理专员负责支持所在销售团队及其相关协作的业务团队，对日常销售过程管理中产生的数据进行汇总、整理与反馈。

（四）考核指标的优化

为了以考核为指挥棒，引导销售过程管理和销售支撑体系，我们也为销售岗和售前岗新加了三个考核维度：①区域行业新签项目合同额（营销业绩）；②售前成本（显差指标）；③售前UT（显差指标）。其中区域行业新签项目合同额是为了鼓励在重点行业中取得突破的；售前成本和售前UT是为了形成分层的售前资源调度机制和售前资源成本核算制。图5-15展示了岗位的新增考核指标。

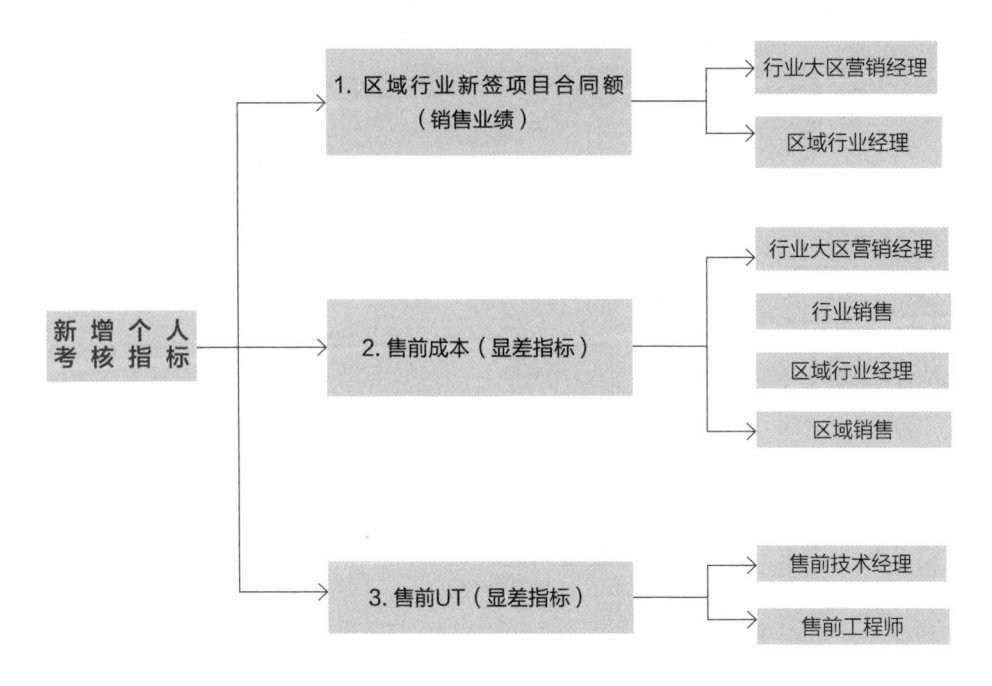

图5-15　考核指标优化示例

（五）业务流程和场景的优化

如图5-16所示，根据优化后的销售过程管理和销售支撑体系管理，优化后的组织和岗位，以及优化后的考核指标，我们对流程进行了相应的优化。

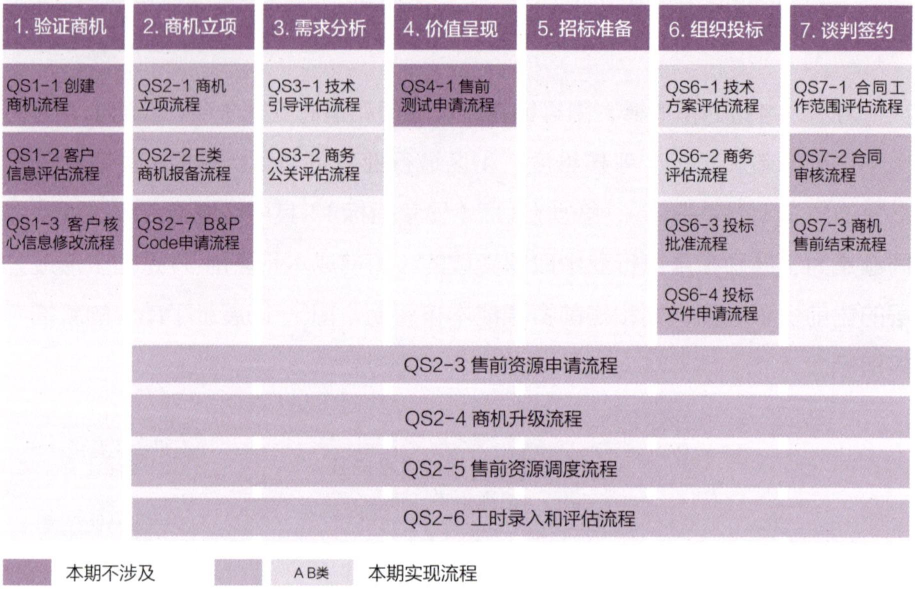

1. 验证商机	2. 商机立项	3. 需求分析	4. 价值呈现	5. 招标准备	6. 组织投标	7. 谈判签约
QS1-1 创建商机流程	QS2-1 商机立项流程	QS3-1 技术引导评估流程	QS4-1 售前测试申请流程		QS6-1 技术方案评估流程	QS7-1 合同工作范围评估流程
QS1-2 客户信息评估流程	QS2-2 E类商机报备流程	QS3-2 商务公关评估流程			QS6-2 商务评估流程	QS7-2 合同审核流程
QS1-3 客户核心信息修改流程	QS2-7 B&P Code申请流程				QS6-3 投标批准流程	QS7-3 商机售前结束流程
					QS6-4 投标文件申请流程	

QS2-3 售前资源申请流程

QS2-4 商机升级流程

QS2-5 售前资源调度流程

QS2-6 工时录入和评估流程

本期不涉及　　ＡＢ类　本期实现流程

图5-16　业务流程和场景的优化

小结 > 本节介绍的规划咨询项目大约花费八周左右的时间（不包括后面的培训推广），本项目要想成功，核心点就是把销售过程管理和销售资源调度做到水乳交融，获得最大投入产出，从而对一线销售由管理变成支持和运营。本节通过案例介绍了如何做B2B销售诊断和规划：①现状分析和问题诊断；②聚焦和定位；③纵向穿刺分析；④高阶建议；⑤通过销售过程管理和销售支撑体系管理模型对B2B销售的优化；⑥组织和岗位的优化；⑦考核指标的优化；⑧管理和业务流程的优化。

最佳实践

客户覆盖有效性模型

在第2章B2B销售之大客户管理一节中，我举了一个大客户负责关系的简单示例。但很多大型企业的客户负责关系要比这个复杂很多。在本节中，如图5-17所示，我将详细介绍CRM3.0中的客户覆盖有效性模型（Consumer Coverage Model，CCM）。

针对客户覆盖有效性模型，不同企业会根据企业实际情况进行不同的调整，比如有的复杂化，有的简化；有的把组织合并了，有的分得更细了，或者派生出一些新组织。但不管怎么变，一些基本管理要素和模型是不变的，比如中小客户

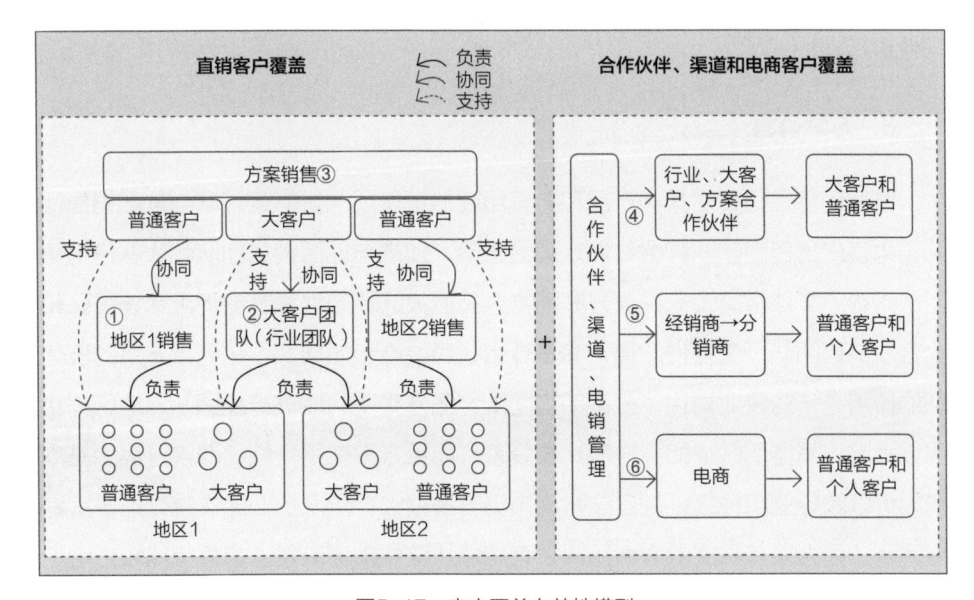

图5-17　客户覆盖有效性模型

一般按地区管的；大客户一般是指定客户负责人的，很多是按行业管的；如果公司产品多样性和复杂度增加，则需要采用方案型销售，等等。客户覆盖有效性模型具体介绍如下：

1. 地区销售

地区销售是指在某一地区内（如省或市）管理企业客户的销售团队。一般来说，他们管理的是中小企业客户。因为一般来说，大客户不仅是给企业带来的收益大，而且自身规模也大，大客户往往是跨地区的，所以在一个地区内很难实现全面管理。

2. 大客户销售

大客户销售人员往往是按行业组队的，因为大客户往往按行业管理。就算一开始没分行业，但随着业务的扩展和大客户的增多，最终也会按行业进行管理。主要原因是大客户往往需要个性化的方案，他们不愿听和自己业态不同的客户的成功经验，所以需要销售人员具备很深的行业知识储备，但行业之间业务差异又非常大，销售人员很难同时成为多个行业的专家，所以大客户的管理最终往往按行业进行。

3. 方案销售

方案销售是指针对某类产品和方案组建的销售团队。方案团队与地区销售团队和大客户销售团队一起合作制定销售方案，业绩与地区销售团队和大客户销售团队双算。某种意义上来说，方案销售人员最大的任务就是赋能地区销售团队和大客户销售团队，使他们知道方案是什么，卖给谁和如何卖，起到该方案的催化剂的作用。一些企业弱化了方案销售团队，把方案团队放进产品团队、地区销售团或大客户销售团队。如果方案比较复杂，而且方案有平台性，即该方案的基本功能可以跨行业和地区，并且该方案市场容量很大，建议企业建立独立的方案销售团队。因为只有独立的方案团队才有可能从整体市场前景、销售策略和方法、方案的完善性和先进性以及合作伙伴体系等多个维度去全面规划和推进销售方案。

4. 合作伙伴、经销商和电销

下面，我通过对一个客户样例的分析，详细说明一下在B2B业务中，一个大型企业应该如何调整组织架构来有效布局和充分发挥地区销售、大客户销售和方案销售的作用。

图5-18是一个大型B2B公司的销售组织的示例。

1）**地区销售**　区域单元可以认为是地区销售。

2）**大客户销售**　矩阵行业、垂直行业和大客户都可以认为是大客户销售。

3）**方案销售**　在这个组织架构里被弱化，很多人员分散在解决方案中心、行业矩阵、垂直行业和大客户等组织中。

4）**合作伙伴管理**　在渠道管理部。但很多人员分散在行业矩阵、垂直行业和大客户等组织中。

5）**交付管理**　交付能力分散，人员散落在解决方案中心、项目管理、区域单元、行业矩阵，垂直行业和大客户等各个组织中。

可以看出以上销售组织属于大前台和小中台的架构，即与客户频繁接触的一线销售组织规模大，但支撑销售的组织，如方案销售、交付管理和合作伙伴管理等组织规模小。

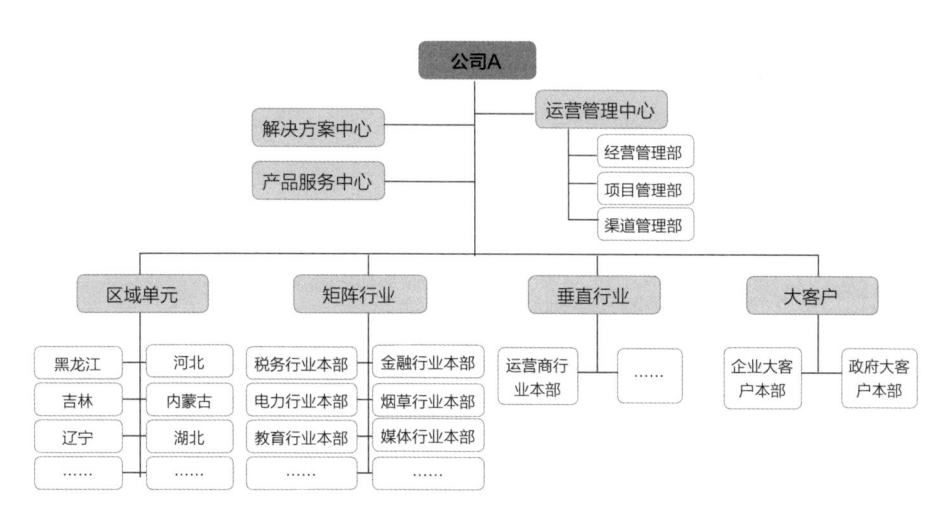

图5-18　大型B2B销售组织示例

这样的销售组织适合传统的产品销售，即销售的产品、方案功能和过程比较简单，销售周期比较短的情况。但如果要做大单和负责大客户，这样的销售组织就会出现一些问题。

（1）客户覆盖出现空白和内耗　上面的销售组织是根据行业和地区划分覆盖客户的，这样在行业和地区的交叉处就会出现有的客户没人管，有的客户相互争的局面。比如在某地区有一个小的信用社，地区销售嫌方案复杂不愿跟进，金融行业团队嫌规模太小也不愿出差到当地跟进；但如果是一个股份制银行，地区销售和行业销售又相互抢，就算是业绩双算，那客户控制权也得抢。所以建议客户覆盖模式先按客户规模和重要性分，再按行业分。每一个客户根据规模和重要性分到不同销售团队，然后该销售团队再根据行业划分客户，形成细分团队。客户覆盖出现空白和内耗的直接后果就是会错失很多"一头一尾"的客户销售机会。

（2）中台支撑体系不够强大　产品方案团队、交付方案团队和合作伙伴团队规模并没有足够大，很多功能和人力资源放进了地区销售和行业销售组织，因为没有一个强大和资源集中的中台，复杂方案的开发推广、大项目的实施、公司售前能力的快速提升都会受到很大限制。中台不够强大的直接后果就是公司规模到一定程度后就会遇到瓶颈，无法进入下一台阶。

针对复杂的方案和行业头部的客户和大单，我建议：①精简前台销售组织，壮大中台支撑组织；②以先客户后行业的方式建立销售机构和团队，对客户进行全覆盖，把地分好，不要形成模糊地带，避免产生销售空白区域或员工内耗。

优化后的B2B销售组织如图5-19所示。其要点是：

（1）按先客户规模贡献度，后行业的方式划分了前台销售组织，对大中小客户进行了全覆盖

1）中小企业客户团队　指原来分布在各个省的地区销售组织。该组织的客户不用指定，只要属于该地区，且不是指定给大客户和政府客户的企业，都属于中小企业客户团队。比如之前说的农信社，虽然行业属性是金融，但只要不是金融大客户团队指定的客户，就属于中小企业客户团队。中小企业客户团队只要市场规模足够大，业务上也有需要，今后也可以按行业细分。另外，可以把复杂方案售前、交付的能力和合作伙伴培养和管理的能力，从中小企业客户团队中抽

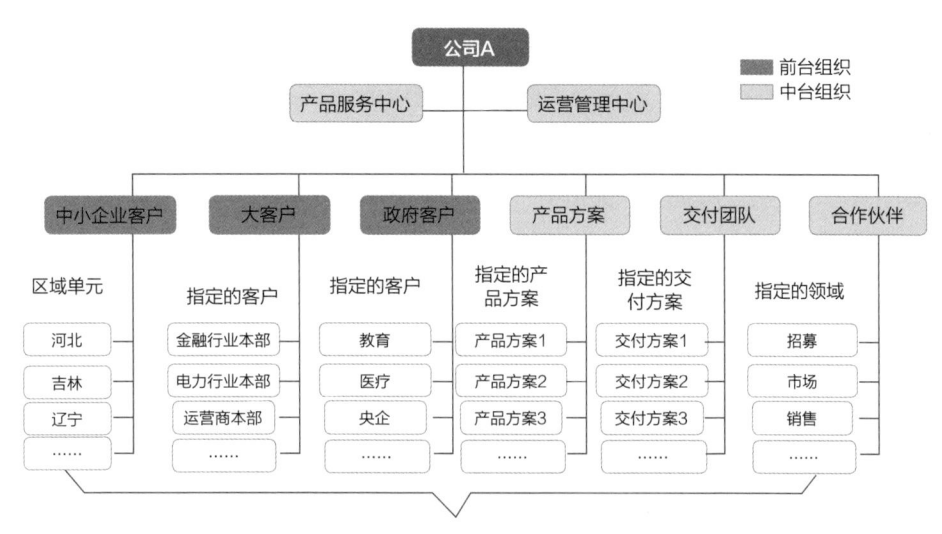

```
                        公司A
                 ┌────────┴────────┐
            产品服务中心          运营管理中心
```

■ 前台组织
□ 中台组织

中小企业客户	大客户	政府客户	产品方案	交付团队	合作伙伴
区域单元	指定的客户	指定的客户	指定的产品方案	指定的交付方案	指定的领域
河北	金融行业本部	教育	产品方案1	交付方案1	招募
吉林	电力行业本部	医疗	产品方案2	交付方案2	市场
辽宁	运营商本部	央企	产品方案3	交付方案3	销售
……	……	……			

前台和中台都可以按市场规模和业务需求按行业维度细分

图5-19　优化后的B2B销售组织

走，放入中台的产品方案、交付方案和合作伙伴团队。

2）**大客户团队**　就是原来的矩阵行业和垂直行业。大客户团队里会明确指定客户和销售之间的绑定关系，也就是按一定标准找出大客户，直接指定负责销售。每个大客户销售人员一般负责2～10个大客户。因为大客户往往是全国、甚至是全球性的企业，所以大客户销售团队不用细分到省，全国分成几个大区管理即可。因为大客户需要的方案行业复杂度和差异性很大，所以大客户管理团队一般会再按行业细分。另外，可以把复杂方案售前、交付的能力和合作伙伴培养和管理的能力，从大客户团队中抽走，放入中台的产品方案、交付方案和合作伙伴团队。

3）**政府客户团队**　就是原来大客户里政府大客户本部。因为政府客户在决策机制和合规性上有特殊考虑，所以一般都单独抽出来管理。政府客户又分成政府机构，以及教育、医疗、央企等细分领域。另外，可以把复杂方案售前、交付的能力和合作伙伴培养和管理的能力，从政府客户团队中抽走，放入中台的产品方案、交付方案和合作伙伴团队。

（2）针对复杂方案和大客户大单，可以建立独立的中台团队

1）产品方案团队　公司的主要产品线可以建立产品方案团队，要配有产品方案销售专家和方案技术专家，他们会在售前阶段起到至关重要的作用。产品方案团队可以进行二级细分，即按中小企业客户团队、大客户团队、政府客户团队进行细分；再往下可以按行业进行三级细分。产品方案团队的销售人员也会见客户，也会引导关键项目，但更重要的职责是激励和赋能对应的前台销售团队，如中小企业客户团队、大客户团队和政府客户团队的一线销售；以及协调产品方案支持资源。

2）交付团队　根据公司的方案领域建立的项目实施团队，主要负责重要、复杂项目的交付。交付团队也有自己的销售，这样才容易控制交付的成本，才能避免越大的项目亏得越多。

3）合作伙伴团队　合作伙伴团队的重要性怎么说都不为过。要想让公司销售规模呈几何级数增长，要想建立公司产品和方案的生态，合作伙伴是必不可少的。

上面是一个示例，在实际前台和中台销售组织优化过程中，针对客户、行业、方案、交付和合作伙伴等要素，应如何组合、细化和聚焦聚焦，还得根据公司规模、业务、产品、方案和竞争态势等量身定制。

小结　>　本节介绍了客户的覆盖模式，并且通过一个B2B销售组织案例，介绍了应该如何优化销售组织。

> 第 5 章
> 最佳实践和案例浅析   241

最佳实践

B2B 直销客户的覆盖和管理

上节中介绍了客户的覆盖模式（CCM），本节中将详细介绍B端直销客户中大客户和普通客户应如何覆盖，以及如何进行管理。

大客户可以分成超大客户和大客户，由行业团队负责。普通客户可以分成中客户和小客户，由地区团队负责。行业团队和地区团队背后有多个方案团队支撑。

如图5-20所示，我把B端客户分成超大客户、大客户、中客户和小客户四类。左边一列介绍了这四类客户及其划分标准，中间一列是销售团队如何覆盖，右边一列是针对不同客户，应重点使用什么销售管理方法。

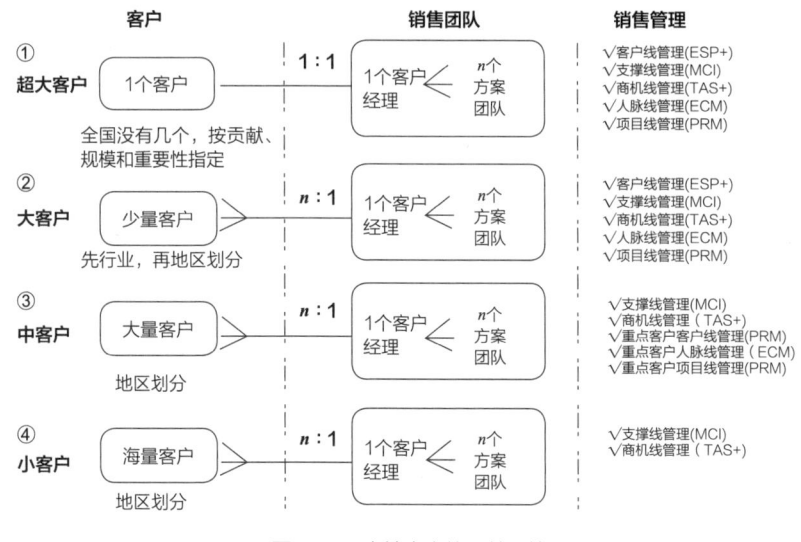

客户		销售团队	销售管理
① **超大客户** 1个客户 全国没有几个，按贡献、规模和重要性指定	1:1	1个客户经理 ← n个方案团队	√客户线管理(ESP+) √支撑线管理(MCI) √商机线管理(TAS+) √人脉线管理(ECM) √项目线管理(PRM)
② **大客户** 少量客户 先行业，再地区划分	n:1	1个客户经理 ← n个方案团队	√客户线管理(ESP+) √支撑线管理(MCI) √商机线管理(TAS+) √人脉线管理(ECM) √项目线管理(PRM)
③ **中客户** 大量客户 地区划分	n:1	1个客户经理 ← n个方案团队	√支撑线管理(MCI) √商机线管理（TAS+） √重点客户客户线管理(PRM) √重点客户人脉线管理（ECM） √重点客户项目线管理(PRM)
④ **小客户** 海量客户 地区划分	n:1	1个客户经理 ← n个方案团队	√支撑线管理(MCI) √商机线管理（TAS+）

图5-20 直销客户的覆盖和管理

一、超大客户

（1）客户定义　超大客户往往是全球战略客户，全球只有几百家。

（2）销售团队　超大客户往往会分配一个全职的客户经理，全权负责该客户。这个客户经理不需要区分行业，因为他只负责这一个客户。这个客户经理的业绩考核也都指望这一个B端超大客户的产出。一般会由相应的产品专家和客户经理配对，在技术上进行支持。同时客户经理背后有多个方案团队进行支撑。至于如何推进每个方案，以及各个方案团队如何协同配合，一般由客户经理统筹协调。

（3）销售管理　因为只负责一个客户，所以一定要做深做透。销售有以下5条主线：客户线管理（ESP+）、支撑线管理（MCI）、商机线管理（TAS+）、人脉线管理（ECM）、项目线管理（PRM）。尤其人脉线管理和项目线管理是重中之重。这个客户可能每年给我们带来多个项目，以及上亿元收入，所以其中涉及的部门和关键联系人可能有几百人，涉及的项目也有几十个，甚至更多，所以对人脉资源和项目关系必须得重点管理，才能加深和加宽自己的"护城河"。

二、大客户

（1）客户定义　大客户是一个国家内，在销售额和利润上有重要贡献的客户，往往是每个国家独立管理，一个国家内有几百家，上千家大客户企业。大客户往往是先按行业划分，比如制造、汽车、零售、金融、高科技、健康等，每个行业中再按地区划分。

（2）销售团队　客户经理往往在一个行业团队，负责一个地区，往往负责3~10家大客户，每个财政年度，客户经理会选择几个客户重点发力，投入主要资源和时间。一般会由相应的产品专家和客户经理配对，在技术上进行支持。同时客户经理背后有多个方案团队进行支撑。至于如何推进每个方案，以及各个方案如何协同配合，一般由客户经理统筹协调。

（3）销售管理　因为只负责几个客户，所以一定要做深做透。销售有以下5

条主线：客户线管理（ESP+）、支撑线管理（MCI）、商机线管理（TAS+）、人脉线管理（ECM）和项目线管理（PRM），都要着重管理。

三、中客户

（1）**客户定义** 中客户一般是指不是行业头部客户，但规模比较大的企业客户。经营这些客户不能靠天吃饭，仅仅靠市场活动，守株待兔等机会。这些客户往往在每个国家里有成千上万家。中客户行业特征不是那么明显，内部业务也不是很复杂，所以往往按地区管理。

（2）**销售团队** 客户经理往往在一个行业团队，负责一个地区，往往负责几百家中客户，每个考核年会选择二三十个中客户重点发力，主动出击。余下的客户通过市场活动，线上宣传等手段，引导有需求的客户主动联系。一般会由相应的产品专家和客户经理配对，在技术上进行支持。同时客户经理背后有多个方案团队进行支撑。至于如何推进每个方案，以及各个方案如何协同配合，一般由客户经理统筹协调。

（3）**销售管理** 因为客户数量多，所以一定要有舍有得，将主要资源和时间放在重点客户上。销售有以下5条主线：支撑线管理（MCI）和商机线管理（TAS+）是一定要聚焦的，客户线管理（ESP+）、人脉线管理（ECM+）和项目线管理（PRM）可以针对一些重点客户来应用。

四、小客户

（1）**客户定义** 除了以上三种外，剩下的是小客户。这类客户往往靠市场活动，线上宣传，品牌推广等手段推广，等客户有了需求，主动来找。这些客户往往在每个国家内有几十万甚至上百万家。这些小客户行业特征不是那么明显，内部业务也不是很复杂，所以往往按地区管理。

（2）**销售团队** 客户经理往往负责一个地区，负责该地区成千上万家B端小客户。客户经理主要通过市场活动，线上宣传，品牌宣传等手段来创造销售机会。有需求的客户看到市场宣传或通过口碑传播，主动联系销售之后，再跟进商机。可能会有相应的产品专家和客户经理配对，在技术上进行支持。同时客户经理背后有多个方案团队进行支撑。至于如何推进每个方案，以及各个方案如何协同配合，一般由客户经理统筹协调。

（3）销售管理　客户经理负责成千上万家客户，而且一般交易过程相对简单，交易节奏快，所以最重要的是打单效率和成功率。销售5条主线中只要关注支撑线管理（MCI）和商机线管理（TAS+）就行了。

小结 ＞ 本节介绍了针对直销客户中超大客户，大客户，中客户和小客户，如何建立销售覆盖关系和如何进行销售管理。

> **最佳实践**

大客户销售、方案销售和项目销售的武魂

有一部动漫叫"斗罗大陆",讲述了史莱克学院七个天才少年如何通过天衣无缝的配合,使每个人的短处受到保护,长处得到更大发挥,打造出一支坚不可摧的战队,最终走向封神之路的故事。大客户的管理和销售中会涉及三类销售岗:大客户销售、方案销售和项目销售。这三类销售都是有各自属性和特点的,也必须取长补短,相互配合,才能形成合力,做到无坚不摧。一个团队只有大家分工和配合好了,才能形成一个像史莱克七怪一样的神一般的战队。

下面探讨一下大客户销售、方案销售和项目销售的岗位定位,以及如何实现协同共赢。大客户销售成功在信,方案销售成功在慧,项目销售成功在智。

一、大客户销售

大客户销售一般就负责几个,最多十几个大客户,一般来说,不管这些客户买了公司的什么产品和方案,都算大客户销售的业绩。

大客户销售成功在"信",就是获得客户的信任。大客户销售最重要的是和客户建立深、广、透的关系,深是每个部门和业务接触的人要多,关系要深;广是涉及的部门和业务要广;透是要相互了解,相互信任。所有这一切都是基于和客户的信任,大客户销售最重要的是"信"。大客户销售既要对客户中的人和事进行控制,也要对竞争对手产生压制。

大客户销售应该更聚焦在企业人脉资源管理(ECM)和大客户管理(ESP+)。

1. 企业人脉资源管理（ECM）

很多企业一般只关注销售数字，而没有关注关系紧密度的提升，致使销售业绩忽上忽下，销售走了，客户也就带走了等各种老大难问题。归根结底，企业在人脉资源管理上有很多功课要补，例如。

（1）三种关系和四类个体画像维度　我们需要通过对他们的管理来把客户关系做得深、广、透。三种客户关系是：客户汇报关系、客户影响力关系、项目决策关系；四类个体画像维度是：行为取向、关系状况、交互程度、重要程度（决策角色）。

（2）客户关系紧密度管理　我们需要一个可量化的方法来衡量我们和客户关系的动态变化。是否我们覆盖和接触的部门越来越多，信任我们的关键决策人越来越多，关系紧密度越来越高？绝大多数企业对这一块都没有洞察力，只能根据赢了单就是关系紧密，不赢单关系就是差来评估。我们需要一个更科学、可量化和可预见的方法来进行管理和衡量，那就是企业人脉资源管理（ECM）。

2. 大客户管理（ESP+）

在大客户管理中，客户整体规划（Account Planning）、项目挖掘和转化这两个环节，很多大客户销售做得很好，但在影响力投射上还有很大提升空间。所谓影响力投射是把公司的实力、方案和产品优势尽可能广和深地投射给客户决策人和项目决策人，使这些决策人形成一个对我们更有利的镜像。大客户销售通过各种渠道和方式向客户关键人传递对我们有利的信息，构建我们在客户决策者心中的完美形象。这个是要和三种客户关系四类个体画像维度管理，以及客户关系紧密度管理相辅相成的。只有大客户销售不断去投射影响力，才能不断完善三种关系和四类个体画像维度，以及加深客户关系紧密度；也只有客户关系紧密加深了，三种客户关系和四类个体画像维度信息完善了，我们的影响力投射才能更加有效。

二、方案销售

方案销售往往负责一个地区，管理许多大客户，对应多个大客户销售和多家合作伙伴。方案销售需要构建一个智慧和强大的中台，大局观对他非常重要。针对方案销售，自己有能力，能冲锋陷阵，能拼刺刀是很重要的；但更重要的是激发和赋能自己大区内所有大客户销售和合作伙伴，帮助他们成功，也就是构建大区内该方案共创共赢的生态。

方案销售的成功在慧，即大局观，所以方案销售更应关注销售支撑体系（MCI）。

方案销售需要聚焦构建销售支撑体系，赋能大客户销售、合作伙伴和大客户，匹配最合适的资源，使项目过程更平滑，资源整合最高效。最终的目标就是构建大客户销售、合作伙伴和大客户共创共赢的生态圈。要想做到这些，方案销售必须坚持以下三原则：

（1）公平透明　如果有了太多偏向性和私利性，会使很多大客户销售、合作伙伴和客户不愿继续与你合作。

（2）舍弃小我　全力帮助合作伙伴和大客户销售成功，而不要过度控制。只有这样，合作伙伴和大客户销售才会认为这是自己的事，才愿意主动和全力以赴去做，才能衍生出很多新的机会和方案。

（3）服务及时到位　尽全力去协调资源帮助合作伙伴和大客户销售，不要使自己成为堵点，而要使自己成为加速和推进的引擎。

此外，方案销售还可以起到补位和穿透的作用。补位是指在一些空白区域内，方案销售代替大客户销售来管理客户；穿透是指针对一些能卖出大量产品和方案的大客户，方案销售要起到引领作用，主动不断地扩展产品和方案应用的广度和深度，从而卖出更多的产品和方案。

三、项目销售

项目销售就是项目的销售负责人，需要完成从线索到订单（LTC）的转化，可以说这个项目赢了，那项目销售也就成功了。

因为项目销售是动态的，因项目而生，也因项目结束而终止。一个项目的销售既可能由方案销售主导，也可以由大客户销售或合作伙伴主导，所以会存在一人多岗的情况。例如方案销售如果主导一个项目，那就会成为项目销售，适应角色的转换会是销售面临的挑战。

小结 > 大客户销售成功在信，即建立和客户之间的互信，应聚焦企业人脉资源管理（ECM）和大客户管理（ESP+）。方案销售的成功在慧，即大局观，更应聚焦销售支撑体系（MCI）。项目销售成功在智，讲诡道，虚虚实实，克敌制胜，更应聚焦销售过程的管理（TAS+）。

> **最佳实践**

中国企业出海之软件平台选择

∨

我曾参与很多中国企业出海（Go Global）软件平台选型的项目。世界上的国家众多，业务模式也不尽相同，文化、习俗、语言、税务、法律法规等更是千差万别，而且中国企业对海外也缺乏了解。之前海外软件平台选型就比国内软件选型更加困难，最近在新冠肺炎疫情和政治因素的大环境下，海外软件平台选型要考虑的要素会更多。

如图5-21所示，以下七点是中国企业出海软件平台选型中最关键的因素。

图5-21 中国企业出海软件平台选型之关键要素

一、功能、案例和公司实力等

这些是最基本的考虑要素，无论在国内选型还是出海的软件选型上，企业都会考虑这些要素。

二、合规、语言和税务等

（1）合规　在海外做生意，第一就是要合规。我们比较熟悉的海外信息安全法规可能是欧盟的GDPR，但其实在海外，行业有行业的规范，地区有地区的规范，国家有国家的规范，非常复杂。要想满足这些规范，投入的成本会非常高。各个国家监管越来越严格，可能一点点疏忽，就会招致巨额罚金，对品牌产生巨大负面影响。

（2）语言　海外国家众多，而且一个国家里可能有多种语言，所以中国企业要想在全球布局，所选软件平台最好要支持几十种主流语言。

（3）税务　要是软件中涉及费用和收入，由于每个国家的税务部门都有各自的规定，所以软件平台最好能满足不同国家的税务要求。

三、部署方案

混合云的软件平台是最好的选择，即该软件平台既能支持SAAS服务，也能支持本地安装。很多中国企业出海后由于业务推进得非常迅速，同时在多个国家推广，这时选择SAAS服务非常合适，随开随用，而且用户数可以随着业务需求而变化。但海外有些国家对数据出境有严格的要求，如俄罗斯，在本地也没有SAAS服务，这时候就要进行本地安装和部署。

四、切换方案

在商业环境中会有很多不可抗力，而海外数据资产又是中国企业出海后所拥有的核心资产，所以中国企业要事先准备好从SAAS服务切换到本地安装的准备。但为什么不能只使用本地安装的软件平台？因为SAAS服务是一个不可逆转的趋势，而且能帮助企业快速支撑当地业务发展，所以不能因噎废食，而是要做好两手准备，即SAAS服务和本地安装都能支持，也就是混合云部署。

五、出海案例

中国企业出海在选择软件平台时最好要看其他中国企业出海的案例。如果只看中国企业在国内的案例，是不够的，在海外做生意毕竟和国内不一样；如果只考察外资企业在海外案例，则更不可取，因为外资企业和中国企业管理差异也比较大。

六、当地资源

新冠肺炎疫情前做海外项目，可以派团队去当地访谈和实施。但由于疫情的影响，出国变成了一个风险、时间和费用成本都很大的事，所以最好该软件厂商在当地也有实施和交付资源。

七、友好度

指这家软件企业对中国企业和中国市场的重视程度，以及是否愿意在中国进行长期投资。这点是很多中国企业出海软件选型中容易忽视的问题，但又是至关重要的一个考察点。因为中国企业选择一个软件平台，至少是选择今后5～10年的长期合作。在当前国际形势错综复杂的情况下，至少应选择重视中国市场、在中国投入较大的企业，采取的方法和策略应有益于保障中国企业的利益。

> **小结** 　本节介绍了中国企业出海在软件选型中应考虑的因素：①功能和公司实力等；②合规、语言和税务等；③部署方案；④切换方案；⑤海外案例；⑥当地资源；⑦友好度。

> 最佳实践

CRM 全球推广经验分享

中国企业在国内实施和推广CRM项目与在海外实施和推广CRM项目碰到的问题会有很大不同。国内管控力度强，各地文化和习惯也相近，往往是一个统一模式，但会做得很细、很有企业特色；海外市场包含上百个国家，各国文化和习惯差异也很大，管控力度也不强，所以往往是一国一策。如图5-22所示，下面介绍一下在海外实施和推广CRM的六大难题。

1. 业务价值	• 工作再辛苦也和业务价值不画等号
2. 业务模式	• 海外很难找到一个统一的业务模式
3. 推广模式	• 每个国家的推广都要做一个新项目
4. 运营模式	• 每年运维费用越来越少，但当地需求和问题缺陷越来越多
5. 逐渐退化	• 几年后系统不断无序叠加，变得无人能改，无人敢动，性能不断降低
6. 人才流失	• 最了解系统的专家不断流失，剩下的都是新手

图5-22　CRM全球推广的六大难题

一、业务价值

工作再辛苦也和业务价值不画等号。海外CRM项目往往很辛苦，但往往再多的付出也得不到好评。很多客户负责人说，全球项目，干了很多年，花了很多钱，也没见到什么效果。做CRM实施的人喜欢以在多短时间内做了多少功能、系统先进性和上线时间为衡量标准。但客户是以业务价值和业务产出为衡量标准的。所以双方的衡量和评估标准是不一致的。

海外CRM项目应该从一开始就建立一个客户认可的、可衡量的业务指标体系，并在系统上线后持续跟踪和提升。就以售后服务项目为例，如图5-23所示。

KPI	描述	目标	业务价值
投诉率	假设每天工单量是10万，投诉率是1%，每次投诉带来的负面影响是1000元	降低10%	原厂每年节省： 100000×0.01×0.1×1000×365 =3650（万）
线上维修解决率	指故障通过电话就解决了，无须上门。假设每天维修咨询电话是4万个，原来线上维修率20%，每次上门支付30元	提升10%	原厂每年节省： 40000×0.2×0.1×30×365 =876（万）
派单精准率	是指工单可以直接派到服务工程师，不需要网点信息员手动二次派单。假设有5000名网点信息员，其中50%时间用在手动二次派单上。信息员费用为1万元/月	提升20%	服务网点每年节省： 5000×0.5×10 000×0.2×12 =6000（万）
排程效率	是指排程更准确和智能化。原来平均每个服务工程师，服务网点花在每一个工程师身上的费用平均是每月5000元。假设服务工程师平均收入10 000元是每月5000元。假设服务工程师平均收入10 000元/月	提升20%	服务网点每年节省： 5000×0.2×50 000×12= 60 000（万） 服务工程师每人平均年收入提升： 10 000×0.2×12=24000（元）
上门一次解决率	服务工程师上门一次解决率。假设10%的维修需要二次上门。假设有5万服务工程师，服务网点花在每一个工程师身上的费用平均是每月5000元。假设服务工程师平均收入10 000元/月	提升20%	服务网点每年节省： 5000×0.1×0.2×50000×12 =6000（万） 服务工程师每人平均年收入提升： 10 000×0.1×0.2×12=2400（元）

图5-23　建立业务价值衡量指标体系示例

通过这个系统上线，每年：

（1）为原厂节省：3650+876 = 4526（万元）。

（2）服务网点节省：6000+60 000+6000 = 72000（万元）。为服务网

点省钱，就是为原厂省钱。网点不挣钱，服务质量好不了，原厂也得付出沉重代价。

（3）为每个服务工程师提高收入：24 000+2400 = 26400（元）。

综上所述，做了这个项目，我们为原厂每年节省了4526万元，为服务网点每年提升了7.2亿元收入，为每个服务工程师每年提升了2.64万元收入。如果能实现这些指标，我相信对客户来说是一个巨大的提升。

二、业务模式

CRM在海外实施和推广，很难找到一个统一的业务模式。比如售后服务业务模式，印度和巴基斯坦就和中国相近，东盟国家差距就大点，欧洲差距就更大。到了澳大利亚，很多时候是个体户，开着流动服务站接单，信息技术系统和备件等都在车里，而且维修费用相当贵，有的高达新家电的三分之一，所以很多当地人会直接买新的。而在日本往往创新不多，很多时候都是在使用特别陈旧的服务方式。所以我认为我们不必过度专注于全球业务模板的设计，而是应该是把业务和文化相近的地区形成地区业务模板，把每个地区业务模板不断优化。

三、推广模式

海外CRM项目很容易把每个国家的推广都做成了一个新项目。我曾经去海外做过CRM二期的推广，发现每个业务分析师（BA）调研的方式，问的问题的粗细度完全不一样，而且很多没参加过一期项目，完全是根据自己个人的经验提问和设计系统。这样一来，不是在做一期项目推广，而是在重新设计一个新项目。

如图5-24所示，我们需要建立"全球推广标准化作业模式"，才有可能保证推广的延续性、一致性和敏捷性。其内容主要包括四个方面：①推广相关组织、岗位、职责设计；②推广生命周期管理；③推广相关价值评估和跟踪体系；④推广全球模板。

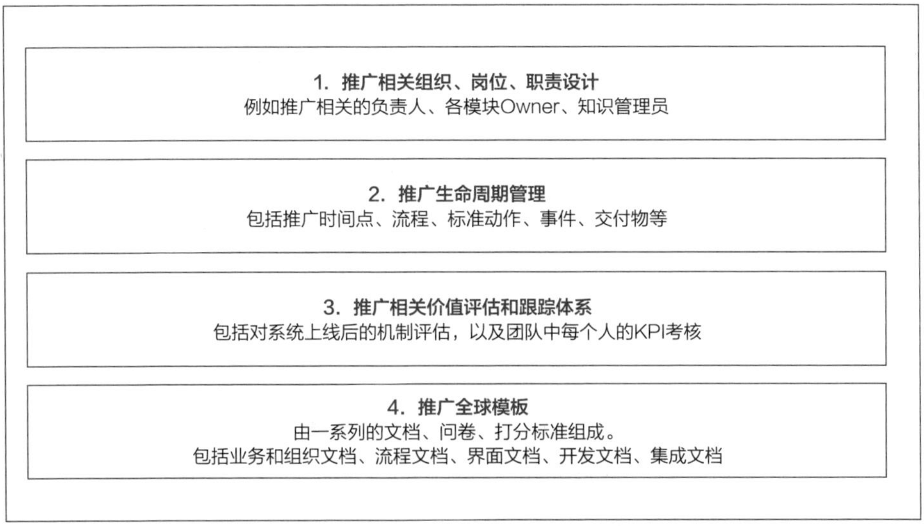

```
┌─────────────────────────────────────────────────────────┐
│  ┌───────────────────────────────────────────────────┐  │
│  │         1. 推广相关组织、岗位、职责设计            │  │
│  │   例如推广相关的负责人、各模块Owner、知识管理员    │  │
│  └───────────────────────────────────────────────────┘  │
│  ┌───────────────────────────────────────────────────┐  │
│  │              2. 推广生命周期管理                   │  │
│  │   包括推广时间点、流程、标准动作、事件、交付物等   │  │
│  └───────────────────────────────────────────────────┘  │
│  ┌───────────────────────────────────────────────────┐  │
│  │         3. 推广相关价值评估和跟踪体系              │  │
│  │  包括对系统上线后的机制评估，以及团队中每个人的KPI考核 │  │
│  └───────────────────────────────────────────────────┘  │
│  ┌───────────────────────────────────────────────────┐  │
│  │              4. 推广全球模板                       │  │
│  │       由一系列的文档、问卷、打分标准组成。         │  │
│  │ 包括业务和组织文档、流程文档、界面文档、开发文档、集成文档 │  │
│  └───────────────────────────────────────────────────┘  │
└─────────────────────────────────────────────────────────┘
```

图5-24　全球推广标准化作业模式（SOP）

四、运营模式

海外CRM项目每年运维费用越来越少，但当地需求和问题缺陷越来越多。企业都会认为系统上线后会越来越稳定，所以运营费用逐年降低。但其实每年海外业务都在不断变化，需求不断增加，但越来越少的运营费用根本无法支撑系统的迭代优化需要。对于营销和服务类的项目，上线仅仅是第一步，也仅仅是一个雏形，不施肥，不浇水，不剪枝，很难健康成长。关于CRM项目如何运营，我在第4章"构建CRM3.0支撑体系"的"CRM3.0全生命周期交付法"中有详细介绍，在此就不赘述。

五、逐渐退化

海外CRM项目运营几年后，系统不断无序叠加，变得无人能改，无人敢动，性能不断降低。上线后，我们每年不断做新功能，但没人会删除没用的功能。因为我们只考核新业务需求是否上线，没人会考核没用的功能是否下线。几年后系统不断无序叠加，变得无人能改，无人敢动，性能不断降低。在原来一些项目中，发现有上万条业务规则，和几百套系统对接，但其实很多业务规则和对接系统都不再需要了。

我认为，要想解决这个问题，必须在运维期间对系统进行精简。就是在每年运维费用里，要有一笔瘦身费用，把没用的业务规则、接口和功能优化掉。

六、人才流失

每个系统运营几年后，都会出现最了解系统的专家不断流失，剩下的都是新手的现象。人才流失后，我们可以通过跟踪业务指标提升、采用已有的业务模式、遵循推广模式等进行知识传递，从而抵消一部分损失。

但最重要的还是挽留有经验的老员工，使他们把项目当成自己的孩子，愿意一直提升、优化和运营下去。要想实现这点，我认为可以通过以下方式实现：

（1）不能只管生不管养，每年需要持续的投入，项目越做越大，越来越被重视，才有可能留住人才。

（2）建立项目业务运营团队，根据业务价值奖励团队和项目组，有了钱，才有可能留住人才。

（3）头部企业可以把内部项目的产品变成平台，做社会化，提供给行业内，甚至本行业以外的其他企业使用。

小结 > 本节介绍了中国企业在海外实施和推广CRM时会碰到的六大难题，并提出了相应的解决方案。六大难题包括：①业务价值；②业务模式；③推广模式；④运营模式；⑤逐渐退化；⑥人才流失。

> 最佳实践

家电、汽车和房地产行业用户需求驱动型企业转型浅析

我作为甲方负责人主导过海尔的服务数字化转型项目，在此之后又接触不少汽车和房地产客户，有一个突出的感受就是：家电行业的今天就是汽车和房地产行业的明天，4S店和物业未来的转型道路会和家电行业殊途同归。

让我们回顾一下近几十年来中国的"几大件"发展变化，就会发现其中规律：

- 20世纪70年代的三大件：手表、自行车、缝纫机；
- 20世纪80年代的三大件：冰箱、彩电、洗衣机；
- 20世纪90年代的三大件：空调、音响、录像机；
- 2000年后的两大件：汽车和房子。

如今，20世纪70年代盛极一时的三大件要么退出历史舞台，要么成为小众产品。你会发现产品市场一旦饱和，进入存量市场后，基本会有两种趋势：

（1）被跨界产品和服务打压，只保留小众市场　比如自行车和手表。自行车已被更多的出行工具抢占了大部分市场，原来的"凤凰"牌自行车和"永久"牌自行车不知道是否还有人记得；手表的核心计时功能也已被各种随身移动工具取代，手表逐渐成为装饰品，不知是否还有人记得"上海"牌手表。

（2）要么被跨界产品和服务所取代　比如缝纫机。由于服装生产的社会化普及，以及成本的降低和居民收入的增加，缝纫机已基本退出历史舞台。

20世纪80—90年代的三大件是家电，2000年以后是汽车和房产，他们呈现出了同样的规律：

（1）已过市场的顶点，进入存量市场　家电已过了市场顶点，成为普通的家用产品，早就是红海市场了；汽车已到顶点，开始下滑，面临残酷的价格战；房地产也已过顶点，开始下滑，需求减少。

（2）面临着跨界竞争　传统家电产业多年来一直受到互联网企业的冲击，电视市场已被颠覆，小家电也岌岌可危；传统汽车产业近年来也受到来自新势力造车企业的强有力竞争；头部房地产企业也全面转型，多元化发展：如发展城乡建设和生活服务，养老地产，文旅地产等。

综上所述，虽然家电、汽车和房地产企业提供的产品和服务不一样，但都是围绕衣食住行提供服务的，本质是一样的。只是家电行业最早进入市场下降期，汽车和房地产晚一些进入。家电行业最早进入红海，转型得更早些，那就首先讨论一下我在家电行业的经验。

海尔改名为海尔智家，海尔的方向是"5+7+N"全场景解决方案。"5"是指家庭空间，包括智慧厨房、智慧浴室、智慧客厅、智慧房间、智慧阳台等五个空间；"7"是指全屋洗护、全屋安防、全屋美食、全屋娱乐等七大全屋解决方案；N是指无数种生活场景。所以，大家可以看到海尔要走的道路也是生活方式提供商。这和万科的"城乡建设和生活服务商"殊途同归。

现在的问题不是家电、汽车和房地产企业不知道未来做什么的问题，而是他们不知道如何能达到未来目标的问题。

在讨论如何做之前，我们先看看如何做才能实现长久经营，那就是一定要从产品驱动型企业变成用户需求驱动型企业。

但如何能转型为用户需求驱动型企业呢？我认为实现路径是"3+4+1"，即"三转变、四化、一构建"。如图5-25所示。

一、三转变

（1）由一次性收入到用户生命周期持续收入。

（2）由片面了解用户到全面了解用户。

（3）由与用户简单互动到深入高频互动。

以上三个转变非常容易理解，是理念和指导思想的转变，此处不做深入介

```
                        长久经营
         ┌─────────────────────────────────────────┐
         │ ①        由产品驱动到用户需求驱动           │
         ├─────────────────────────────────────────┤
三转变   │ ②  ┌──────────┐ ┌──────────┐ ┌──────────┐│
         │    │由一次性收入到│ │由片面了解用户│ │由与用户的简单互││
         │    │用户生命周期持│ │到全面了解用户│ │动到深入高频互动││
         │    │续收入      │ │          │ │          ││
         │    └──────────┘ └──────────┘ └──────────┘│
四化     │ ③ ┌──────┐ ┌──────┐ ┌──────┐ ┌──────┐  │
         │   │服务管家化│ │人员创客化│ │网点平台化│ │收入生态化│  │
         │   └──────┘ └──────┘ └──────┘ └──────┘  │
一构建   │ ④     构建驱动数字化转型的自演进组织         │
         └─────────────────────────────────────────┘
```

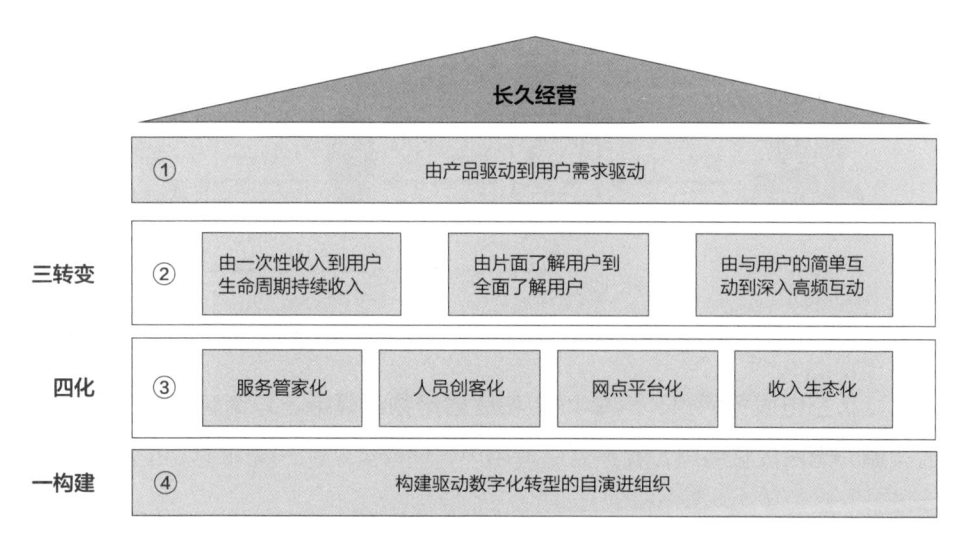

图5-25　用户需求驱动型企业转型模型

绍。难点在如何实现这三个转变，这就要依靠下面介绍的"四化"。

二、四化

家电、汽车和房地产行业的特色是低频销售，本次购买到下次购买会间隔很长时间。如果想实现以上三个转变，核心突破点是在服务环节。因为只有在家电维修保养、汽车保养和物业服务等环节，才有可能与用户持续接触并持续提供服务，以及逐渐建立起用户对企业和服务人员的信任和依赖。

我在之前介绍了传统的售后服务商业模式严重影响了用户忠诚度和满意度，这样也就无从谈起企业如何向用户需求驱动型转变。

如图5-26所示，按传统售后服务模式，家电服务网点、汽车4S店和房地产物业会是企业转型成为用户需求驱动型企业的堵点，原因是：

（1）家电服务网点、汽车4S店和房地产物业分走了过多收入，使服务人员处于相对弱势的状态，失去服务主动性和积极性，而用户则失去了更好的服务；

（2）家电服务网点、汽车4S店和房地产物业隔绝了厂商与服务人员的直接交互，使厂商的真正战略意图无法得到有效执行；

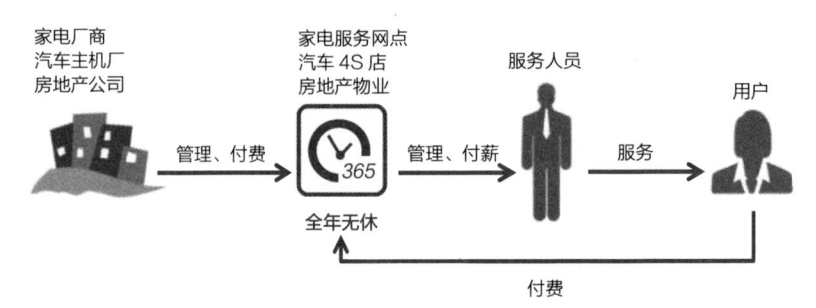

图5-26 传统服务网点、4S店和物业管理模式

（3）家电服务网点、汽车4S店和房地产物业隔绝了厂商和用户的直接沟通渠道，无法接触用户，就不会了解用户，使转型成用户需求驱动型企业成为空谈。

基于以上分析，我们需要做以下改变：①更扁平和高效的管理；②服务人员有更高的收入；③用户有更好的服务体验；④服务体系能更好的运营。

如图5-27所示，我建议是通过"四化"来完成以上改变，即服务管家化、人员创客化、网点平台化和收入生态化。

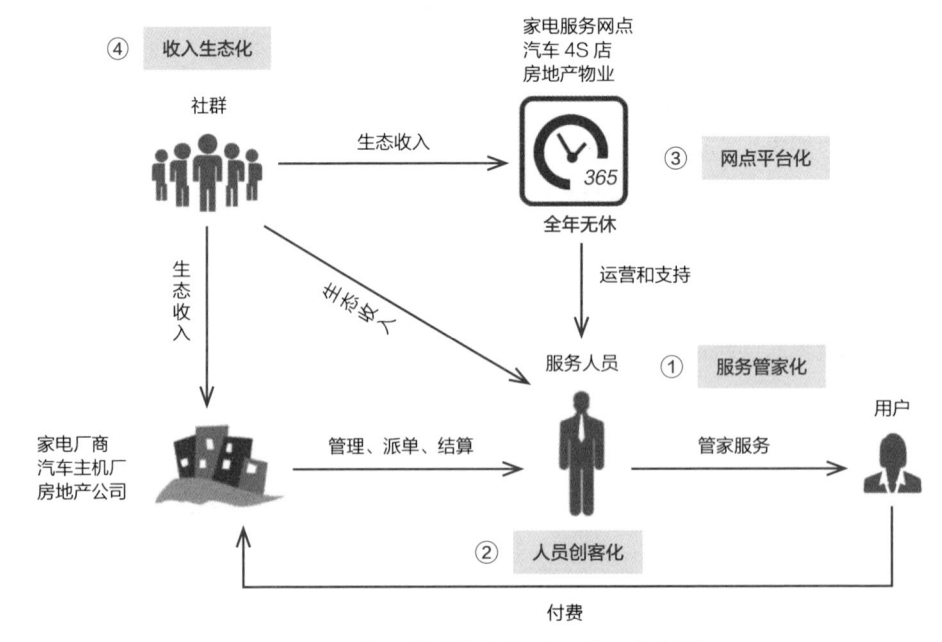

图5-27 "四化"支撑构建用户需求驱动型企业

1. 服务管家化

服务管家化是指建立用户和服务人员一对一的管家关系，通过各种数字化技术，让用户随时随地可以获得管家服务。服务管家化有四大好处：

（1）提升用户体验　可以通过数字化技术，为用户提供7×24小时一对一管家服务，大大提升用户体验。

（2）一次性收入变持续收入　管家关系一旦确立，用户的任何生态收入，如家电的清洗和线上销售，汽车的保养和清洗，以及物业的提供的家政服务等收入，该管家都可以按比例获得分成，大大提升服务人员的生态收入。

（3）实现对用户全面了解和深度交互　只有用户和服务人员绑定成为管家关系，由固定服务人员持续提供服务，才能做到对用户的全面了解和深度交互。

（4）降低投诉率　用户对熟人的忍耐度要高，有了问题，他会第一时间找管家解决，而不是直接投诉或爆料，这会大大降低投诉率。

2. 人员创客化

人员创客化是指服务人员逐渐摆脱对服务网点、4S店和物业的依附，为自己工作，创建自己的品牌，做自己的首席执行官。想做到这点，最有效的方法就是厂家对服务人员直接派单和付款，即任务是厂家派的，钱是厂家付的。服务人员创客化有三大好处：

（1）提升服务人员的工作积极性　只有为自己工作才能真正激发出服务人员的工作热情和主人翁精神。

（2）提升服务人员收入　服务人员与网点的分成比例提升，又有生态收入，多干多得，这些措施会大大提升服务人员的收入。

（3）增强服务人员的忠诚度　因为是持续经营用户，从业时间越长，收入越多，而且又是为自己工作，所以服务人员忠诚度会大幅提升。

3. 网点平台化

网点平台化是指网点需要重新定位，我们可以整合某一地区若干网点、4S

店和物业,形成地区运营中心,由原来仅仅以服务收费为主,到运营整个地区的服务支撑体系,工作职责以用户满意度、服务人员满意度、生态体系建设、活动策划和运营等内容为主。收入也不再以工单量为衡量,而是根据运营效果、用户满意度、服务人员满意度和生态收入等综合评定。服务网点平台化有四大好处:

(1)提升用户满意度　服务网点、4S店和物业的收入与用户服务满意度成正比,服务人员自然会把更大的精力放在提升用户满意度上。

(2)提升服务人员满意度　服务网点、4S店和物业由管理和处罚服务人员转向帮助和支撑服务人员,会大大提升服务人员的满意度。

(3)提升运营效率　服务网点、4S店和物业的收入与负责地区的运营指标挂钩,他们自然会把更大的精力放在提升地区运营效率上。

(4)增加收入　服务网点、4S店和物业可通过合并来扩大负责区域,同时又有生态收入分成,可大大提升其收入。

4. 收入生态化

收入生态化是指厂商为用户引入和运营更多产品和服务,满足用户日常生活的需要,比如本公司的增值产品和服务、第三方引入的高频产品和服务,如家政、教育、旅游、消费金融等。这些收入将按管家关系分配给服务人员和网点。收入生态化有三大好处:

(1)增加服务人员和网点的收入　生态收入将逐渐成为服务人员和网点的主要收入,可以占到40%或更高。

(2)一次性收入变为持续收入　厂商的产品销售是一次性的,只有生态收入才可能是高频的、持续的。

(3)实现对用户全面了解和深度交互　只有用户持续购买和使用生态产品和服务时,才有可能实现对用户更全面的了解,实现更深入的交互。

三、构建驱动数字化转型的自演进组织

为什么要构建驱动数字化转型的自演进组织?其实原因很简单,"工欲善其

事，必先利其器"，目前是数字化时代，就得采用数字化工具支撑。否则都是高科技时代了，你还用冷兵器，那战略和战术再正确也没用，基础硬件不支持。所以企业要想转变成用户需求驱动型企业，要想推动上面介绍的四化，必须构建驱动数字化转型的自演进组织，以便数字化工具与业务紧密结合，并推动业务的创新和转型。

第3章中的"构建驱动数字化转型的自演进组织"详细介绍过如何构建驱动数字化转型的自演进组织，此处不再做详细介绍了。在这里要强调的是要想成功，一定要"权力足够大、层级足够高和回报足够诱惑"。如果数字化部门连签个合同和做个财务决定都无法做主，那如何能有动力推动业务变革。

小结 > 本节介绍了家电、汽车和房地产企业数字化转型，需要通过"三转四化和一构建"来完成，实现脱胎换骨。并着重介绍了四化内容：①服务管家化；②人员创客化；③网点平台化；④收入生态化。

> 访谈分享

企业决定采购 CRM 前，要先明白这七个问题

新冠肺炎疫情的"推波助澜"下，CRM又被推上风口。巨大的生存压力导致企业的数字化转型迫在眉睫，作为专业的客户关系管理工具，CRM再获青睐。

CRM具备客户管理、市场管理、销售管理、服务管理、渠道管理、会员管理、订单管理等基础功能，能够帮助大多数企业达到降本提效的效果，在十余年的落地实践中，CRM的效果也得到了很好的印证。

CRM服务商数量不断增加，天眼查检索结果显示，2021年国内共有CRM服务商1410家，其中1—7月CRM服务商新注册19家。

如何从众多服务商中挑选出合适的一家，无疑是一项耗时耗力的大工程。为此，我将从挑选方法、所需费用、采购案例、使用原则四大角度解析，帮助大家更好的挑选CRM系统。

一、对于不同的企业来说，哪些企业适合使用CRM？哪些不适合？

我认为，企业是否适合使用CRM系统的决定因素是企业的规模。CRM系统中包含营销管理、服务管理、渠道管理、会员管理、客户管理等功能，而企业的经营基本都会涉及这些领域，因此企业是否需要CRM还是取决于有多少人使用这套系统。企业销售人员在50人以上，Excel和Word已远远不能满足庞大的团队管理需求，这时需要用CRM来管理。

企业是否选择CRM，和所处行业的特性以及商业模式关系不大，只是不同行业的CRM做法和特色不一样。

至于企业的CRM是选择自建还是采购，我认为除非企业规模足够大，每年愿意在CRM上投入大量经费不停去研发，并打算未来要出售CRM产品化，否则建议企业采购市场上的成熟产品。

二、市场上成熟产品繁多，企业采购者如何从中挑选出一款合适的CRM？

市场上的成熟产品功能大多类似，具体要看企业自身的需求和厂商的服务经验，总的来说，企业要想采购一款合适的CRM，主要需要考虑以下五个方面。

第一，想用CRM来做什么。企业在采购前需要仔细考虑，想通过CRM得到什么，具体用来做什么。

第二，预算是多少。企业在采购前要根据自身情况确定一个预算范围，在此范围内进行比价采购。

不同价格的CRM系统的功能和性能不同，企业可以根据不同的预算选择不同的产品厂商和项目实施商。

第三，选择需要的产品部署类型和收费类型。市面上的CRM产品现在主要分为租用型和买断型两大类，如今CRM服务商的产品越来越云化，相对本地安装来说更易使用。

第四，过往的案例。产品厂商和项目实施商的方案可能在一些行业做得比较好，但对其不熟悉的行业或领域，其方案不一定适用。

第五，实施团队很重要。了解项目实施商的实施团队对企业所在行业的了解程度，有没有做过类似案例，本身的能力等。

三、在与CRM卖方人员交涉中，应该如何考察他们的专业性和服务质量？

首先，可通过卖方人员对企业需求的理解程度来判断，不懂行业、不懂客户的CRM卖方很难推荐出好的产品和方案。其次，看卖方提供的方案的先进性和匹配性，衡量项目实施商提供的方案和企业是否匹配，以及能否满足中长期扩展的需要。再次，反馈的及时性凸显服务质量。客户问一个问题，对方可能一周、两周后再回答，表明他们的能力或服务有问题。最后，项目实施商能不能为客户做未来的规划引导十分重要。CRM项目是长期服务，所以这是非常重要的。

四、企业采购CRM是否值得？如何计算采购CRM系统的投入产出比？

企业采购CRM系统时，只要企业遵循以上提到的看企业规模的原则，基本都可以实现为企业降本提效。但是具体到可量化的标准，还是要看CRM的不同领域。以服务领域为例，呼叫中心和售后相对容易计算和量化投入产出。呼叫中心已经有很完善的评估标准，比如说只要计算一下，就可以得出一次投诉带来多少损失，或者上门一次解决率是多少，每一件事都可以量化。但有些领域却非常难，像销售领域，尤其是B2B销售应该是没有什么标准。如果实在需要衡量，可以从客户的管理能力，打单过程中的管控能力，资源的调度能力，员工的提升能力，企业方向的匹配能力等方面进行，但需要专家帮客户好好考虑，结合公司的实际情况做一些可量化的指标。

五、首次采购后，CRM系统后续还会产生哪些费用？

CRM系统主要分为租用型和买断型两种，买断型一般是一次买断终身使用，但后续添加功能或者升级版本需要二次付费。租用型则需要按年交付租金，基本无其他费用。

整体来说，云是CRM未来的方向，本地安装的产品厂商越来越少。云的好处是，它提供了很多本地安装没有的能力，比如物联网、AI等，很多需要海量计算的能力只有在云上才能实现。此外，云相对本地安装的CRM软件来说，不需要买硬件和数据库，SAAS本身自带，相对本地安装节省很多费用。以5年为一个周期采购，云的费用比本地安装费用便宜不少，有的产品只是本地安装产品费用的50%～60%。云产品厂商的CRM会有比较大的优惠和折扣。

从实施的角度，还会涉及问题修正，新功能开发，系统运维等费用。但这些与产品关系不大。

六、从全生命旅程的角度，解析一个企业采购CRM工具的具体案例。

企业采购CRM工具流程也已经十分成熟，综合看来分为六个阶段。

第一阶段：整理自身需求。企业需要看看自己想要什么，想清楚了才能进行下一步。

第二阶段：联系软件厂商和项目实施商。有了需求和预算以后，就能大概知道要选哪个层级的产品和实施团队。

第三阶段：前期沟通，了解产品。小企业的需求可能很好满足，对大点的企业来说，一般都需要CRM厂商提供方案。因此针对方案的沟通，以及产品的介绍十分重要，有时会要求做POC，再大些的企业可能会要求案例访谈，需要每个厂商提供一个案例，带客户去现场参观，交流CRM的落地效果。

第四阶段：明确预算，准备招标和评标材料。此时客户掌握的信息比较全面，会产生一个比较明确的预算来申请，同时准备招标材料和评标标准。

第五阶段：邀标或招标。比较大的CRM项目一般需要邀标或公开招标，评选时倾向于前期交流更深入的厂商。投标完成后是商务谈判，可能会涉及多轮议价等。

第六阶段：选择中标厂商，签署SOW和合同。方案和价格敲定后会选择中标厂商，之后还有SOW和合同。SOW需要把项目的所有细节都描述出来，包括项目详细范围，因此需要花费不少时间。如果是大公司和大项目的话，合同也会花很多时间进行审核和调整。

七、在企业后续使用CRM的过程中，有哪些关键的原则？

上线前的准备工作都是为了之后能够更好地使用，系统上线后，不能认为就此结束，可以看作是刚刚开始。使用过程中，一定要注意以下的三个关键原则。

第一个原则：这种产品不能只管生不管养，需要持续投入。很多客户认为CRM主要是一次性投入，花个大钱上线，每年花一些小钱维护。其实CRM只是起点，就像一个小孩刚出生。对CRM进行持续的投入才有可能真正产生巨大业务价值，CRM是一场马拉松，而不是50米短跑。假如上线花了100万，建议以后每年还是要再投入25%~40%（25万~40万）的运营费用对CRM进行改进提升。

第二个原则：要有业务价值的监控指标。企业上线CRM，必定关注其业务价值的持续产出，此时需要业务价值的监控指标，没有这种指标，就不能评价CRM运行的好坏，更不知道投入费用和人力去提升CRM是否值得。

第三个原则：关注数字化创新以及与业务的融合。数字化创新是趋势，不仅仅体现在它能提升和优化业务，同时它也能重塑和改变业务模式。上线前，企业可能来不及考虑得太仔细，但是上线后，每年都要对CRM进行持续的运营和投入，此时可能要重点关注数字化创新和转型，思考CRM与现在的业务怎样更好地融合，对功能进行优化，甚至改变业务模式。